식민지 지배하의 한국 농민

강원도의 사례에서

# 식민지 지배하의 한국 농민

히구치 유이치 저

황소연 외 옮김

보고사
BOGOSA

# 한국분들께

저는 일본인으로서 일본의 식민지 지배에 대해 알기 위해 이 책을 썼습니다. 식민지시대에 가혹한 지배가 있었던 것을 일본인들에게 알리기 위해서입니다. 일본인은 이러한 사실에 대해서 전혀 모르고 대부분은 좋은 일을 했다고 생각하고 있습니다. 일본인들이 한국과 한국인에게 가한 가해의 역사에 대한 인식이 조금이라도 깊어지길 바랐습니다.

이 책을 쓰면서 많은 한국분들에게 가르침을 받았습니다. 한국 각지의 사람들은 일본인에게 매우 친절했습니다. 감사의 말씀을 드립니다.

이 책에 등장하는 대부분의 한국인은 식민지시대의 농민과 시민들입니다. 그들은 일본의 지배 속에서도 한국인의 언어와 민속, 생활습관 등의 민족 관행을 유지하고 8·15해방을 모두가 축하하는 모습이었습니다. 대다수 일본인은 이날을 축하하지 못하고 슬퍼했습니다.

해방을 함께 축하하는 것이 옳다는 역사 인식을 강원도 사람들의 행동에서 배우고 싶었습니다. 강원도분들에게 많은 것을 배웠습니다. 감사드립니다.

끝으로 번역에 수고해주신 여러분과 출판사분들께 감사드립니다.

2020년 9월 1일

히구치 유이치

## 일러두기

1. 조선이라는 용어는 논문과 저서에 사용된 것을 제외하고 한국, 한반도 등으로 번역했다.
2. 경성은 서울로 고쳐서 번역했다.
3. 한국인으로 확인된 인명은 한국어 음으로 불확실한 경우는 일본어 음으로 표기했다.
4. 저서는 『 』, 논문은 「 」, 누락표시는 □를 사용해 표기했다.
5. 원문을 존중해 직역을 시도했으며 부득이한 경우 조정을 했다.
6. 일본인 이름 읽기를 정확하게 알 수 없을 때는 음독을 원칙으로 했다.
7. 역주는 각주를 사용했다.
8. 보장 논문을 제9장으로 독립 편집했다.

# 목차

한국분들께 / 5
일러두기 / 6

서장 ·················································································· 13


▌제1장 식민지 말기의 한국 농민과 식(食) · 15

1. 서론 ·············································································· 15

2. 한국의 평균수명 추정과 강원도 ······························· 17

3. 강원도의 사회 상황 ··················································· 20

4. 한국 전체 농민의 식생활 ·········································· 22

5. 한국 농민의 주식의 특징 ··········································· 24

6. 한국 농민 부식의 특징 ·············································· 25

7. 강원도의 주식과 부식 ················································ 28

8. 결론 ·············································································· 36


▌제2장 강원도에서의 한국병합 반대 독립전쟁 · 40

1. 서론 ·············································································· 40

2. 전쟁의 계기와 경과 ··················································· 42

3. 봉기에 참가한 사람들 – 군인·유학자·농민 ················· 43

4. 전성기의 강원도 봉기군 ················· 49

5. 전쟁의 추이 ················· 51

6. 봉기군의 상황 ················· 52

7. 봉기군 전사자 ················· 54

부록1. 헌병대와 경찰조직 ················· 57

부록2. 강원도 강릉 조선공산당 재건설 동맹 사건 자료 ················· 62

# ▌제3장 1930년대의 강원도
## 구정리의 농민 생활에 대해서 · 67

1. 서론 ················· 67

2. 강원도 농민 가구 수의 변천 ················· 70

3. 강릉군의 농민 생활 조건 ················· 71

4. 구정면 구정리의 농가 경제 조사 ················· 74

5. 농가 경제–수입과 지출을 중심으로 ················· 86

6. 한국 농민과 소 ················· 90

7. 그 외의 조사항목에서 보이는 것 ················· 91

8. 결론 ················· 92

# ▌제4장 1930년대의 강원도 의료상황과 한국 농민 · 94

1. 서론 ················· 94

2. 강원도의 의료 행정 ················· 95

3. 한국인의 사망률 ················· 97

4. 영유아의 사망률 ·········································································· 99

5. 강원도의 위생 환경 ······················································ 101

6. 의료 위생 ········································································ 104

7. 결론 ················································································ 117


# ▌제5장 조선총독부의 마약정책과 한국인 마약 환자 · 119

1. 서론 ················································································ 119

2. 한국의 마약 생산 개요와 단속 ······································· 120

3. 중일전쟁의 발발과 동양척식회사의 마약 생산 확대 ············· 129

4. 강원도 마약 생산과 관리 ················································ 137

5. 경기도 마약 생산과 관리 ················································ 138

6. 결론 ················································································ 141

부록. 재일한국인과 마약 – 일제강점기를 중심으로 ······················ 142


# ▌제6장 강원도에서 일본으로의 강제 노동동원 · 149

1. 서론 ················································································ 149

2. 일본으로의 전시 강제 노동동원 ······································· 152

3. 강원도에서 일본으로의 동원 ··········································· 153

4. 강원도 농민 입장에서 본 일본으로의 전시 노동동원 ·············· 156

5. 한국정부의 강제동원조사위원회 성립과
   강원도의 강제동원 피해자 결과 ······································· 159

6. 강원도 노동동원 희생자의 사례 ······································· 161

7. 강제동원 노동자의 임금과 송금 ······································· 165

8. 한국의 말단 행정 기관―면과 노동자 동원 ·································· 168

9. 강원도의 노동자 수급 사정 ········································· 170

10. 한국인 강제동원과 한국 사회 ···································· 173


▎제7장 강원도에서 해방 전후의
　　　　지방 권력이행과 노동동원 · 175

1. 서론 ···························································· 175

2. 해방 직전 강원도의 개황 ······································· 176

3. 괴리를 전제로 한 지방 권력의 이행 ······················· 182

4. 한국인과의 괴리를 증폭시키고
　 권력이행의 요인이 된 강원도의 전시 노동동원 ············· 193

5. 강원도 강제 노동동원에 관한 동향과 한국인의 괴리 ·········· 204


▎제8장 강원도 소작·화전 농민
　　　　박경우(朴慶雨)·이성순(李成順) 부부의 증언 · 207

1. 서론 ···························································· 207

2. 박경우 씨(1939년생)의 이야기 ································· 210

3. 이성순 씨(1944년생)의 이야기 ································· 215

4. 결론 ···························································· 221

**┃제9장 전쟁 말기 한국 읍면의 기능과
한국인 민중과의 괴리에 대하여 · 223**

1. 서론 ·································································· 223
2. 조선총독부의 행정 상황 인식 ······················· 224
3. 전시 하의 읍면 행정 ··································· 226
4. 읍면 사무지도 감독 규정에 나타난 읍면 사무의 문제 ·········· 228
5. 읍면장들이 본 읍면행정의 문제점 ················· 237
6. 신문보도에 나타난 행정문제 ························· 243
7. 읍면의 처우 개선과 직원 양성·훈련 ··············· 249
8. 쌀 공출과 읍면민의 분쟁 ····························· 253
9. 결론 ······················································· 257


**자료 · 261**

자료 1. 강원도 내 한국인과 일본인의 인구, 직업 구성 비교 ······· 263
자료 2. 강원도 내무부장 훈시에서 본 농민 상황 ····················· 265


후기 / 269
옮긴이 후기 / 273
찾아보기 / 277

식민지하의 강원도는 한국에서 가장 가난한 지역이었다고 한다. 산이 많고 한랭한 지역이지만, 동해와 접해 풍부한 자연을 보유하고 있다. 현재 강원도의 남부는 대한민국에, 북부는 북한(북조선)에 속한다.

나는 이전에 재일한국인과 일본의 식민지 지배를 연구하기 위해『전시 하 조선의 농민 생활지』,『일본의 식민지 지배와 조선 농민』을 썼다. 농민이 한국 인구의 90% 이상을 차지하고 있어 더욱 농민의 삶을 알고 싶다고 생각했다. 해방 시기의 한국 인구는 2,500만 명이었는데, 이 중 500만 명이 일본과 중국 동북지방 등으로 이주해 살았다. 일본의 식민지배하에서 인구의 5분의 1이 이산하게 되었다. 이러한 요인의 연구는 그들의 출신지인 농촌의 검증에서부터 시작하지 않으면 안 된다고 생각했다.

연구 대상을 한반도 13도 중 강원도를 택한 것은 식민지 내에서 강원도의 사망률이 가장 높았고, 그것이 농민의 '식(食)'과 관계있을 뿐 아니라, 식민지 한국 내에서 화전민이 많았던 것 등의 이유 때문이다.

이후 강원도에 가서 문헌을 찾으며 몇 명의 농민을 중심으로 한 소논문을 쓴 것을 시기적으로 정리한 것이 이 책이다.

한편 제9장인 '태평양전쟁 말기 한국 읍면의 기능과 한국인 민중과의

괴리에 대하여'는 강원도의 실태를 이해하는 데 필요한 한국 행정의 상
황에 대하여 논했다. 강원도의 사례는 아니지만, 각 도와 읍면의 기능이
통일되도록, 총독부의 통합적인 지도가 이루어졌으며 읍면에 대한 한국
민중의 대응도 거의 동일했다고 생각되어 이곳에 수록하게 되었다.

# 제1장

# 식민지 말기의 한국 농민과 식(食)

## 강원도 농민을 사례로

## 1. 서론

일본의 식민지하 한국 인구의 90%는 농민이었고 이 중의 80%는 자소
작(自小作), 소작 농민, 농업 노동자였다. 일본의 식민지 지배를 생각할
때, 이러한 사람들이 어떠한 상황에 놓였었는지를 역사적 관점에서 생
각하지 않으면 안 된다. 이것은 이른바 그들을 역사의 주인공으로 인식
할 때에 상식적으로 당연한 생각이다. 그러나 지금까지의 전후 한국사
연구에서는 지주·소작 관계 속에서 소작 농민을 평가하거나, 소작쟁의·
청년운동 연구 등에서 농민의 모습이 거론된 경우가 대부분이었다. 이
것도 중요한 시점이지만, 소작 농민에게는 기본적인 생활, 즉 의식주의
문제가 식민지 지배의 상황과 농민의 사회적 행동의 기본이 되었다고
생각할 수 있다. 특히 전쟁 말기에는 한국 인구 약 2,500만 명 중에
20%에 해당하는 약 500만 명(대부분이 농민)의 사람들이, 일본 본토, 중국
동북지방, 중국, 동남아시아 등으로 이동했다. 그 중심은 16세부터 50세

까지의 노동인구였다. 조선총독부의 정책 등도 영향을 주었지만, 기본적으로는 한국 농민의 생활상황이 배경에 있었다. 그중에서도 식량의 곤궁함은 심각했다. 조선총독부가 매년 간행한 『조선의 농민』(1941년 판)에서는 '한국에서 농가 290여만 가구 중 80%인 230만여 가구의 농가는 모두 소작 및 자작 겸 소작 계급에 속하는 영세 농가이고, 이들 농가의 대부분은 매년 춘궁기 무렵이 되면 식량 부족으로 산야에서 초근목피를 구해 겨우 일가가 허기를 모면한다'(이러한 농가를 '춘궁농가'라고 총칭한다)고 표현하는 상황 그대로였다.

본 글에서는 식민지하 한국 농민의 식량을 둘러싼 실태를 강원도[1]를 사례로 하여 가능한 한 해명하고, 식민지 지배의 실제 사정을 명확하게 하고자 한다. 강원도를 사례로 택한 것은 식량 상황이 가장 잘 반영된다고 생각되는 평균수명이 남녀 모두 43세로, 한국 내의 도별 평균수명이 최저이기 때문이다. 이것은 일본 본토에 거주하는 일본인과 차이가 매우 컸다. 강원도의 낮은 평균수명의 실태와 식량과의 관계를 통해서 식민지 지배하 한국 농민의 생활실태를 해명하고자 한다.

또한 연구사적으로 말하면 전후 일본에서는 이러한 시각으로 진행된 한국 농민의 동향 연구는 없고, 한국에서도 전시 하의 경제통제와 근대화 과정에서 도시문화 등의 개별연구는 있지만, 농민의 생활·식량·영양 등을 역사적으로 검토한 연구가 적다. 따라서 연구사적인 자리매김은 하지 않겠다.

---

1 강원도는 한반도 중부에 위치해 산악이 많고, 쌀은 일부 지역에서만 생산되며 경지 대부분이 밭이다. 현재는 38도 선에 의해 대한민국과 북한(북조선)으로 나뉘어 있지만, 대부분 지역이 한국에 속한다. 1944년 5월 1일 조사에 의하면 인구는 한국인 1,838,661명, 일본인 19,037명이다.

## 2. 한국의 평균수명 추정과 강원도

평균수명은 생명표로 밝혀진다. 생명표는 그 사회에 사는 사람들 전체의 건강 상태와 위생 상태를 반영하는 것으로 생활상태의 중요한 지표가 될 수 있다. 그러나 한국에서 생명표의 작성은 매우 뒤처졌다. 생명표 작성을 처음 시작한 것은 경성제국대학 의학부 교수인 미즈시마 하루오 (水島治夫)이다. 미즈시마에 의해 제1회 생명표인 「1925~1930년 간략 생명표」가 발표된 것은 1937년이었다.[2]

그 후 미즈시마 문하의 최희영(崔羲楹)에 의해 「제1회 생명표 보충 및 제2회 상세(精細) 생명표」가 작성되었다.[3] 그러나 이런 생명표는 작성자인 미즈시마가 스스로 언급했듯이 신뢰성이 매우 낮았다. 그 이유는 생명표 작성 근거가 되는 출생·사망 등의 통계 숫자가 부정확했기 때문이다. 당시는 영유아의 출생을 2, 3세까지 신고하지 않는 것이 보통이었다. 성장이 명확해질 시점까지 신고하지 않았기 때문이다. 3세까지의 영유아 사망률이 30% 전후로 높았을 것으로 추정되어서, 이것을 정확하게 반영할 수 없는 생명표로 신뢰도가 떨어졌다.

12세부터의 '도별생명표'를 작성했던 경성대학 의학부 의학사인 하라후지 슈에(原藤周衛)[4]는 이것에 대해 다음과 같이 기술했다.

---

2  미즈시마 하루오(水島治夫)는 한국에서 영유아 사망률의 높은 것 등을 생명표 작성의 문제점으로 지적했다. 이후 생명표의 작성은 미즈시마 문하생에 의해 이루어졌다. 저서는 『조선 주민의 생명표(朝鮮住民の生命表)』(경성·근택서점, 1937)가 있다. 「1925~1930년 간략 생명표」는 이 책에 게재되었다.

3  최희영(崔羲楹), 「조선 주민의 생명표 제1회 생명표(1925~1930)의 보충 및 제2회 상세(精細)생명표」(『조선의학회잡지』 1939년 11월호). 총독부에 의해 생명표가 작성된 것은 「1938년 인구동태조사를 근거로 한 조선인의 생명표에 대하여」(『조사월보』 1940년 6월호)가 최초이다.

한국인 생명표의 작성에서 우리가 봉착한 최대의 난제는 유아 사망률이 매우 기괴한 점이다. 즉, 0세 사망률이 이상하게 낮아서, 이것을 사실상의 한국인 생명표의 특이점으로 그대로 반영하는 것은 모처럼 만든 생명표를 무가치하게 만들 우려가 다분히 있다. 이 영유아 사망률이 매우 적은 것은 한국인 사회의 실제 모습이 아니라 철저하지 못한 사망신고와 집계의 통일이 어려웠기 때문이라고 추정할 수 있다.

하라후지는 '도별생명표'를 작성하면서 0~4세까지의 영유아의 사망을 전부 제외했다. 결과적으로는 12세 이상의 생명표 작성만으로 '도별생명표'를 작성했다. 따라서 이 생명표는 가장 높은 사망률을 나타냈던 영유아를 제외한 생명표라고 할 수 있다. '도별생명표'가 나타내는 평균수명은 실제로는 더욱 낮은 수치였을 것을 전제하여 검토를 진행했다.[5]

〈표 1〉 한국인 12세부터의 도별 평균수명(1934~1936년)

| 도명 | 남 | 여 | 평균 | 도별 순위 |
|---|---|---|---|---|
| 경기도 | 46 | 49 | 47 | 7 |
| 충청북도 | 46 | 48 | 47 | 8 |
| 충청남도 | 47 | 49 | 49 | 6 |
| 전라북도 | 49 | 51 | 50 | 2 |
| 전라남도 | 49 | 54 | 51 | 1 |
| 경상북도 | 48 | 50 | 49 | 3 |
| 경상남도 | 46 | 50 | 48 | 5 |

4 하라후지 슈에(原藤周衛)는 미즈시마 하루오의 문하로 경성제국대학 의학부 위생학 예방의학 교실 소속이었다. 하라후지 슈에,「도별 조선인 생명표-1934~1936년」(『조선의학회잡지』 1940년 8월호).
5 영유아 사망률의 문제에 대해서는 졸저,『전시 하 조선의 농민 생활지』(사회평론사, 1998)를 참조.

| | | | |
|---|---|---|---|
| 황해도 | 46 | 48 | 47 | 9 |
| 평안남도 | 47 | 50 | 49 | 4 |
| 평안북도 | 45 | 48 | 46 | 11 |
| 강원도 | 43 | 43 | 43 | 13 |
| 함경남도 | 45 | 48 | 47 | 10 |
| 함경북도 | 44 | 47 | 46 | 12 |
| 전국평균 | 46 | 48 | 48 | |

* 앞의 하라후지 논문 제4표에서 작성했다. 소수점 이하를 반올림했기 때문에 평균치와 다소 차이가 있다.
* 사망률 산출은 『조선총독부 통계 연보』(1934, 1935, 1936년 판)를 참조했다.
* 평균수명 순위는 소수점 이하를 참조하여 저자가 작성했다.

하라후지가 작성한 도별생명표를 정리한 것이 〈표 1〉이다.

1934~1936년 시점에 12세부터의 한국인 평균수명은 48세이다. 이 시기 10세부터의 일본인 평균수명은 남자 48세, 여자 51세, 평균 49.5세였기 때문에, 한국인의 평균수명이 일본인보다 낮았다고 할 수 있다. 한국에서 영유아 사망률이 높았던 것을 고려하면 차이는 더욱 컸을 것으로 추정된다. 하라후지의 이 숫자는 높은 영유아 사망률을 산출할 수 없는 상태에서 12세 이상으로 한정한 것이어서 실제로는 한국인의 평균수명이 더욱 낮은 수준이었을 것이라고 생각된다.

이 중에서도 강원도는 평균수명이 43세로 가장 짧았다. 특히 다른 모든 도에서 여성의 생존율이 남성보다 높았는데, 강원도 여성의 생존율은 남성과 동일한 수준으로 낮았다. 하라후지의 원표 집계의 소수점 이하를 나타내는 숫자는 남성 43.43세이고, 여성은 43.22세이다. 강원도의 여성은 남성의 전국 평균보다 5세나 낮은 수준일 뿐 아니라, 한국 전도 중에서 남녀를 모두 통틀어서 가장 낮은 생존율을 나타내고 있다.

이런 평균수명의 결과를 보면 강원도는 한국 사회의 모순이 가장 집약적
으로 표현된 지역이라고 할 수 있다. 평균수명이 짧은 요인으로는 강원
도 농민의 식생활이 중요한 역할을 하고 있다고 생각할 수 있지만 생활
상을 고찰하는 전제로서 강원도의 사회 상황을 검증하도록 하겠다.

## 3. 강원도의 사회 상황

한반도 중부에 위치한 강원도는 산악지대로 경지는 전체의 13%에
지나지 않았다. 춘천군을 필두로 21군 5읍 171면(1936년 말 현재)이고,
1936년 말의 인구는 한국인 1,513,276명, 일본인 15,019명이었다. 인구
의 85%는 농림과 어업에 종사했다.(〈표 2〉) 한국인 가구 수 279,456가구,
일본인 4,435가구였다.

〈표 2〉 강원도의 한국인 직업별 가구 수(1936년 말)

| 직업 | 세대수(가구) | 인구수(명) | 총 인구에 대한 비율 |
|---|---|---|---|
| 농림 목축업 | 227,085 | 1,270,222 | 83.9% |
| 어업 및 제염업 | 6,374 | 33,484 | 2.2% |
| 공업 | 5,475 | 26,680 | 1.7% |
| 상업 및 교통업 | 14,809 | 71,088 | 4.6% |
| 공무 및 자유업 | 6,811 | 29,697 | 1.9% |
| 그 외 취업자 | 16,245 | 71,584 | 4.7% |
| 무직·직업 무신고 | 2,657 | 10,521 | 0.6% |
| 합계 | 279,456 | 1,513,276 | 99.6% |

* 강원도 위생과 『강원도 위생 요람』 1937년, 『강원도보』 1937년 5월 13일호 부록 '1936년
인구통계'를 참조하여 작성.

〈표 3〉 경작지의 자작·소작의 비율(1936년 말)

|  |  | 강원도 | 전라남도 | 한국평균 |
|---|---|---|---|---|
| 논 | 자작 | 43.2% | 32.3% | 31.9% |
|  | 소작 | 56.8% | 67.7% | 68.1% |
| 밭 | 자작 | 55.6% | 60.3% | 49.2% |
|  | 소작 | 44.4% | 39.7% | 49.2% |
| 1가구당 면적 | 논 | 0.37정보 | 0.54정보 | 0.56정보 |
|  | 밭·화전 | 1.33정보 | 0.54정보 | 1.05정보 |
|  | 계 | 1.70정보 | 1.08정보 | 1.61정보 |

* 조선총독부 농림국『조선의 농업』1936년판.

　강원도 농업의 특징은 함경남도·함경북도 다음으로 자작률이 높다는 것이다.〈표 3〉에서 보듯이 강원도 농업은 남부의 쌀 경작 지역에서 평균 수명이 가장 긴 전라남도와는 다른 구조를 보였다. 경작지 분류는 〈표 3〉과 같고, 강원도에서는 쌀보다 밭에서 나는 밀, 조, 메밀, 감자, 옥수수가 주요 생산물이었다. 그리고 강원도는 고지대가 많아서 냉해 등의 피해를 받기 쉬웠다. 또한, 1936년 여름 태풍으로 피해가 컸고 사망자도 1,500명 이상이었다. 경지도 유실되어 농업생산과 농민 생활에 큰 타격을 입었다.[6]

　논이 적었지만 벼농사를 우선적으로 장려해 일본산 품종과 재배법이 장려되었다. 그러나 강원도는 기본적으로 밭 경작지대로, 특히 고품질의 콩, 팥이 생산되었다. 산지를 이용한 소의 축산도 번성했고, 농가 반수가 소를 사육했다. 동해안에서는 대구 등이 잡혔다. 농가 부업

---

6　강원도청,『강원도보』1936년 10월 10일호「훈시요지」(손영목(孫永穆) 지사)에 의한다.

으로 양잠도 했다.

　이 시기의 강원도의 지주와 소작 관계를 분석한 자료는 적지만 강원
도 철원군 내의 농장형 소작농가의 생활 상황에 대한 인정식(印貞植)의
조사가 있다.[7] 이 조사보고에 의하면 조사 농가 27가구 모두가 '춘궁농
가'였고, 어떤 농가에서는 1938년도에 문화·교육에 대해서는 지출이
전혀 없고, 육류와 어류 지출이 약간 있었고 부채가 큰 것 등을 지적했
다. 농장형 소작 농가만이 이러한 경제상황에 처했던 것이 아니라, 일반
적인 소작농가의 경제 상황도 반영하고 있다고 할 수 있다. 이러한 농가
경제의 상황이 이 지역의 건강과 식생활을 규정한 것이다. 이하에서
한국 전체의 농민과 강원도 농민의 식생활을 비교하며 생활 상황에 대하
여 기술하고자 한다.

## 4. 한국 전체 농민의 식생활

　한국 각 도에서 농민이 어떤 식생활을 하고 있었는지에 대한 조사로
그 결과를 알 수 있는 자료는 매우 한정적이다. 그중에서도 한국 전체에
걸친 조사와 파악 가능한 조사 방법 등의 조건 하에 작성된 논문을 중심
으로 식생활의 상황을 파악하고자 한다. 1939년 6월에 조사한 다카이
도시오(高井俊夫)의 「조선 주민의 음식에 관한 영양학적 관찰 제1편 조선
의 각 지방 주민의 주식물 및 부식물에 대하여」(이하 '주민식' 조사라고 표기
함) 논문을 중심으로, 한국 전체 식생활의 개요를 살펴보겠다.[8]

---

7　인정식(印貞植), 「조선 농민 생활의 상황 1」(『조선총독부 조사 월보』 조선총독부, 1940
　년 3월호).

이 조사보고서는 학군별 조사이고 학생의 식생활의 상태를 관찰하면서 작성한 것 같다. 이 시점에서의 한국인 취학률은 남자 56%, 여자 19%였고, 평균 취학률은 37% 전후였다. 따라서 조사 결과는 자작농·소작농 상층의 식생활을 반영하고 있지만, 중·하층의 소작농과 빈농의 식생활은 반영하지 못하는 측면이 있는 것 같다. 실제 식생활은 이 조사보다 상당히 낮은 수준이었던 것을 전제로 내용을 검토하고자 한다. 그런데 이 조사는 도시와 농촌을 구분하지 않고 집계한 것이다. 도시와 농촌에는 큰 격차가 있었던 것을 고려하고 볼 필요가 있다.

우선 한국 농민의 일반적인 식사는 쌀 중심이 아니라 기본적으로 혼식 문화였다. 쌀이 수확되었을 때는 쌀을, 보리가 수확되었을 때는 보리가 식생활의 중심이었던 지역도 있으나, 쌀과 보리는 보다 싼 가격인 조 등과 배합해 먹었던 것이 일반적이었다. 각 지방에서 수확된 곡물을 중심으로 보리·조·피·옥수수·콩 등을 섞어서 밥을 짓고, 밥 짓는 방법 등을 고심해서 먹기 좋게 조리했다. 따뜻한 밥이 중심이었다. 일상에서 여러 가지 죽을 만들었는데, 춘궁기에 특히 죽을 많이 먹었다. 이 시기에

---

8 논문은 『성대소아과잡지(城大小兒科雜誌)』(경성제국대학 소아과 동우회) 1940년 3월호에 게재되었다. 이 논문은 제1편이라고 표기되었고, 제2편은 「쌀·밀 이외의 잡곡을 주식으로 하는 지방 주민의 발육 내지는 영양 상태에 관한 조사」, 제3편은 「섭취 식물의 영양학 분석」으로 되어 있다. 그러나 이유는 알 수 없지만, 제2편과 제3편은 이 잡지에 게재되지 않았을 뿐 아니라, 원고도 발견되지 않는다. 이 논문의 작성은 총독부 학무부가 협력하여 조사가 실시되고, 교장과 학교 관계자가 회답서를 작성한 것 같다. 조사대상은 3,110학교이고 회답은 2,475학교(79%)였다. 일본인 교장 등이 어느 정도 학군 내의 음식 사정을 잘 알고 있었는지는 명확하지 않다. 또한 학교가 설치되었던 지역은 면·읍·군청 소재지의 중심지역으로 주변의 리 등에는 설치되지 않았고, 비교적 풍요로웠던 지역이 조사 대상이었던 것 같다. 또한 '주민식' 조사를 이용한 연구는 히사마 겐이치(久間健一)의 『조선농업 경영지대의 연구(朝鮮農業經營地帶の硏究)』(농림성 농업종합연구소, 1950)가 있는데, 논문의 개요 소개에 머물렀다.

는 구황작물을 이용했다. 춘궁기 이외에는 건조한 구황작물에 된장을 넣어 국거리로 만들어 먹었다. 부식은 각종 김치였다. 일부 김치에는 생선 등의 단백질을 첨가하는 경우도 있지만 매우 적은 양이었다. 생선 과 고기 등은 거의 먹지 못했고 부식은 김치와 된장이 대부분이었다.

## 5. 한국 농민의 주식의 특징

다카이(高井)의 '주민식(住民食)' 조사가 나타내는 한국 전체의 주식 조 사 결과는 일반적으로 지적되는 사항도 포함되었으나 일 년 동안의 특징 으로 다음과 같은 사항을 알 수 있다.

> (1) 쌀만을 주식으로 하는 지역은 한국 전체에서 14%에 지나지 않고,
>     지역적으로는 도시와 한국 남부의 일부로 한정되었다. 그 외는 모
>     두 다른 곡물(조·감자) 등과 쌀과 보리의 혼식이다.
> (2) 쌀, 보리, 조, 콩, 감자를 주식으로 하는 지역이 59%이고, 각 수확기
>     에 맞추어 각각의 곡물을 주식으로 했다. 또한, 각 곡물을 혼식했
>     다. 한국 전체에서 조와 감자를 주식으로 사용하는 지역이 많았다.
> (3) 쌀을 전혀 먹지 않고 보리, 콩, 조, 감자, 옥수수를 주식으로 하는
>     지역은 20%이다.
> (4) 쌀과 보리를 전혀 섭취하지 않고 조와 그 외의 잡곡을 주식으로
>     하는 지역이 8%이다. 한반도 북부에 많다.

위 결과에서 한국사회의 주식은 약 87%가 혼식이 중심이었던 것이 명확해진다. 혼식의 특징은 시기에 따라 수확량이 가장 많은 곡물을

중심으로 쌀이나 보리를 섞어서 주식을 구성한 점이다. 즉, 한국인의
주식은 그 토지에서 수확되는 곡물을 섭취하고 계절적으로는 곡물의
수확 후부터 먹기 시작해서 비축한 곡식을 모두 먹으면 다음 작물을
주식으로 하는 것이 일반적이었다고 생각된다. 일 년 동안 각 주식 작
물을 평균적으로 섭취하는 것은 아니었다. 춘궁기는 곡물이 나지 않는
시기이다. 일 년 동안 쌀·보리를 전혀 먹지 않는 지역이 8%에 달했다.
'주민표' 조사는 한국의 부식에 대해서도 큰 특징을 보였다.


## 6. 한국 농민 부식의 특징

'주민표'에서 조사한 부식 조사의 연간 결과는 다음과 같은 특징이
있다.

> (1) 야채·된장·계란 외에 고기, 생선을 섭취하고 있는 지역은 44%에
>    달한다. 단, 섭취 횟수는 조사되지 않았다.
> (2) 야채·된장·계란·생선은 섭취하지만, 고기를 섭취하지 않는 지역
>    이 25%이다.
> (3) 야채·된장 외에 동물성 단백질로서는 계란만 섭취하는 지역은 1%
>    에 불과하다.
> (4) 야채만 섭취하거나, 야채와 된장만을 섭취하는 지역은 29%이다.

부식으로 생각되는 모든 종류의 식품을 섭취했던 지역이 많은 것은
일 년에 몇 번 있는 제사 때의 식사도 통계에 반영되었기 때문인 것
같다. 연안 근처에 사는 사람은 생선을 쉽게 구할 수 있다는 지리적인

요인도 고려해 검토할 필요가 있다. 식용이었던 미꾸라지, 우렁이 등은 조사대상에 포함되지 않았던 것 같다. 여름에 수확하는 참외는 주식처럼 먹었는데, 주식·부식 조사 대상 품목에는 들어있지 않다. 또한 도토리가 식재료인 묵은 부식에 포함되지 않은 것 같다. '주민식' 부식 조사는 조사자가 의도적으로 단백질의 섭취에 관심을 가지고 농민이 먹을 수 없었던 계란에 집착하고 있지만 계란의 섭취는 매우 적었다.

'주민식' 조사와 같은 시기에 이루어진 다카이 도시오·배영설에 의한 경기도 내의 학교별 조사에서는 도시의 학생은 여러 가지 부식을 섭취하고 있지만, 농촌의 일곱 학교 중 일 년 동안 부식이 김치뿐이었던 곳은 강화(江華)소학교 77%, 교동(喬桐)소학교는 91%, 봉담(峰潭)소학교 85%, 설악(雪岳)소학교 73%였다.[9] 다른 세 학교는 50% 이하이다. 이 조사는 초등학교 5, 6학년을 대상으로 조사했다. 5, 6학년까지 재학할 수 있었던 것은 농촌에서도 유복한 계층의 농민이었다는 것을 고려하면, 통학할 수 없었던 계층과는 큰 차이가 있었다고 생각된다. 따라서 주민식 조사에서 나타난 한국인의 부식은 일 년 내내 약 35%가 김치뿐이고, 농촌만을 보면 대부분의 농가에서 부식은 김치뿐이었다고 지적할 수 있다.

---

9 다카이 도시오(高井俊夫)·배영설(裵永卨) 「조선의 도시 및 농촌 학생의 영양학적 관찰 제1편-조선의 농촌 학생의 주식, 부식, 간식에 대해서」(『성대소아과잡지(城大小兒科雜誌)』 11권 5호, 1940년 3월).

〈표 4〉 '주민식' 조사에 따른 강원도 주식 조사 결과와 전라남도·전국의 비교(춘하추동 계)

| 사항 | 주식 내용 | 강원도<br>162학군 | 전라남도<br>258학군 | 전국 비율 |
|---|---|---|---|---|
| 1 | 쌀만 | 44 (7%) | 161 (16%) | 14% |
| 2 | 쌀·보리 | 12 (2%) | 238 (23%) | 16% |
| 3 | 쌀·보리·조(피도 포함) | 45 (7%) | 66 (6%) | 7% |
| 4 | 쌀·보리·조·콩 | 81 (13%) | 114 (11%) | 17% |
| 5 | 쌀·보리·조·콩·감자 | 206 (32%) | 209 (20%) | 19% |
| 6 | 쌀·보리·조·콩·감자·고구마 | 91 (14%) | 5 (0.5%) | 3% |
| 7 | 쌀·보리·조·콩·감자·고구마·수수 | 36 (6%) | 5 (0.5%) | 2% |
| 8 | 보리 | 1 (0.2%) | 82 (8%) | 3% |
| 9 | 보리·조 | 1 (0.2%) | 33 (3%) | 1% |
| 10 | 보리·조·콩 | 3 (0.5%) | 17 (2%) | 1% |
| 11 | 보리·조·콩·감자 | 38 (6%) | 82 (8%) | 6% |
| 12 | 보리·조·콩·감자·고구마 | 20 (3%) | 0 (0%) | 1% |
| 13 | 조만 | 8 (1%) | 1 (0.1%) | 0% |
| 14 | 조·콩 | 4 (0.6%) | 4 (0.4%) | 2% |
| 15 | 조·콩·감자 | 8 (1%) | 1 (0.1%) | 2% |
| 16 | 조·콩·감자·고구마 | 6 (1%) | 7 (0.7%) | 2% |
| 17 | 조·콩·감자·고구마·수수 | 14 (2%) | 0 | 3% |
| 18 | 보리·조·감자·고구마·수수 | 14 (2%) | 1 (0.1%) | 0% |
| 19 | 콩 | 0 (0%) | 0 | 0% |
| 20 | 콩·감자 (고구마도 포함) | 3 (0.3%) | 0 | 0% |
| 21 | 콩·감자·옥수수 | 3 (0.3%) | 0 | 0% |
| 22 | 콩·감자·옥수수·수수 | 0 (0%) | 0 | 1% |
| 23 | 감자 (고구마도 포함) | 0 (0%) | 4 (0.4%) | 0% |
| 24 | 감자·옥수수 | 8 (1%) | 2 (0.2%) | 0% |
| 25 | 감자·옥수수·수수 | 1 (0.2%) | 0 | 0% |

| 사항 | 주식 내용 | 강원도<br>162학군 | 전라남도<br>258학군 | 전국 비율 |
|---|---|---|---|---|
| 26 | 옥수수 | 1 (0.1%) | 0 | 0% |
| 27 | 옥수수·수수 | 0 (0%) | 0 | 0% |
| 28 | 수수 | 1 (0.1%) | 0 | 0% |
|  |  | 649 (100%) | 1,032 (100%) | 10,662 (100)% |

* 자료에서는 학군별 집계에서 학군의 춘하추동의 총 통계가 산출되었지만, 춘하추동 각각의 숫자는 생략했다. 또한 원표에서는 해안지대·평야·분지·산림·고지대·고산으로 분류되었는데, 이것도 생략했다.
* 총수는 강원도를 예로 들면 162학군에 춘하추동에 걸쳐 648학군이 되지만, 원표에서 계산이 맞지 않는 부분이 있다. 조사에서는 지도상에 조사 지점마다 주식(主食) 구분이 되어있지만, 여기에서는 생략되었다. 그것에 의하면 쌀만 주식으로 한다고 대답한 지역은 군청 소재지가 많다. 퍼센티지에 대해서는 소수점 1 이하를 반올림했다.
* 자료는 앞의 '주민식' 조사에 의한다.

## 7. 강원도의 주식과 부식

'주민식' 조사는 행정 단위가 아닌 학군 단위로 이루어져 구역 농민의 식생활은 학교 관계자가 기재한 도시락의 관찰 등으로 이루어졌다고 볼 수 있다.

### 1) 강원도의 주식에 대하여

강원도의 주식 조사를 근거로 〈표 4〉를 작성했다. 동 표에서는 생존율이 가장 높았던 전라남도를 전국의 평균치와 비교할 수 있게 했다.

강원도의 경우는 1, 2항으로 분류된 쌀·보리가 주식이었던 지역은 5, 6곳이고, 강원도 전체의 649곳에 대한 비율은 9%이다. 쌀만으로 보면 7%로 전국 도 비율의 절반에 불과하다. 쌀·보리의 경우 전라남도와의 차이가 11분의 1이나 된다. 전국 평균은 8분의 1이다. 쌀과 보리는 다른 잡곡보다 영양가가 높고 비교적 소량으로 영양을 섭취할 수 있지만, 강원도는 압도적으로 쌀과 보리의 섭취량이 적다. 강원도는 쌀 생산량도 적었고 소비량도 적었다.

또한 3항부터 7항에 나타난 쌀·보리를 포함한 혼식은, 5항의 강원도 206학군이 전형적으로 나타내고 있듯이 조·콩·감자가 중심이었다. 이를 통해 강원도의 혼식은 조·콩·감자였던 것을 알 수 있다. 콩은 여러 종류를 농사지었는데 중요한 단백질원이었던 된장을 만들 때 사용했다. 강원도의 주식은 주로 조와 감자였던 것으로 추측된다. 그 외의 혼식 항목을 보아도 감자의 혼식률이 높다. 이것은 전국의 타도와의 비교에서도 알 수 있다.

조는 보리보다 가격이 쌌기 때문에 수요가 많아 반입되어 혼식에 많이 활용됐다. 강원도의 식생활에서 혼식으로 먹은 대표 작물은 감자이고 다음은 조였다고 생각된다.

24항에 나타나듯이 감자와 옥수수를 일 년 내내 주식으로 했던 학군이 있었던 것도 간과할 수 없을 것이다.

## 2) 강원도의 부식에 대하여

'주민식' 조사에 의한 강원도 부식 조사 결과를 근거로 전라남도·전국을 비교하면 〈표 5〉와 같다.

〈표 5〉 강원도의 부식조사 결과(춘하추동 계)

| 사항 | 부식 내용 | 강원도<br>149학군 | 전라남도<br>247학군 | 전국<br>9776학군 |
|---|---|---|---|---|
| 1 | 야채 (김치) | 14 (2%) | 84 (8%) | 5% |
| 2 | 야채·된장 | 154 (26%) | 205 (20%) | 24% |
| 3 | 야채·계란 | 1 (0.2%) | 1 (0.1%) | 0.2% |
| 4 | 야채·된장·계란 | 11 (2%) | 10 (0.9%) | 0.9% |
| 5 | 야채·생선 | 20 (3%) | 84 (8%) | 4% |
| 6 | 야채·된장·생선 | 83 (14%) | 234 (22%) | 18% |
| 7 | 야채·고기 | 13 (2%) | 12 (1%) | 1% |
| 8 | 야채·된장·고기 | 39 (7%) | 22 (2%) | 7% |
| 9 | 야채·계란·생선 | 1 (0.2%) | 1 (0.1%) | 0.4% |
| 10 | 야채·된장·계란·생선 | 29 (5%) | 30 (3%) | 2% |
| 11 | 야채·계란·고기 | 6 (1%) | 5 (0.5%) | 0.6% |
| 12 | 야채·된장·계란·고기 | 16 (3%) | 8 (0.8%) | 3% |
| 13 | 야채·생선·고기 | 6 (1%) | 19 (2%) | 1% |
| 14 | 야채·된장·생선·고기 | 54 (9%) | 68 (6%) | 9% |
| 15 | 야채·생선·고기·계란 | 9 (2%) | 6 (0.6%) | 1% |
| 16 | 야채·된장·생선·고기·계란 | 151 (25%) | 274 (24%) | 22% |
| | 계 | 596 | 1,052 | |

\* 근거와 조사 방법 등은 〈표 4〉와 동일.

보고서에 나타난 한국인의 부식을 보면 '일부 도시 거주자를 제외하고는 1년 중 부식물은 거의 각종 김치와 된장을 먹는 사람이 많다'고 했듯이 김치와 된장을 부식으로 했다. 이 조사는 동물성·식물성 단백질의 섭취 방법이 한국인의 건강에 큰 영향을 주었다는 생각에서 실시했다. 조사에서는 계란을 어느 정도 일상적으로 먹을 수 있었는지가 포함되었다.

강원도 부식의 특징은 한국 전체의 부식과도 일치하지만, 1항 및 2항의 야채와 된장만을 일 년 내내 부식으로 하는 것은 149학군 중 42학군으로 전체의 28%이다. 이것은 한국 전국 평균과 거의 일치한다. 생명 유지에 필요한 단백질 섭취에 계란의 이용은 매우 적은 양이었다. 강원도처럼 쌀에서 단백질을 얻지 못하는 경우는 콩으로 만든 된장을 부식으로 이용해 단백질을 얻었다. 다음으로 많이 섭취한 동물성 단백질을 포함한 부식은 5, 6항에 나타난 생선이다. 강원도는 해안선에 접해 있지만, 좋은 항구는 적어서 내륙부에서는 말린 생선이 중심이었다. 전체 부식 중 17%를 차지했다. 고기는 생선보다 적게 섭취했다. 7, 8항에서 나타나듯이 고기는 9%의 비중을 차지해 생선이 차지하는 비중의 절반에 지나지 않았다. 강원도는 소의 생산지로 유명한데도 불구하고, 농민이 식용으로 사용한 비율은 낮았던 것 같다. 10항 이하는 단백질 등의 영양소를 충분히 포함했다고 생각하는 식품이다. 10항 이하의 학군 합계는 260이 되고, 이는 전체의 약 44%를 차지한다. 각각의 식품 섭취량은 조사되지 않았다. 〈표 5〉에서는 김치와 된장만을 부식으로 하는 학군은 강원도 전체의 3분의 1 미만이었던 것을 확인할 수 있다. 또한 부식을 지역적인 면에서 보면, 강원도 안에서 김치와 된장만으로 부식을 섭취한 지역은 산간지역의 학군이 많았다. 해안이 가까운 곳에서는 10항 이하의 유형이 많다. 따라서 지역 생산물과의 관계가 깊었던 것을 알 수 있다.

부식 전체의 양적인 문제에 대해서 이 조사에서는 언급하지 않았다. 춘궁기에는 죽을 주로 먹었다. 또한, 식사 횟수가 2회였다는 자료도 있는 것으로 보아 그때 생선과 고기가 충분했다고 생각할 수 없다. 이 숫자에는 제사 때에 준비하는 생선과 고기를 섭취한 것도 포함되었다

고 생각된다. 주식, 부식 모두 실제로는 남성이 우대받았는데, 여기에
는 그러한 실태는 반영되지 않았다.

이 조사에서는 식사량이 명확하지 않은데, 주요 부식인 생선, 수산
제품, 축산물의 도별 소비량 조사로 강원도와 전라남도, 전국의 비교
는 〈표 6〉과 같다.

〈표 6〉 강원도·전라남도·전국의 주요 부식 소비량과 순위(단위: kg)

| | 강원도 | | 전라남도 | | 전국 평균 |
|---|---|---|---|---|---|
| | 순위 | 인구 1인당 소비량 | 순위 | 인구 1인당 소비량 | 인구 1인당 소비량 |
| 선어(鮮魚) | 8 | 7.7 | 4 | 11.6 | 9.3 |
| 수산제품(해초류 제외) | 12 | 1.0 | 6 | 3.4 | 3.2 |
| 축산품 | 12 | 0.9 | 8 | 2.2 | 2.9 |

* 가토 가나에(加藤鼎), 「반도 농촌 청소년의 체위 향상에 관한 일고찰」, 『조사 월보』 1938
년 10월호부터 작성. 가토는 총독부 수산과 소속. 숫자는 1936년 수산과 조사.

한국의 쌀 가격의 수산물 어획량은 212만 톤이고, 1인당 100kg이
되지만, 그중 130만 톤은 정어리기름과 비료로 사용되었고, 일본으로
도 대량 반출되었다. 수산물은 하층 농민에게까지 돌아가지 않았다고
생각된다. 강원도는 전국 13도 중 수산제품과 축산제품 모두 소비량이
12위이고 선어(鮮魚)는 8위이다. 강원도는 전라남도와 비교하고 타도와
비교해도 소비량이 하위에 있다.

또한 일본인과 대지주가 살았던 서울을 포함한 경기도는 모든 소비
량 수치가 매우 높았다. 농촌과 도시의 차이는 매우 컸는데, 그중에서
도 일본인의 소비량이 많았다고 생각할 수 있다.

〈표 6〉에서 사용한 논문 속에서 가토는 각 도와 비교하면서도 도시와 농촌의 차이에 대해서,

> 도시와 농촌별로 보면 식품 소비가 도시에는 극단적으로 많고 농촌과 산촌에는 매우 적다. 도시에서도 대도시와 소도시는 큰 차이가 있다. 내가 어느 산촌을 조사한 바에 의하면, 그곳에서 한 가구가 1년에 소비하는 양이 도시의 1일분에도 해당되지 않는 매우 적은 양이어서 놀랐다. (중략) 인구의 80%를 차지하는 농촌과 산촌의 영양식품 소비가 이와 같으면 이것은 결코 방치할 수 없는 문제라고 생각한다.

라고 지적했다. 가토가 기술했듯이 강원도는 식생활의 상황이 매우 나쁜 조건에 있었다고 할 수 있다.

이러한 주식, 부식에서 보이는 강원도 주민의 음식과 건강은 어떠한 관계가 있는지 알아보겠다.

### 3) 강원도의 음식과 건강에 대하여

강원도의 주식은 옥수수 등 소화가 어려운 식품이 많았고, 건강 유지에 필요한 단백질은 식물성 콩과 쌀에서 섭취했던 것 등의 몇 가지의 특징을 언급할 수 있다. 이들 식품을 영양학적 관점에서 구체적으로 분석한 자료는 매우 적지만, 히로카와 고자부로(廣川廣三郎)의 논문인 「조선의 산간 지방 주민식의 영양학적 연구」를 중심으로 살펴보겠다.[10]

---

10 히로카와 고자부로(廣川廣三郎)는 경성의학전문학교 교수로 여러 지역과 계층의 영향 분석을 발표했다. 이 논문은 『경성의학전문학교 기요(紀要)』 10권 6호, 1940년 6월에 게재되었다.

이 논문은 '강원도청 위생과 도다(戸田) 기사가 관할의 산간부락에 있는 초등학교 아동의 신체검사와 식생활 조사를 함께 시행해 보고한 보고서를 읽을 기회가 있었다. 그 결과에는 주식으로 옥수수 및 감자를 절반씩 섞어서 섭취하고, 절인 음식이 부식의 대부분인 상황 속에서 소금만을 섭취하는 경우도 알게 되었다'는 연구 동기에 근거해 집필한 것이다. 옥수수와 감자를 반씩 섞은 식사가 주식으로서 영양학적으로 완전식이라고 할 수 있는지에 대해서 실험한 것이다. 히로카와는 주식인 ①옥수수+감자 ②옥수수+감자+조 ③옥수수+감자+생선가루(魚粉)의 영양가를 분석하고, 이어서 절임 음식인 김치의 영양분석을 통해 부식에는 '영양소 함유량이 매우 적은' 것을 고려해 주식만으로 필요량을 산정했다.

그리고 ①, ②, ③을 가지고 기본 영양소를 더한 3종류의 식사를 흰쥐에게 주어서 실험했다. 이 결과, '동물 사육 시험의 결과를 판단하면 옥수수, 감자 혼식은 흰쥐 성장에 완전하지 않았고, 이것에 생선가루를 첨가하면 성장이 기본식의 상황에 접근했다'고 했다. 또한, '흰쥐를 옥수수, 감자로 사육하면 발육이 매우 늦었고 6주 무렵부터 피부염에 걸렸지만, 사망은 하지 않았다'고 분석했다.

또한, 히로카와는 농업노동에서 필요한 섭취량의 분석과 거기에 생선가루를 첨가했을 경우를 분석했다. 그 결과에 대해서는 아래에 소개하겠다. 긴 인용이 되지만, 옥수수와 감자를 중심으로 한 강원도 음식의 과학적인 분석은 이 논문 이외에는 발견할 수 없다.

> (1) 주식만을 많이 섭취하는 경향이 있기 때문에 1일 섭취량을 건조하지 않은 것 3,825g, 건조한 것 993.8g으로 하면 영양소와 열량에

서 모두 부족할 걱정이 없다.

(2) 단백질의 함유율은 일반적으로 낮고 전 영양소량의 10% 이하이다. 또한, 흰쥐 사육 실험의 결과로 고찰해도 성장 불량은 단백질의 성질이 양호하지 않음을 의미하며, 이것의 대책으로는 양질의 단백질을 함유한 곡물, 예를 들어 조일 경우는 30%, 콩일 경우는 20%를 첨가하거나, 또는 생선가루 20% 이상을 섞어 단백질의 함유율을 10% 이상, 가능하면 15%까지 증가시킬 필요가 있다.

(3) 1일 섭취량이 3,825g이면 지방, 탄수화물 모두 충분한 양을 함유하고 열량도 또한 부족할 걱정이 없다.

(4) 무기질의 함유량에 관해서도 세밀하게 연구할 필요가 충분히 있고, 본 실험의 결과에서는 특히 칼슘의 함유량이 적어서 칼슘을 많이 함유한 콩, 생선, 야채 등을 적당히 섭취할 필요가 있다.

논문에서는 식사로 옥수수와 감자를 먹으면 성장이 늦고 피부병이 생긴다고 지적했는데, 그래도 일정한 양인 3,825g을 먹으면 문제가 없다고 했다. 옥수수와 감자를 대량으로 섭취하지 않으면 안 된다. 물론 옥수수는 가루로 만들어 먹기 쉽게 하거나 감자도 여러 가지 방식으로 조리하고, 참깨 등을 더해서 일부의 영양가가 보충되었다고 생각된다. 그러나 여기에 김치, 식물성 단백질을 포함한 콩으로 만든 된장국을 함께 먹어 강원도의 음식을 구성한다고 해도, 영양은 충분하지 않고 생선과 고기 등의 단백질이 필요했다고 생각된다. 강원도의 경우는 앞에서 보듯이 생선과 고기의 소비량이 매우 적었다.

히로카와의 분석은 강원도 산간부의 음식 상태를 검증한 것으로, 주민이 영양학적으로 매우 편향된 상태였다는 것을 알 수 있다. 평야 지대에서는 보리, 조 등의 혼식 비율이 높았지만, 농민 부식의 상태는 산

간부와 같았을 것으로 추정된다. 강원도 일반 농민의 음식은 편중이 매우 심해서 건강에 크게 영향을 주었다고 생각된다. 특히 춘궁기 소작 농민은 음식의 확보가 어려워 죽을 주식으로 하거나 1일 2식을 하는 것이 일반적이었다. 이런 조건이 43세라는 강원도의 낮은 평균수명을 초래한 요인 중 하나가 되었다고 생각된다. 식민지 지배 하에서 농민의 태반을 차지한 소작 농민들의 음식 조건은 매우 나빴다고 할 수 있다. 소작 농민의 음식 상태는 경제적으로는 지주와 소작 관계가 기본이었는데, 식민지 지배하에서도 이 관계는 개선되지 못했고, 농민들은 해결 방법의 하나로 이동을 선택해 일본·중국 등으로 많은 수가 이주했다. 한국인의 만주 이민과 일본으로의 전시 노동 동원은 정책적인 요소가 컸지만, 식생활에서의 극심한 궁핍이 배경이었다고 할 수 있다.

## 8. 결론

한반도 내에서 평균 수명이 가장 낮았던 강원도 농민의 음식 상태를 살펴보았는데, 평균수명과 음식은 깊은 관계가 있다. 그것은 강원도에 국한되지 않고 한국 전체 농민의 보편적인 문제였다. 그 문제를 과학적으로 논한 일은 적었지만, 경성제국대학 위생학 예방의학 교실의 배영기는 「학령기의 조선인 아동의 체위에 관한 연구」[11]에서 어린이의 신장·체중·가슴둘레 등을 학생과 비취학생(취학할 연령임에도 불구하고 취학하지 않은 자)으로 나누고, 도시·농촌·산악지대에 사는 경우로 나누어 조사·

---

11 조선의학회, 『조선의학회잡지』, 1941, 제31권. 배영기는 미즈시마 하루오(水島治夫)의 문하였다.

연구했다. 그중 한국인 학생은 특히 산악지대(이 사례는 평안남도 영원 지역)
에서는 발육 불량의 이유를 '그들이 섭취하는 식품은 종류가 적고 동물
성 및 해산물의 부족으로 편식에 의한 결함을 피할 수 없다'라고 했다.
또한, 비취학생의 신체적인 특징을 분석해 농촌(평안남도 강서군)에서도
'많은 수의 그들 가정은 매우 빈곤해 영양이 불충분하고, 환경은 비위생
적이다. 게다가 유소년 시기부터 여러 가지 노역에 시달린다'는 것이
어린이들의 체격이 안 좋은 요인의 하나라고 지적했다. 이 외에도 농촌
아동의 체격 측정 결과에서 농촌 어린이들의 신체적인 발달이 늦은 것을
지적하는 자료가 있다.

예를 들어 경상남도 울산 근처에 위치한 달리의 한국인 농민 중 20세
에서 50세까지 성인의 평균 신장은 164cm였다. 당시의 일본인의 평균
신장은 157cm로 한국인 성인의 신장이 더 컸다. 그러나 이 조사에서
발육기에 해당하는 달리의 어린이들의 신장은 모든 연령에서 일본 어린
이들보다 작았다. 이 어린이들이 성인이 되었을 경우는 일본인보다 신
장이 작아질 것을 상세한 조사에서 밝혔다. 이 조사는 1936년 여름에
실시되었고 일본의 식민지 지배 하에서 자란 어린이들은 신장이 작았다
는 사실을 나타내고 있다.[12]

이것은 의학전문가의 지적만이 아니라 식품·영양학이 전문인 숙명여
자전문학교 교수인 도요야마 다이지(豊山泰次 창씨명, 본명 김호식)도 『조선
음식개론』[13]에서 한국의 음식 문제를,

---

12 조선농촌사회 위생 조사회 편, 『조선의 농촌위생』(이와나미 서점, 1940).
13 도요야마 다이지(豊山泰次 창씨명. 본명 김호식), 『조선음식 개론』(경성·생활과학사,
   1945). 이 책은 숙명여자전문학교의 생도 등을 참가시켜, 향토 자료의 실태를 조사한
   성과의 일부가 반영되었다고 생각된다.

지방분과 단백질분도, 그 필요량을 밥에서 섭취하려고 한다. 이것은 지극히 간단하지만, 영양적으로 불균형하고 불합리하여 위장에 지나치게 부담이 된다. 그들은 도시인의 2배, 3배의 밥을 먹어 다른 반찬은 문제가 아니다.

고기도 없을 뿐 아니라 생선도 없다. 노인과 아이들도 일 년 내내 밥과 된장국과 김치만으로 살아간다. 이런 간소한 식사는 모르는 사이에 건강을 해치고 위장 장애가 시작되어 발육 부진, 조로, 사망률 증가라는 가슴 아픈 사태를 빚어내고 있다.

라고 지적했다. 그는 생활개선과 음식 개선 지도에 해결의 길을 구했지만, 농민에게 음식의 문제는 바로 경제적으로 극심한 빈곤의 문제였다. 그러나 그의 지적은 농민 음식의 심각한 사태를 확인하고, 그것이 한국인의 수명과 직접 관계가 있는 것을 시사하고 있다.

본 글에서 이용한 주요한 자료는 1939년의 큰 가뭄 피해 이전의 쌀 생산이 비교적 순조로웠던 상황으로, 가뭄 피해 이후 일본의 쌀 부족이 시작되었다. 『조선음식개론』은 1945년 4월에 간행되었는데, 이 시점에서 식생활은 한층 어려워졌다. 1941년 말부터의 태평양전쟁을 배경으로 1942년부터 쌀 등의 공출이 강하게 실시되어 농민 생활은 현저하게 힘들어졌다. 게다가 1942년은 1939년에 버금가는 자연재해로 쌀 생산이 격감했고 1943년, 1944년에는 자연재해와 함께 노동력, 비료, 농기구 부족 등의 요인으로 대흉작이 계속되어 농민의 식생활은 한층 악화되었다. 강원도의 경우를 기준으로 삼아 살펴보았듯이 한국인 인구의 태반을 차지하는 농민의 식생활 상황이 매우 심각한 조건에 놓였던 것이 분명하다. 한국 농민의 극심한 빈곤 상황은 한국 사회의 변동에 큰 영향을 주었다. 특히 한국 총인구 2,500만 명 중 약 500만 명이 국외로 이동하고 한국 내에서도 인구의 이동이 매우 커졌다. 농민의 이동에 대해서는 전시 노동동원 등 정책적인 측면도 검토해야 하지만, 식량을 확보할 수 없는 대량의 농민층 증대가 농민의 이동을 촉진했다. 한국 내에서 식량의 악화는 한국인의 평균 수명과 생명 유지에 직접적인 영향을 주었고, 또한 식량 확보의 어려움은 정책적인 의미를 포함하여 많은 농민의 이촌을 촉진하고 한국 사회에 심각한 영향을 주었다. 한국인 농민의 80%를 차지했던 소작 농민들의 식생활을 중심으로 한 생활실태는, 한국 농민의 생명 유지가 곤란했던 것을 포함해 식민지 지배가 얼마나 가혹한 형태로 한국 민중에게 영향을 주었는지를 분명하게 나타낸다.

제2장

# 강원도에서의 한국병합 반대 독립전쟁

1907~1913년

## 1. 서론

나는 지금까지 강원도에 대하여 생활기록, 위생, 청취록 등의 몇 편의
글을 썼다.[1] 이 취지는 식민지하의 한국에서 가장 가난한 사람들의 삶이
있고, 거기에 새로운 세계를 창출하는 한국 농민의 생활과 힘이 존재한
것은 아닌가 하는 생각에서 출발했다. 지금까지 이러한 작업에서 결정
적으로 부족했던 것은 강원도의 농민운동을 검토하는 과제였다. 그러나
『강원도지』 등에 통사적인 서술은 존재하지만, 농민운동 관계논문은
매우 적다고 생각한다.[2] 특히 강원도에서 중요한 위치를 차지하는 것은

---

1 히구치 유이치(樋口雄一), 「식민지 말기의 조선 농민과 음식-강원도 농민을 사례로
   하여」(『역사학연구』 867호, 본서 제1장) 등.
2 강원도의 농민·사회운동에 대해서는 조성운, 『일제하 농촌사회와 농민운동-영동지
   방을 중심으로』(혜안, 2002)가 있다. 또한, 강원도의 사회운동으로서는 이 이외의 연
   구논문은 발견할 수 없었는데, 조선공산당 재건운동 중에서 강원도 강릉그룹이 체포되
   었을 때의 공판기록이 있다.

한국병합 직전인 1907년부터 시작한 운동이다. 1907년부터 일본의 한
국병합 움직임과 고종황제의 강제퇴위 등에 대한 반발이 강해져서, 저
항이 한국의 전 국토로 퍼졌다. 이것은 일단 진정된 것처럼 보였던
동학·갑오농민전쟁을 이어서, 한국 농민이 참가한 독립전쟁으로 새롭
게 전개되었다. 이것은 국권회복·독립보전의 민족 독립전쟁의 시작이
었다. 전쟁의 중심지 중 하나가 된 것은 강원도이고, 전국 운동 참가자의
5분의 1은 이 지역 출신자였다. 이전의 갑오농민전쟁에서는 전라남북도
등이 중심이었는데, 1907년 이후는 강원도가 큰 역할을 했다. 초기의
동학 농민전쟁과 제2차 농민전쟁에서는 강원도에서의 운동은 특별히
언급되지 않았다. 여기에서 언급하는 1907년부터의 운동은 제3기 운동
으로 시대구분이 되는 시기이고, 동학·의병 농민전쟁의 제3기로 평가
하는 논자도 있다.

이러한 의미에서 1907년 이후 강원도의 '국권회복·독립보전' 운동
의 개요를 살펴볼 필요가 있다고 생각했다. 강원도의 이 운동을 알기
위해서는 강원도의 생활을 알아야 한다고 생각해 불충분하지만, 이하
에서 이 운동의 정리를 시도하고자 한다.

또한, 이 시기의 저항 전쟁을 의병 전쟁으로 일괄하여 이야기하는
경우와 3기로 나누어 1907년 이후를 제3기로 평가하는 경우도 있는데,

---

또한 한국독립전쟁에 대해 가장 많이 참조되고 있는 것은 『조선폭도토벌지(朝鮮暴徒
討伐誌)』로 기본 자료가 된다. 이 책에는 강원도의 독립전쟁에 대해서도 시기별로 항목
을 설정해 전투 상황을 기록했다. 전투 경과 서술에 중점을 두고 있다. 본 장에서 사용
한 춘천헌병대본부 편, 『강원도지(江原道誌)』(1913년 간행)도 장의 아래에 항목을 만들
어 '폭동'에 대해서 기술하고 있다. 춘천헌병대 편찬 기술에는 중복된 곳도 있다. 그러
나 강원도에 대한 독자적인 기술도 있어, 여기에서는 강원도 헌병대의 자료를 기본
자료로 사용했다.

이 시기의 운동 내용과 규모 등을 고려해 3·1독립운동의 전사(前史)로 '병합 반대 독립전쟁'으로 평가하고자 한다. 제3기로 분류되는 이 시기는 일본의 침략에 반대한다는 측면과 동시에 한국의 주권 침해와 독립의 유지·병합에 반대하는 측면이 강했고, 이전의 동학농민운동과 비교하면 더욱 격심해진 '독립전쟁' 성격이 강했다고 생각된다. 물론 의병 전쟁의 계속성을 전제로 해도 한국병합 후에도 전쟁은 계속되었다. 싸움의 주체도 동학 신자나 크리스트교도보다 농민과 유교 논리를 지닌 서당 출신자가 많았다고 생각된다. 이러한 특징을 가진 시기로 한국병합을 사이에 둔 1907년부터 1913년까지를 사료적인 제약 속에서 검증의 대상으로 했다.

여기에서 사용하는 자료는 한국에서 해방 후에 편찬되었던 『강원도지』와 당시 간행되었던 『경무휘보(警務彙報)』, 탄압에 나섰던 헌병대에서 편찬한 사료 등이다. 특히 여기에서 사용한 것은 춘천헌병대본부 편 『강원도지』(1913)에 의한다. 당시 간행되었던 자료는 춘천, 강릉 등의 공립도서관에서는 발견할 수 없었다. 일반적인 해방 후의 『강원도지』 등을 보았지만, 이 전쟁에 대해서는 개요만 기술되어 있었다.

## 2. 전쟁의 계기와 경과

한국에서 항일 농민 의병 전쟁을 거쳐 일단 수습된 듯이 보였던 전쟁이 다시 시작되었다. 이것은 1907년 7월 초 고종황제가 헤이그평화회의에 밀사를 파견한 것으로, 이토 히로부미 한국 통감이 고종황제의 퇴위를 압박하고 양위를 강요한 것과, 같은 해 7월 24일에 제3차 한일

협약을 강제로 조인하고 일본인이 내정을 담당한다는 결정을 하게 된 사건 때문이다. 동시에 대한제국 군대의 해산이 실시되었다. 이들을 대신할 일본군의 파병도 증가했다. 일본이 내정과 군사권을 빼앗은 것이다. 이러한 사태에 한국의 유학자, 농민, 군인들이 국권 회복과 독립 보전을 내세우고 독립운동을 시작했다. 강원도는 그 운동의 중심지가 되었다. 이 운동은 국권 회복과 독립 보전의 위기 앞에서 한국 군인들이 일본에 저항한 전쟁에서 시작되었다. 이후 유학자, 농민, 도시 하층민 등 광범위한 사람들이 이 운동에 참여했다. 현재까지 이 시기의 강원도 운동에 관한 자료는 앞에서 언급한 춘천헌병대가 정리한 자료 이외는 보이지 않기 때문에 이하의 기술은 이 자료에 의한다.

## 3. 봉기에 참가한 사람들 – 군인·유학자·농민

1907년 8월 1일에 서울에서 대한제국군의 해산식이 있었는데, 여기에 반대하는 해산된 대한제국 시위대(侍衛隊)의 군인이 일본군과 직접 싸웠다. 대한제국군 조직은 지역에 진위대(鎭衛隊) 조직을 두었고, 이들 중 강원도 원주에 위치한 원주진위대가 있었다. 원주진위대의 병사가 8월 2일 무기를 들고 봉기했다. 대장은 따로 있었지만, 중심은 원주진위대의 특무정교(特務正校)인 민긍호(閔肯鎬)와 그 부하들이었다. 민긍호는 전 병사에게 무기와 탄약을 배포하고 실질적으로 원주를 지배하여 일본인 거류민 및 경찰 분견소(分遣所)를 파괴했다. 일본인들은 피난했고 우체국장의 동생 한 명이 사망했다. 8월 5일이 되어 충주에 있던 일본군 수비대장 소위가 파견되어 '대한제국군 및 전투에 참여한 민중'과 2시간 동안 교전한 후 일본인을 데리고 충주로 퇴각할 수밖에 없었다. 이후 대한제국 병사와 전투에 참가한 민중은 각지로 진출하며 모두 원주를 비우게 됐다. 일본군이 원주에 진입한 것은 11일이었는데, 이미 대한제 국군과 대부분의 병사, 봉기한 민중의 자취는 없었다. 각지로 분산되어 전투가 전개되었다. 동시에 강원도 내의 유학자, 농민 등이 봉기했다. 군인으로 대표적인 인물은 민긍호였다. 이하 강원도 전체에서 활동했던 몇 명의 인물에 대해 소개하고자 한다.

### 대한제국군인 민긍호

민긍호는 명성황후의 일족이라고 한다. 초기에 봉기해 일본군을 격퇴했다. 초기 세력이 2,000명에 달했다. 귀순을 권하는 사절과도 만나지 않고 강원도를 중심으로 각지를 옮겨 다니며 싸웠다. 그러나 1908년 2월 29일에 소수의 병사와 함께 선유(宣諭)[3]하러 온 사절을 만나러 갔다

---

3 이때의 한국 황제의 선유서(宣諭書)는 1907년 12월 13일부터이다. 한국 황제의 조칙은 봉기한 사람들에게 영향을 주었고, 전투 참가 민중이 이것에 따라 귀순할 경우는 '죄를 묻지 않고 지방 관헌 감시 보호 하'에 둔다고 했다. 어떤 '감시'가 실시되었는지는 명확하지 않지만, 귀순자를 분석하는 것에서 한 명 한 명의 동향까지 감시했던 것 같다. 또한 귀순자의 직업은 90%가 '농민'이어서 봉기군의 주력이 농민이었던 것을 알 수 있다. 다음으로 '포수'가 많았다고 한다. '포수'란 엽사를 말하며 화승총으로 수렵을 하며 생계를 꾸렸는데, 일본군이 봉기에 사용한다고 하여 화승총의 사용을 금지하자 엽사는 이에 반발했다.

강원도의 민중 봉기 전쟁에 대해 내가 관심을 가진 이유 가운데 하나는 일본 국내의 사가미하라(相模原)시 하시모토(橋本)에 청일·러일 전쟁비가 세워져 있고, 그중에 '한국 폭도 진압사건 참가 군인'인 군조(軍曹) 이하 6명의 이름을 새기고 공적을 현창한 것을 알고 난 이후이다. 이 비에 1907, 1908년이라고 새겨져 있기 때문에, 여기에서 언급한 시기에 진압군으로 참가했다고 생각된다. 사망자가 없었기 때문에 참가자라고 한 것 같다. 이것을 인근의 고등학생이 조사해, 고등학교 교원이 나에게 알려주었다. 또한 야마토시(大和市) 내의 표충비(表忠碑)에도 폭도 토벌에 참가했다는 사람의 이름이 청일·러일전쟁 외의 사망자로서 기록되어 있다.

가 일본군 순사대에게 살해당했다. 원주 읍민이 추모해 큰 묘가 당시에 조성됐다고 한다. 이 살인에 대해『조선폭도토벌지』에서는 포위된 일본군이 민긍호가 탈취될 것 같아 사살했다고 전한다.

또한 원주군에서는 광범위하게 군민도 협력했고, 홍천군수가 스스로 '직무를 방기하고 몰래 도적무리와 내통해 편의를 제공한 일이 있다'고 했다. 봉기한 사람들에 대하여 일본군은 '국가를 우려하기보다 자기의 사익을 취하는 자가 대부분이고, 그중에는 다소 왕과 나라를 생각해 자신을 희생하는 사람이 없지 않았다'고 평했다. 탄압한 측인 헌병대 자료에서도 이러한 평가를 했다.

강원도 원주시에 있는 민긍호의 무덤. 시내가 보이는 언덕 위에 있다.
(2020년 6월 20일 촬영 ⓒ 박정임)

---

이 사건을 청일·러일전쟁과 같이 '출정'으로 취급해, 근대 일본의 전쟁의 범주에 포함시켜 평가하고 있는 것이 명확하다. 일본근대사의 맥락 안에서 주목된다. 봉기군의 활동을 비석 안에서 청일·러일과 나란히 전쟁으로 평가했기 때문이다. '폭도'라는 인식의 본질을 나타내고 있다. 또한 청일·러일 전쟁비는 각 지자체에 많이 존재해, 다른 지역에도 이러한 사례가 있는지를 확인하는 작업이 필요하다.

### 유학자 유인석(柳麟錫)

춘천군에 거주한 한국에서 고명한 유학자. 호는 의암(毅庵). 일본에 저항하던 파의 영수. 1894년의 동학전쟁 때 한국 각지에서 전투, 청국에 망명. 1907년에 춘천에 은거해 있다가 체포될 것 같아 청국을 거쳐 블라디보스토크로 망명. 고희를 바라보고 있었다고 한다. 동생 유태석(柳台錫)은 각지를 돌면서 전투하다가, 1907년 11월에 전사했다. 제자인 박선명은 1908년 5월 일본군 가평수비대에 귀순했다고 한다. 박선명의 영향으로 전선에 참가한 상민(常民)도 있다.

### 상민(常民) 최천유(崔千有)

노름꾼. 부호에게 돈과 곡식을 요구하고, '빈민에게 강탈하지 않고 양민을 괴롭히지 않는다'고 보고되었다. 체포되어 다른 4명과 처형될 때 일본군 중위가 유언을 물으니 '나라를 걱정하는 간절한 마음에 폭동을 했다. (중략) 나에게 도둑이라고 칭하지 말라고 하며 의연하게 죽음에 이르렀다'고 했다. 기록 중에 그의 체포가 용모가 닮아서 구속으로 이어졌다고 한 것을 보면 초상화를 돌렸다는 것을 알 수 있다.

### 농민 박선명(朴善明)

유인석의 제자. 출신은 농민. 유생이 중심인 사람들 속에서 중심인물이 되어 300명의 부하와 함께 춘천·가평 등에서 전투에 참가. 일본이 설치했던 경춘(서울-춘천) 간의 전선 절단, 우편물 폐기 등의 활동도 했다. 1908년 5월 귀순.

### 유학자 이강년(李康年)

경상도 문경에서 태어나 충청북도에서 살았다. 청일전쟁 당시 동학군을 지휘해 싸웠다. 이 일로 일본군에게 가족이 모두 살해당했다. 1907년의 봉기를 듣고 충청북도에서 봉기해 강원도 영월, 평창, 제천 등에서 활동. 부하 200명을 이끌고 전투했다. 1908년에는 금강산에 들어가서 인근에 출격하다, 6월 30일 체포되고 서울로 연행되어 처형되었다.

### 전 군서기 지홍민(池弘敏)

춘천군 서상면에서 봉기해 부하가 350명이었고, 1907년 11월 3일 전사했다. 부하들은 도피했다고 한다.

### 유생 최영석(崔永錫)

박선명의 부하로 활동. 일본군을 정탐하다가, 1907년 10월 체포되었다. 서울로 호송되는 도중 탈출을 시도했다고 해서 살해되었다.

### 전 대한제국 육군 보병 조장(曹長) 연기우(延起羽)

경기도 삭녕군(朔寧郡)에서 태어났다. 1907년 8월 군대 해산과 동시에 전투에 참가. '그 출몰이 귀신과 같다'고 했다. 그는 '의협심이 많아 결코 양민을 괴롭히지 않고 빈민을 도와주어서 부내의 백성은 그의 덕을 칭송하고 금품을 보내주는 사람이 적지 않았다. 또 그의 소재를 알아도 관에 알리지 않았다'라고 앞에 언급한 일본군 자료에 기록되었다. 이 사료의 발행 시점인 1913년에도 행방을 알 수 없었던 것 같다.

### 유생 농업 인찬옥(仁澯玉)

춘천군 내의 유생들을 모아 봉기. 서울에서 온 사람의 연설에 호응하여 부근의 교사 등과 결사대를 결성했다.

### 농업 김치영(金致永)

앞의 민긍호의 군에 참가하고, 의병을 모집해, 자신의 부대를 결성하고 싸웠으나, 그 후의 행방은 불명으로 되어 있다.

### 포수(엽사) 오정묵(吳正默)

강원도 횡성군에서 태어났다. 부하 30명과 수렵 중 앞에 기술한 민긍호가 권유해서 전투에 참가했으나, 대한제국 황제의 면죄 조칙에 응하여 부하 60명과 함께 귀순.

### 광부 윤학배(尹學培)

평안도에서 태어나 평강에서 살았다. 부하는 100명이었고, 무뢰한이라고 하지만 평강군에서 활동하다 헌병대에게 살해당했다.

이상 소개한 것은 12명인데, 자료에는 18명의 약력이 소개되었다. 이 18명을 '열거한 주모자는 가장 이름이 알려진' 자라고 했다. 자료에는 그 외에 생사불명의 지도자 11명과 전사자 3명의 이름도 기록되었다. 이들은 다양하고, 특정한 주의나 종교를 가진 사람들이 아니라, 여러 출신 계층의 사람들이 봉기에 호응했다는 것을 알 수 있다. 이때의 호소문은 없지만, '한일협약 성립 및 대한제국 황제의 양위', '국권 회복', '독립 보전'을 목적으로, 호소에 응한 사람들이 중심이 된 것은 명확하다.

## 4. 전성기의 강원도 봉기군

강원도의 봉기는 군인이 중심이었지만, 그 후 일본의 한국 지배가 강화되면서 유학자들과 농민이 봉기하여 세력이 확대되었다. 〈표 1〉에서는 봉기군이 최대 세력이었던 1908년 5월 말의 세력을 일람했다.

〈표 1〉 1908년 5월 말의 봉기군 세력 일람, 경찰서 관내별

| 경찰서 별 | 조직수·지도자 수 | | 봉기자 어림수 | | 관내·관외 별 | | 총기 어림수 | |
|---|---|---|---|---|---|---|---|---|
| | (단체) | (지도자) | 자의 참가자 | 타의 참가자 | 관내 민 | 관외 민 | 신식총 | 화승총 |
| 춘천서 | 12 | 12 | 340 | 200 | 360 | 180 | 130 | 400 |
| 김성서 | 17 | 17 | 578 | 421 | 482 | 517 | 187 | 529 |
| 강릉서 | 7 | 7 | 35 | 76 | 608 | 405 | 260 | 338 |
| 울진서 | 3 | 7 | 700 | – | 370 | 330 | 33 | 567 |
| 원주서 | 10 | 10 | 750 | 140 | 800 | 90 | 178 | 267 |
| 계 | 49 | 53 | 2403 | 2620 | 2620 | 1522 | 788 | 2101 |

* 숫자는 앞의 헌병대 자료

봉기군 수 49조직, 지도자 53명, 봉기군 총수는 5,023명, 총기 수는 2,889정(그중 신식총 788, 화승총 2101)이었다. 정식 군대라고 할 수 있는 장비를 갖추었고 화약 제조를 했다고 기술되어 있다. 단 신식 총이 어느 정도 사정거리가 되는지 등의 총의 종류는 알지 못한다. 또한 일본군은 포병대, 기관총 등이 있었고, 모두 신식 총을 갖고 있어 화력의 차이는 매우 컸을 것으로 예상한다. 봉기군에는 자의 참가자와 타의 참가자(무리하게 동원)가 있었는데, 타의 참가자는 2,620명, 자의 참가자는 2,403명이라고 했다. 각각 반수이다. 어떻게 조사했는지 알 수

없지만, 군이 투항자에게 묻거나 귀순자에게 들은 것이라면, 나중의
보복이 두려워 군의 의향을 헤아려 대답했을 가능성이 크다. 그다지
자료로서 신뢰할 수 없는 숫자이다. 본 통계는 어디까지나 일본군 측에
서 파악한 자료이다.

강원도에서는 전투에 참가한 사람 중 도내 참가자가 2,620명, 타지
에서 온 참가자가 1,522명이다. 당시 강원도 이외에도 봉기군이 활동
했고, 일본군에게 쫓기는 경우 지역과 관계없이 활동의 장을 찾았다는
점에서 교류가 활발했으며 봉기의 취지가 같으면 참가할 수 있었다는
것은 운동의 확산을 나타내는 것이다.

이런 봉기군 지도자들은 여러 가지 직업과 이력을 가지고 있었다.
봉기군 사람들의 특징을 언급하면,

    (1) 첫 번째 특징은 단순히 해산당한 군인들만의 봉기가 아니고 농민,
        노동자, 유학자 등 당시의 주요한 계층 사람들이 참가했다는 점이다.
    (2) 당시 사회적으로 신뢰받던 유학자들의 행동이 강한 영향을 주었다.
    (3) 전쟁 참가자 중에 몇 명은 동학 전쟁 참전자로 이 전쟁이 동학 전
        쟁의 전통을 계승하고 있다.

등의 특징을 들 수 있다.

참가자에 대해서는 강원도민 중에서 다양한 직종의 사람들이 참가
했던 것을 확인할 수 있다. 여기에서 전쟁의 상황, 규모, 추이에 대한
자료를 보도록 하겠다.

## 5. 전쟁의 추이

강원도 도청소재지인 춘천이 이 전쟁 초기에 전투의 중심지 중 하나
였다. 여기에서 주요한 전투만으로도 8번의 교전이 있었다. 춘천 근교
의 전투만을 날짜별로 개요를 소개하면 다음과 같다.

〈표 2〉 도청소재지 춘천을 둘러싼 전투

| 날짜 | 봉기군 | 일본군 |
|---|---|---|
| 1907년<br>8월 28일 | 가평 부근에 주둔한 봉기군, 전선 절<br>단, 일본인을 압박. | 춘천 수비대가 십 수회 사격해서 봉기<br>군 철퇴. |
| 9월 3일 | 홍천읍에서 600명 대열을 조직하여<br>전투. 완강하게 저항.<br>7일 일시 후퇴.<br>10일 170명이 홍천 읍내를 점거. 일본<br>군이 점거했던 가옥을 소각. | 일본군 춘천수비대 등이 출동. 봉기<br>자 사상자 60여 명. 총기 탄약, 주모자<br>에 관한 편지 등을 빼앗음. |
| 9월 14일 | 고탄리에 봉기군 200명 집합. | 토벌하러 가서 최영석, 간첩 한 명을<br>체포. |
| 9월 15일 | 샘밭에 봉기군 300명 결집.<br>화천 방면으로 철수. | 일본군은 교전하였지만 탄약이 없어<br>후퇴. |
| 9월 16일 | 방현리 등을 200여명이 공격. | 교전하였는데 퇴각, 나중에 격퇴. |
| 9월 20일 | 장안리의 산허리에 60명이 결집. 전<br>투. 사상자 약간. | 전투에서 중요서류, 총기, 탄약을 빼<br>앗음. |
| 9월 24~25일 | 장안리를 공격. | 순사를 중심으로 교전, 격퇴. |
| 9월 25일 | 샘밭에서 60여명으로 공격.<br>하유포에서 전투. | 토벌대와 순사로 전투. |
| 9월 26일 | 춘천군 의병 대장 지경도(池敬道)의<br>집이 산본리에 있어, 부내(府內)에 밀<br>정을 파견하기도 했다. | 부내는 '인심'이 불안해져 밤낮으로<br>근무하며 경계를 함. |
| 10월 초순 | 청평동에 요새를 쌓고, 병사 200명.<br>화약을 제조. 그 외에 304명의 병사가<br>전투에 참가. | 춘천 수비대가 적 8명을 살해, 총 4정,<br>의류, 탄약을 빼앗음. 쌀 150섬, 소금<br>등을 빼앗음. |

| 날짜 | 봉기군 | 일본군 |
|---|---|---|
| 11월 3일 | 춘천군 서하면에서 380명이 공격. 지도자 지홍민(池弘敏) 외 14명이 전사. 한국 깃발 4개, 창 3자루, 총을 소지. | 춘천 수비대 병사 60명으로 전투, 군수와 서기를 체포, 나중에 해방. 일본도 4개, 검 하나를 포획. |
| 11월 26일 | 홍천군 남면 창동 200명으로 점거. | 일본군이 돌격하여 봉기군 19명을 살해. 총 16, 탄환 1,500발 정도, 깃발 1개를 빼앗음. |
| 12월 중순 | 홍천군 영귀미면에서 봉기군이 일본군과 교전. | 일본군은 봉기군 한갑복 이하 21명을 살해, 총 11정 등을 빼앗음. |

\* 전게. 춘천헌병대본부『강원도지』로부터 작성

〈표 2〉는 강원도 도청소재지인 춘천을 중심으로 한 1907년의 전투 상황으로, 이후에도 몇 개의 사례를 언급할 수 있다. 그 중에 봉기군 대대 중 한 곳이 1908년 3월 18일에 춘천수비대를 공격해 일본인 군의(軍醫)를 살해했다. 이때의 전투에서 봉기군은 4명이 사망했다. 이렇게 초기 규모에서 점차 축소되고 있었지만, 봉기군은 1911년까지 강원도 각지에서 전투를 수행하고 있다. 전투 내용이 연도별로 기록되어 있다. 한국병합 이후에도 지속되었다. 1911년 이후는 이 자료의 편집 기한에 맞추지 못한 것 같다. 이후의 봉기군은 '도둑의 무리'나 '강도' 등에 지나지 않는다고 기록하고 있는데 실상은 알 수 없다. 이상과 같은 전투에서 우리는 무엇을 알 수 있을까.


## 6. 봉기군의 상황

강원도 26군과 읍 가운데 봉기군이 읍내 침공에 성공하지 못했던 것은 수비대가 주둔했던 춘천읍과 김화읍이다. 그 이외의 모든 읍은 봉기

군이 일시점거를 했다. 춘천읍에도 1리(里. 약 400m) 이내까지 3번이나
진출했다. 춘천 읍내에 거주하던 300채의 한국인들은 주변으로 피난했
고 일본인들은 수비대 영내로 피난했다. 도 전체에서 소실된 가옥도
많았다. 봉기군에서 통일된 사령부와 자치는 확인할 수 없지만, 장기간
에 걸쳐 일본의 행정이 미치지 못하는 상태가 계속되었던 것 같다.

일본군의 기록이지만, 이러한 전투 속에서 엿보이는 강원도민과 봉
기군의 상황을 보면 다음과 같다.

(1) 봉기군은 깃발을 보유했으며 깃발을 내세우며 싸웠을 것으로 추정
된다. 깃발은 한국 국기였을 것으로 추측된다. 독립을 요구하며 한
국 국기를 들고 싸운 것이다.

(2) 무기는 화승총도 소지했지만, 원주에 있었던 대한제국군의 병기로
무장했다. 일본군이 도검을 포획한 기록도 있으나 대부분의 병기가
이전의 봉기군보다 훌륭했다. 일본군이 포획한 신식총만 800정이
나 되었다.

(3) 봉기군의 편지와 연락문서가 중요 서류로 취급되어 일본군에게 탈
취되었는데, 봉기군 사이에 상호 연락을 취하며 조직적인 행동을
했던 것 같다.

(4) 대치하며 전투하던 일본군이 철수, 격퇴된 일도 있었을 것으로 예
상된다. 부분적으로는 봉기군이 승리한 것 같다. 전투가 격심했을
때에는 (봉기군의) 실질적인 승리를 확인할 수 있다. 그 내용은 여
기에서 주로 사용한 자료보다, 『조선폭도토벌지(朝鮮暴徒討伐誌)』
에 구체적으로 기술되어 있다.

(5) 일본군이 서울에서 정규군을 파견하거나 해군함정의 상륙 등 총력
을 다해 진압하고 있다는 점.

(6) 대열을 조직해 싸운 부대도 있었다는 점에서 지휘와 전투체제가

정비된 부대가 있었고, '폭도'라는 범주를 넘어서 군으로서의 체
제를 갖춘 부대도 존재했다.

이러한 요인에서 매우 강력한 전투가 가능한 봉기군이었음을 알 수
있다.

봉기군 각 부대의 상호 연락은 확인할 수 있지만, 봉기군이 연합 작전
을 세우고 합동으로 일본군과 싸운 경우는 적었고, 각 부대 단위의 행동
이 중심이었다. 일본군의 연락 수단이었던 전선(電線)을 절단, 우체국
공격 등을 했지만, 강원도 전체 봉기군의 통일된 활동은 강하지 않았던
것 같다.


## 7. 봉기군 전사자

〈표 3〉에서 보듯이 일본군에 의한 봉기군의 사망자는 1,295명, 포로
는 152명이다. 이것은 1907년 8월부터 1909년 3월까지의 봉기군과 일
본 측의 집계이다.

1909년 1월 현재까지의 교전·충돌 횟수는 273회에 이르고, 봉기하
고 전투에 참가한 사람들의 합계는 18,599명에 이른다고 한다.

봉기군이 근거지로 사용했던 장소는 불태워 없앴을 것으로 생각된다.

이하의 경찰관 부상자에 대해서도 통계가 있다. 경찰관이 군과 행동
을 함께하고 전투에도 참가했다는 것을 알 수 있다. 군과 경찰은 일체
가 되어 활동했다. 단 경찰에 배속된 의사는 비교적 지역을 중심으로
활동했다고 생각된다.

〈표 3〉 한국 봉기군과 일본군의 전사자 등

| 한국 봉기군 측 | | 일본군 측 | | |
|---|---|---|---|---|
| 전사자 | 1,295명 | 일본군 | 사망자 5 | 부상 7 |
| 포로 | 152명 | 일본인 경찰관 | 사망자 2 | 부상 3 |
| 노획 총<br>(봉기군이 갖고 있던 총) | 1,916정 | 한국인 경찰관 | 사망자 3 | 부상 3 |
| 귀순자 | | 일본인 관리 | 사망자 2 | 부상 3 |
| 일반 한국인 | 1,910명 | 재류 일본인 | 사망자 10 | 부상 불명 |
| 사망자 | 약 500명 | 계 | 사망자 22 | 부상 16 |
| 한국인 가옥 소실 | 1,271호 | | | |

* 일본인 사망자는 폭도에 의한 것이라고 했다.
* 군의 통계에는 부상자는 포함되어 있지 않다. 전투 후 사망하지 않았거나, 장애가 남은 것 등이 무시되었다. 실제로 사망자가 더욱 많았다고 추정되는 근거의 하나이다. 본 표의 일본 측 난에는 일본인 부상자가 집계되어 있다. 차별 집계이다.
* 귀순자의 직업은 '농민이 100분의 90을 차지하고 있다'고 분석하고 있다. 농민폭동이라는 측면을 나타내고 있다.

〈표 4〉 강원도의 민중 희생자 수

| | 희생자 수 | 포로 | 총기 노획 수 |
|---|---|---|---|
| 헌병대에 의한 인원 수 | 1,295명 | 152명 | 1,916 |
| 경찰관 단독 행동에 의한 수 | 78명 | 84명 | 118 |
| 일반 한국인 | 약 500명 | | |
| | 1,873명 | 236명 | 2,034 |

* 헌병대와 전투에서 발생한 봉기군 측 부상자는 집계되지 않았다. 경찰관 측에 의한 부상자 수는 12명이라고 했는데 실제의 수는 명확하지 않다. 전투에서 부상한 경우 봉기군 측에서는 함께 철수했을 것으로 생각되어서, 실제의 수는 불분명하다. 그 후 사망한 경우가 많았을 것이라고 추정되지만 명확하지 않다. 여기에서는 부상자는 생략했다.
* 〈표 3〉, 〈표 4〉 모두 전게의 춘천헌병대 자료에 의한 것이다.

〈표 4〉는 경찰관 독자 행동에 의한 봉기군 피해자가 있었던 것을 나타내고 있다. 경찰은 헌병대와 함께 봉기군의 탄압을 위해 행동했지만 단독으로 행동할 때도 있었다. 이것이 군과 별도의 결과로 통계가 집계된 것 같다. 군과 같은 기간인 1907년부터 1909년까지의 총수이다.

이처럼 경찰에 의한 봉기군의 살해, 게다가 포로가 된 후의 사형 집행 등 격심한 억압이 있었던 것에 대해서는 다른 자료에는 그다지 언급되지 않았다.

따라서 헌병대가 살해한 앞의 〈표 3〉에 경찰이 살해한 수를 더한 〈표 4〉의 수가 봉기 민중 희생자가 된다.

일본인 측이 작성한 자료에서는 총계 1,873명에 달한다. 일반 한국인 희생자는 약 500명이라고 하지만, 더 많은 한국인이 희생되었다고 생각된다. 〈표 3〉과 같이 이것에 대하여 일본군 측은 일반인을 포함해 사망 22명, 부상자 16명으로 한국인과 비교하면 압도적으로 적다. 이것은 압도적인 무기를 갖고 훈련받은 일본군에게 농민을 주력으로 한 민중이 유교적인 논리와 모든 수단으로 저항했던 것을 나타내고 있다. 희생을 돌아보지 않고 저항한 것이 민중들에게 전해졌고 일본군과 일본에 대한 이반이 증폭되어 갔다.

이상과 같이 강원도 민중의 싸움은 다른 지역에서도 전개되었지만, 일본군 헌병대가 작성한 자료에 한국 전체의 민중 동원 수에 대한 강원도의 봉기 참가 민중의 비율이 20%나 되었다고 기록되어 있다. 이 자료에서 이 시기의 한국 민중 봉기의 중심지가 강원도였다고 할 수 있을 것이다.

강원도 헌병대 기록에서 지적하고 있듯이, 이 시기 한국 내의 전투는 임진왜란 이래의 사건이었다. 봉기군의 존재는 이후의 강원도 사람들에게 오랜 세월 기억에 남는 사건이었다고 할 수 있다.

한국 독립전쟁은 대한제국 황제의 귀순 명령을 받고 귀순한 사람을 포함해 많은 사람이 참가했다. 귀순자 중에는 자신의 의사로 봉기군에 참가한 사람이 절반 가까이나 되었던 것 등, 자립적인 민중의 참여가 있었던 것은 명확하다.

일본어학교를 불태우고 일본에 협력했던 일진회 회원 3명을 살해하고, 일본에 협력했던 군장(郡長)·서기 등을 살해하고 우체국장을 살해했듯이, 일본의 시설과 일본의 영향을 받는 곳을 파괴했다. 그리고 구체적인 전투에서 일본군과 일본의 시설을 파괴한 것에서, 목표가 일본의 식민지 지배 반대였던 것이 명확하다. 일본의 지배에 반대한다는 의지가 있고 민중의 자각적인 운동이었다고 평가할 수 있을 것이다.

이러한 움직임이 3·1운동으로 연결되는 강원도 민중의 의사였다고 생각된다. 또한 이 운동은 한국 각지에서 전개되었고 한국 민중의 기본적인 사상이 되었던 점이 한국 독립전쟁의 특징일 것이다. 강원도에서의 운동은 새로운 한국에 대한 침략이 진행되는 가운데 3·1독립운동의 전사(前史)로서의 '한국병합 반대' '독립전쟁'이었다고 평가해도 좋을 운동이었다.


## 부록1. 헌병대와 경찰조직

### 1) 한국병합 시 봉기군을 진압한 헌병대와 경찰조직

앞에서 본 강원도에서의 민중운동을 정규군과 헌병대, 경찰이 일체가 되어 살육하며 진압했다. 군은 기관총, 대포까지 동원했고 해군함정 등도 참가하는 대규모 전쟁이었다. 총 등의 병기는 신식이었다. 이

러한 정규군의 동원과 동시에 한국에서는 지역 민중 억압에 무장한 헌
병과 경찰까지 동원했다. 여기에서는 한반도 식민지 지배의 특징인 지
역사회 억압의 구조, 헌병·경찰의 체제를 밝히고자 한다. 이 체제는
3·1독립운동까지 계속되었고, 3·1운동이 이 체제를 붕괴시켰다는 의
미에서도 중요한 사안이라고 생각되기 때문이다.

이 시기의 한국 전체의 봉기군에 대한 억압체제에 대해서는 신창우(愼
蒼宇)의『식민지 조선의 경찰과 민중 세계 1894~1919』(도쿄 유지샤(有志舍),
2008)의 연구가 있다.[4] 이것을 참조하면서, 여기에서는 한국병합 직후에
간행된『병합기념, 조선의 경무 기관』(경성 신반도사출판부, 1911년 12월)
자료에서 강원도의 헌병체제와 경찰체제의 개요를 기록하고자 한다.

한국에서 경찰 기관은 한국 지배의 진행과 함께 강화되어 1906년에
는 일본인을 주체로 한 경찰 제도를 설립했다. 헌병은 1896년에 주재
했고, 1907년에 인원을 늘려 파견하여, 한국병합인 1910년에 경찰과
헌병제도를 병립하는 형태로 통일되었다. 헌병은 봉기군의 전개와 함
께 인원을 늘려 파견했다. 직접 봉기군과 대치한 것은 정규군과 헌병이
었고, 무력적인 힘을 강화했다. 한국에 헌병대 사령부와 경무총감부를
설치하고, 그 아래에 각 도에 헌병대 본부와 경무부를 각각 설치했다.
두 조직이 병립해서 존재했다. 사령관은 양쪽 모두 아카시 모토지로(明
石元二郎)였다. 헌병은 일본인으로 구성됐지만, 경찰은 일본인을 중심
으로 하면서도 1910년 병합으로 한국인 경찰관도 포함됐다. 경찰이 위

---

4  신창우(愼蒼宇)의 저작은 의병전쟁 전체의 평가와 운동에 대한 연구로, 이 시기의 전체
상을 파악하기에는 최적의 연구서이다. 특히 헌병보조원에 대한 논고는 훌륭하다. 참조
하기 바란다. (국내에『식민지 조선의 경찰과 민중 세계 1894~1919(근대와 전통을 둘러
싼 정치문화)』선인, 2019. 번역 소개됨. – 역자)

생 전반도 담당했기 때문에 의사도 배치했다.

한국 전체에 헌병 2,525명, 경찰관 2,225명, 합계 4,750명을 배치했다.


## 2) 한국병합 직후의 강원도 헌병·경찰조직

1911년 11월 현재 한국 전체의 헌병과 경찰관의 배치 합계가 4,750명
이기 때문에, 강원도에 배치된 567명이라는 숫자는 전 한국의 10%가 넘어
헌병과 경찰관을 중점적으로 배치하여 준비했다고 할 수 있다. 특히
강원도에 거주하는 일본인 인구는 한국에서도 가장 적어서 헌병과 경찰
관이 지켜야 할 일본인은 1,522명에 지나지 않았다. 강원도보다 하나
위인 황해도의 일본인 인구는 4,687명이다(1910년 9월 현재). 황해도에는
약 3배의 일본인 인구가 있었다. 강원도에 헌병, 경찰관의 배치율이
높았는데, 그 이유는 한국 민중과 봉기군의 대책이었던 것이 명확하다.

〈표 5〉 한국병합 직후의 강원도 헌병·경찰조직(1911년 11월 1일 현재)

| 한국 주재 헌병대 | | | 조선총독부 경무총감부 | |
|---|---|---|---|---|
| 배치장소 | 배치 수 | 인원 수 | 배치 장소 | 인원 수 |
| 춘천헌병대본부 | 1 | 15 | 강원도 경찰본부 | 13 |
| 춘천헌병분대 | 1 | 12 | 춘천경찰서 | 21 |
| 헌병파견소 | 11 | 42 | 평창경찰서 | 14 |
| 철원헌병분대 | 1 | 14 | 강릉경찰서 | 22 |
| 헌병파견소 | 13 | 50 | 임원진경찰서 | 16 |
| 김화헌병분대 | 1 | 12 | 통천경찰서 | 16 |
| 헌병파견소 | 5 | 20 | 김성경찰서 | 18 |

| | | | | | |
|---|---|---|---|---|---|
| 회양헌병분대 | 1 | 13 | 평강경찰서 | | 18 |
| 헌병파견소 | 10 | 37 | 총계 | | 138 |
| 고성헌병분대 | 1 | 14 | | | |
| 헌병파견소 | 7 | 27 | | | |
| 양양헌병분대 | 1 | 12 | | | |
| 헌병파견소 | 5 | 20 | | | |
| 삼척헌병분대 | 1 | 12 | | | |
| 헌병파견소 | 4 | 16 | | | |
| 울진헌병분대 | 1 | 14 | | | |
| 헌병파견소 | 5 | 20 | | | |
| 영월헌병분대 | 1 | 13 | | | |
| 헌병파견소 | 5 | 20 | | | |
| 원주헌병분대 | 1 | 14 | | | |
| 헌병파견소 | 8 | 32 | | | |
| 총계 | 84 | 429 | | | |

* 강원도 경찰부장은 육군 헌병 소좌, 경시는 육군 헌병 중위이고, 경찰은 헌병대 지휘하에 있었다고 할 수 있다. 각 경찰서장에 군적은 없었다. 경찰서 직원 중에는 촉탁의사, 통역이 있었다. 한국인은 순사가 태반이지만 직위가 가장 높은 직원은 경부였다.
* 『병합기념, 조선의 경무 기관』(1911년)에서 작성.

헌병 429명·경찰관 138명을 합하여 567명으로 봉기군과 싸웠다. 그러나 이것은 실질적인 인원이라고 할 수 없다. 첫째로 정규군의 동원이 연대 규모였고, 총과 장비도 신식일 뿐만 아니라 기관총 부대도 있어서 봉기군을 압도한 것 같다. 여기에서 567명이라고 하는 것은 상주 억압체제를 의미한다.

둘째로 이들 이외에 헌병보조원과 경찰의 순사보를 배치했다. 한국 전체의 숫자이지만, 헌병보조원이 4,000여 명, 순사보가 3,000여 명

재직했다고 한다. 강원도의 일본인 인구는 이 시점에 1,522명으로 한 국 안에서 가장 적었다. 몇 명이 강원도에 채용되어 있었는지는 모르지 만, 특히 봉기군과 싸움이 가장 격렬했던 곳이었기 때문에, 타도와 큰 차이가 없는 헌병보조원과 순사보를 배치했던 것 같다. 한국 13도로 평균하면 강원도의 비율은 헌병보조원이 약 308명이고 약 231명의 경 찰보조원을 배치한 것으로 추정된다. 헌병대, 경찰, 헌병, 경찰보조원 합계 1,106명이 강원도에서 봉기군과 상시 대치했던 것 같다. 봉기군 의 세력이 큰 경우에는 정규군이 참가했다고 생각된다.

이상과 같은 헌병체제는 3·1운동 이후에 경찰 제도로 변경되었다. 그러나 경찰체제로의 변경 과정에서 많은 헌병이 경찰관으로 전직해 경찰행정 안에서도 중요한 역할을 하게 되었다. 헌병출신자는 보조원 을 포함해 한국인에게 평판이 나빴다. 그 후는 서울에 설치되었던 경찰 관 양성소 출신자가 경찰행정의 중심이 되고, 헌병출신자는 군 헌병 역할만을 하게 되었다. 경찰관 양성소에는 일본에서 모집된 일본인이 입소해 식민지 지배에 중추적인 역할을 하게 되었다.

또한, 한국병합 이전부터 경찰 경무 보조원 제도가 있었고, 1907년 의 '폭도진압에 종사한 여러 경찰관의 순직 상황'에서 강원도 강릉에서 사망한 경무 고문 보좌관 이와모토 요시유키(岩本義行) 외에 34명이 보 고되었는데, 그들 대부분이 경무 고문 보조원이었다.

## 부록2. 강원도 강릉 조선공산당 재건설 동맹 사건 자료

강원도의 무장 독립운동은 일본군의 압도적인 무력으로 진압되었지만, 일본군에 대한 저항은 다양한 방법으로 계속되었다. 여기에서는 별로 언급되지 않았던 1932년부터 1933년까지에 걸쳐 전개된 조선공산당 재건 동맹 사건 중 강릉그룹에 관한 자료를 소개하겠다. 공산당 재건 동맹에 대해서는 한국에 연구서가 있고, 이것은 2016년에 갑자기 사망한 이노우에 마나부(井上學)에 의해 일본에 번역 소개되었다.[5]

또한 여기에서 언급한 한국 독립전쟁 후에는 1919년의 3·1운동이 있다.

조선공산당 재건과 노동운동은 거듭된 일본의 탄압으로 저조해졌다. 조선공산당 재건을 위해 이재유(李載裕)를 중심으로 활약이 전개되었다. 당시의 격심한 보도통제 하에서 일반인에게는 이러한 운동이 전혀 보도되지 못했다.

강릉그룹에 대해 보도된 것 중에서 비교적 상세했던 것은 사회운동통신의 각 호(各號)였다. 주된 기사의 날짜와 타이틀은 다음과 같다.

---

5  김경일(金炅一) 저, 『이재유(李載裕)와 그 시대-1930년대 서울의 혁명적 노동운동』(이노우에 마나부(井上學)·모토요시 히로시(元吉宏) 역, 同時代社, 2006)이 있다. 이것의 자매편으로의 소설 『경성 트로이카』가 같은 해에 같은 출판사에서 간행되었다. 내용은 이재유 중심의 재건 운동에 대해 상세하게 언급했다. 재건 운동은 경성제국대학 교수인 일본인 미야케 시카노스케(三宅鹿之助)가 참가한 것으로도 유명하다. 그는 공산당 재건 운동의 중심인물인 이재유를 관사의 마루 밑에 장기간 숨겨준 뒤 도망치게 했다. 그러나 강원도 강릉그룹이 중심인 운동에 대해서는 언급하고 있지 않다.

1935년 8월 27일: 전 한국 적화(赤化)의 대공작, 경성제대 미야케
(三宅) 교수도 참가, 일제히 검거 500여 명.

1935년 8월 28일: 한국 잠입한 국제 공산당원 계속 검거.

1935년 8월 30일: 조선공산당 재건 상세 보도.

한국 각 도에 걸쳐 검거자가 나왔다.

이 기사에서는 제2차 검거에서 강원도 강릉의 중심인물
최선계(催善桂는 崔善珪인가-역자)가 체포되었다고 한다. 강
릉에는 3그룹이 있었다고 한다.

1935년 9월 13일: 이 자료 기사를 이하에 소개하겠다.

* 소개 기사는 모두 경찰 발표 자료를 근거로 했고 정확한 것인지는 분명하지 않다. 하지
  만 이 자료는 재판의 공판 개요이기 때문에, 성명, 직업, 주소와 주장의 일부를 알
  수 있는 점은 강원도 사회운동의 자료로서 귀중하다고 생각된다.

## 자료

「조선공산당 재건 사건」

강릉그룹 공판

6일 경성지방법원

조선공산당 재건 동맹 사건에서 강릉을 중심으로 한 최선계(催善桂는
崔善珪인가. 이름과 한자를 1935년 9월 7일자 조선일보 기사 참조-역자) 등 9명의
제1회 공판은 9월 6일 오전 9시부터 경성지방법원에서 야마시타(山下)
재판장을 중심으로 오사카(大阪)검사의 입회로 개정되었다.

최선계(催善桂)만 변호사 심상붕(沈相鵬)을 선임했다. 그러나 그 외의
피고는 변호사도 없다. 조선공산당 재건 동맹 사건의 공판은 미야케

시카노스케(三宅鹿之助) 공판을 1차로, 권인갑(權麟甲) 등 15명이 2차, 이 번 3차에서 권영태(權榮台) 등 34명이 남았다.

이번의 공판은 최선계(催善桂) 등이 재작년 9월에 검거되었기 때문 에, 이미 철창에서 하품하고 있었는데, 2년, 700여 일만에 법정에 서 게 되었다. 출정 피고는 다음과 같다.

## 피고 성명

| | | |
|---|---|---|
| 강원군 신리면 교항리 998 (강릉군-역자) | 농업 | 최선계(催善桂) (29) (최선규인가-역자) |
| 강원군 신리면 주문리 367 | 수산업 | 김상문(金翔文) (23) (김삭문(金朔文)인가-역자) |
| 강원군 신리면 주문리 533 | 면사무소 급사 | 박병수(朴炳秀) (19) |
| 강원군 신리면 주문리 36 | 수산조합 소사 | 함운학(咸雲鶴) (20) |
| 고성군 고성면 미무리 83 | 농업 | 최봉수(催鳳秀) (33) |
| 고성군 고성면 보호리 668 | 농업 | 정본국(鄭本國) (33) |
| 고성군 고성면 송뢰리 112 | 농업 | 한봉현(韓鳳鉉) (30) |
| 고성군 서면 내침 120 | 농업 | 장홍섭(張弘燮) (26) |
| 양양군 도천면 노리 700 | 잡화상 | 강환식(姜喚植) (30) |

'운동의 동기는 사회의 모순에' 최선계(催善桂)의 답변

이날의 공판은 최선계(催善桂)부터 시작해 강환식, 김상문이 오전 중 에 끝내고, 오후 2시 40분부터 다른 피고 등의 사실 심문에 들어가 공판 벽두에 최선리(催善理)(桂-필자)는 재판소에서 다음과 같이 '피고가 공 산주의 운동을 한 것은 서적을 읽고 동감해서가 아닌가'라는 심문에 대 해, 다음과 같이 답변했다. '물론 서적에 의한 영향도 있지만, 그것보다 농촌의 실정에서 지주 등의 소작인에 대한 태도와 소작인 등이 참담하게 곤궁한 것을 보게 되어 사회의 모순을 자각하게 되었다'고 대답했고, 또

한 합법적 사회운동에서 지하운동을 하게 된 사정에 대해서는 '한국 사회의 모든 운동에 대해 너무 압박이 심했기 때문에, 그 방법 외에는 없었다'라고 공술했다. 또한 조선공산당 재건 아래에서 강릉공산청년 준비위원회를 조직했던 사실을 모두 인정했다.[6]

이 사건으로 구속되었던 것은 9명이지만, 이 그룹의 특징은 2개 군의 농민과 하층 노동자로 구성된 것이다. 3·1운동이 지난 뒤 유학자, 종교인을 제외한 새로운 계층에 의해 새로운 운동이 전개되었던 것이 명확하다. 앞에서 기술한 독립운동의 실행자와 운동 방법이 전개되었다. 지금 확인할 수 있는 영남지방의 운동도 있고 새로운 운동 전개의 맹아가 되었던 것이 이 운동이라고 생각된다.

이러한 운동을 했던 사람들은 이들 외에도 있었을 것이다. 앞의 본문의 각주 2(40쪽)에서 소개했던 조성운 논문에 있는, 1932년의 강원도 양양 농민조합 등의 운동에서는 최영달(崔永達) 이하 366명이 농민조합 운동을 조직했다고 체포되어 기소되었다. 그러나 그 후에는 공산주의자에 대한 경찰의 탄압이 철저하고 광범위하게 펼쳐지지는 않은 것 같다. 검증해야 하겠지만, 여기에 등장하는 사람은 전시 하의 경찰에 의해 예비 검속되어, 옥중에 갇혀있었지만, 일본의 패전과 함께 권력을 이양받아 해방 후 인민위원회 등에 하나의 기초가 되었다고 생각된다. 공산주의 운동의 중심인물은 실제로 농민이었고, 이런 농민의 모습을 보고 운동에 참여했다고 공판에서 진술했다. 지식인과는 다른 힘찬 의견이라

---

6 이 문장은 신문기사로 잘못된 부분이나 정확하지 않은 부분이 있다. '최(催)'에 대해서는 '최(崔)'가 정확하다고 생각되지만, 사람 인 변을 붙이거나 붙이지 않는 부분도 있어 정확하지 않다. 다른 지역에서의 검증이 필요할 것이다.

고 할 수 있다. 이러한 것에서 의병에서 시작한 전통이 한국 내에서도 숨 쉬고 있었던 것이 실증되는 것은 아닌가 하는 생각이 든다.

제3장

# 1930년대의 강원도 구정리의 농민 생활에 대해서

## 1. 서론

본고에서는 강원도의 식민지하 한국 농민의 생활에 대해 검증하고자
한다. 첫 번째는 강원도의 농민 생활은 전 한국 농민 생활의 상징이라는
의미도 있고, 그것이 지역적인 특징을 포함하면서, 한국 농민 생활의
일면을 나타내는 것으로 보인다. 또한 지금까지 각지의 농민 생활에 대해
서 과제를 정하고 조사해왔는데,[1] 한 지역 농민 조사의 사례를 들어 실태
를 밝히고자 한다. 특히 강원도에 대해서는 수십 년 전부터 현지를 방문
하거나 문헌을 찾기도 했다. 그러면서 강원도의 농민 조사로서는 조선총
독부 조사자료 제32집 『생활상태 조사 3 강릉군』(1930)이 있고, 젠쇼 에
이스케(善生永助)가 조사를 담당했던 보고서가 있는 것을 알았다.[2]

---

1  히구치 유이치(樋口雄一), 『전시 하 조선의 농민 생활지』(사회평론사, 1998); 히구치
   유이치, 『일본의 식민지 지배와 조선 농민』(사회평론사, 2010)이 있다.
2  본 보고서는 410페이지의 두꺼운 책 형태의 보고서이다. 생활·문화를 포함하여 생활
   전체의 조사보고서로 여기에서 주로 사용하는 것은 가계 상태의 토지의 소유·가축의

조사자료 중 농민의 경제 상황을 아는 데 필요한『생활상태 조사 3 강릉군』의 가계 상태의 조사(농가 경제조사·농가수입)는 강릉 군 구정면 구정리 내의 30가구의 농가를 조사한 것이다. 이것만으로 100페이지 정도의 분량이 되고, 조사보고 전체의 4분의 1의 데이터가 있다. 그래서 여기에서는 농민 생활에 관계가 깊고 상징적인 조사사항의 검토 정도만 하겠다.

처음 내가 강릉을 방문했을 때의 인상은 풍요로운 전원이 펼쳐진 지역으로, 현재의 도청 소재지인 춘천과 어깨를 나란히 할 정도로 강원도의 대표 도시가 되어있어, 강릉이 과연 강원도의 근대 농민의 전형을 대표할 수 있는 농촌이었을까 하는 생각이 들었다. 강릉을 조사대상으로 한 젠쇼 에이스케도 구정리에 대해서 다음과 같이 기술했다. 다음은 농촌조사 농가를 평가하는 데 필요하다고 생각해서 인용한다.

> 강릉군은 지세, 토지의 성질, 기후 등의 관계상 영동 각지 중 가장 부유한 지방에 속하고, 타지방과의 교통에 불편은 있지만, 산업이 발달하고 부업이 번성할 뿐만 아니라, 주민의 근면함은 다른 곳에서 많이 보지 못할 정도이고, 특히 최근에 들어 당국의 시설이 좋아졌고 민중의 분별 있는 활동으로 각지에 모범 부락이 있다.

라고 했다. 그러나 한국 전체의 농업조사 결과를 보면,

---

수, 수입·지출 등을 포함한 농가 경제조사이다. 지도·사진도 포함하고 있다. 또 강원도 전체의 개요서로는 강원도가 간행한『도세요람(道勢要覽)』(1926),『도세일람(道勢一覽)』(1937) 외에 도의 농업통계, 수산통계가 있다. 특히 농업통계는 1929~1934년까지를 확인할 수 있다. 여기에서 언급한 강릉군에 대해서는 책자로서 강릉군『군세일반(郡勢一班)』(1939)이 있는데, 다른 군의 군세요람은 있지만, 이외의 강릉군의 요람은 발견할 수 없다.

지방에 따라 다소 예외가 있지만, 한국의 농가 경제에는 일반적으로
여유와 탄력이 없고, 이미 중산 계급의 피폐가 눈에 띄는 것은, 농촌문제를
연구하는데 있어 결코 등한시 할 수 없는 중대한 문제이다. (중략) 농가의
부채가 많고 이율도 높아서 이자의 부담이 가볍지 않은 사실을 생각하면
한국 농가의 귀추가 자연히 명료해진다. 구조적으로 자작농이 감소하고
토지 겸병(兼倂)이 이루어지는 것은 결코 우연이 아님을 알 수 있다.

라는 지적은 한국 농촌의 특징이라고 할 수 있다.[3] 또한 이 조사는 젠쇼
에이스케가 지도적인 역할을 했지만, 실제로 조사는 '강릉공립농업학
교 교장인 하라구치 료사쿠(原口亮策) 씨 이하 직원과 생도 여러분이 이
런 종류의 조사에서 가장 곤란한 일이자 한국 내의 최초의 시도인 농가
경제를 완성해 보내준 것은 모두 감사한 일이다'라고 했듯이, 현지 학
생의 협력에 의해 작성한 보고서였다. 이 학교는 1928년에 설립된 지
얼마 안 되는 학교였다. 또한, 보고서에는 기재되지 않은 부분과 통일
되지 않은 조사사항이 있었다. 대상 농가도 계층별로 30가구의 농가에
지나지 않았다. 그러나 조사가 당시에 새로운 테마였고, 당시 농민 생
활의 과제를 생각할 때 도움이 되는 조사를 수행하고 있다. 이하에서
조사 테마마다 검증하고 싶지만, 전제(前提)로서 강원도 강릉의 일반적
인 농촌·농민 상황에 대하여 논하고자 한다.

---

3 앞의 젠쇼 에이스케의 『생활상태 조사 3 강릉군』의 부록에 의함.

## 2. 강원도 농민 가구 수의 변천

식민지 지배하의 한국 농촌의 최대 특징은 일관되게 자작농이 감소하고 소작농이 증가하는 농촌구조의 변화였다. 이러한 기본적인 변화가 강원도의 경우에는 어떻게 표출되었을까. 젠쇼 에이스케가 『생활상태 조사』에서 언급하지 않았지만, 강원도에서 편찬한 『강원도 농업통계』에 의해 상황을 밝히고자 한다.[4]

통계 수치는 경작 면적, 농가 가구 수의 증가와의 관련성도 검증을 해야 하지만, 자작농 층의 감소와 소작농의 증가라는 식민지 지배하 한국 전체의 동향과 일치하는 것이 명확해졌다. 특히 이 조사 시점에서 이 지역이 강한 영향을 받은 것은 화전민의 증가로 나타났다. 이하의 강릉군의 생활 상태를 살펴본 뒤 확인해야 할 사항인 것 같다.

〈표 1〉 강원도의 지주·자소작별 농가 가구 수의 변천 1913~1932년

| 연대 | 지주 | 자작 | 자작 겸 소작 | 소작 | 겸 화전민 | 순수 화전민 | 계 |
|---|---|---|---|---|---|---|---|
| 1913 | 1,775 | 66,988 | 54,930 | 43,508 | | | 167,201 |
| 1916 | 969·갑 3,656·을 | 58,332 | 60,246 | 60,807 | | | 184,010 |
| 1921 | 541 6,563 | 57,999 | 75,943 | 54,964 | | | 196,010 |
| 1926 | 712 6,061 | 58,135 | 72,317 | 54,458 | | | 199,995 |

---

4 강원도 『강원도 농업통계』(1930). 이 농업통계는 1929년부터 1934년까지 볼 수 있지만, 『생활상태 조사』와 같은 해인 1930년의 『강원도 농업통계 조사』에서 통계 숫자를 참고했다.

| 1929 | 700<br>5,945 | 51,633 | 72,405 | 63,389 | 18,844 | 8,109 | 202,181 |
| 1932 | 1,023<br>5,368 | 46,480 | 66,595 | 89,218 | 21,202 | 15,605 | 224,289 |

* 단위는 가구 수.
* 이 시기를 조사한 것은 여기에서 자료로 이용하는『생활상태 조사 3 강릉군』이 1930년의 조사내용이 있기 때문이다.
* 본 표는 강원도『강원도 농업통계』1930~1934년 간행을 참고하여 작성했다.
* 이 자료에는 범례가 없다. 지주 갑, 을의 구분이 표시되지 않았다. 지주 을은 자작을 하면서 소작지도 갖고 있던 사람이라고 생각된다. 갑은 농업에 전혀 종사하지 않고 지주 경영에만 종사했던 사람으로 생각된다.
* 이 자료에서는 화전민은 1929년부터 존재했던 것으로 되어있지만, 이전부터 존재했고 일부 통계가 있지만, 체계적이지 않기 때문에 여기에서는 사용하지 않았다. 강원도의 화전민에 내해서는 몇 개의 논문이 있다.

〈표 1〉에서는 자작 가구 수가 약 2만 가구 감소했다. 자작 겸 소작은 약 1만 가구 증가했다. 이 시기 소작농 층은 43,508가구에서 89,218가구로 약 2배가 되었다. 45,710가구가 증가했다. 총 가구 수는 57,088가구가 증가하고, 경작면적은 큰 변화가 없었기 때문에, 토지 소유의 영세화가 진행되었다. 강원도에도 소작농의 증가가 나타났다고 할 수 있다. 다음으로는 농가 경제조사의 검토에 들어가기 전에 강원도 내 군 중의 하나인 강릉군의 개요에 대하여 기술하겠다.

## 3. 강릉군의 농민 생활 조건

여기에서는『생활상태 조사』를 활용해 기초적인 강릉군의 경제 상황을 기술하겠다. 총 경지의 소유상황과 그곳을 누가 경작했는지는 〈표

2〉와 같다.

<표 2〉 강릉군의 경지 소유별 가구 수와 경작자별 토지면적

| 경지소유지 | | 자 소작농별 토지경작 면적 | | |
|---|---|---|---|---|
| 100정보 이상 | 3가구 | 자작 겸 소작의 자작지 | 논 | 2,035정보 |
| 50정보 이상 | 4가구 | | 밭 | 1,691정보 |
| 10정보 이상 | 80가구 | 자작 겸 소작의 소작지 | 논 | 15,881정보 |
| 10정보 이상~1정보 이상 | 7,230가구 | | 밭 | 1,069정보 |
| | | 자작농 | 논 | 1,459정보 |
| | | | 밭 | 2,388정보 |
| | | 소작농 | 논 | 2,071정보 |
| | | | 밭 | 1,411정보 |

* 『생활상태조사』 45~47페이지에 의함. 자작농에는 지주 을이 포함되어 있다.
* 여기에서 1정보 이하가 기재되지 않은 것은 1정보 미만의 농업으로는 생활할 수 없는
  수준으로 다른 수입이 없으면 생활할 수 없기 때문이라고 생각된다. (1정보(町步)는
  3,000평으로 약 9,917.4㎡-역자)

<표 3〉 토지소유자 별 가구 수

| 지주 갑 | 지주 을 | 자작 | 자작 겸 소작 | 소작 | 화전민 | 총계 |
|---|---|---|---|---|---|---|
| 35가구 | 450가구 | 2,084가구 | 5,010가구 | 3,881가구 | 82가구 | 11,467가구 |

* 지주 갑은 소작하지 않는 지주, 지주 을은 소작을 하는 지주.

강릉군 내의 농업경지 면적은 농가 1가구당 논 6단보(反) 2무보(畝步), 밭 5단보 6무보로 합계 1정보 1단보 8무보(3540평, 1단보 300평, 1무보 30평-역자)였다. 이것을 영업자별로 보면 지주 및 자작 약 20%, 자작 겸 소작 약 40%, 소작 약 40%라고 설명되어 있다. 전체 농가의 80%가 소작을 하는 농가로 기록되었다. 소작농의 여러 가지 문제가 한국 농촌

의 문제였다고 할 수 있다.

또한 강릉군의 생활 상황에서 어업 취업자는 언급하지 않았지만, 생활 조사지인 구정면은 바다와 접하지 않았으나, 군 자체는 동해에 접해서 어업이 번창했다. 조사 시점은 아니지만, 군의 어획량은 많았다. 특히 꽁치의 어획량이 가장 많았다. 군 전체 수산업에 종사하는 한국인 가구 수는 1,488가구나 되었다.[5] 조사지인 구정면에서 해안까지의 거리는 1리(0.4km) 정도에 지나지 않았다.

또한 산림도 풍부해 소나무 숲이 펼쳐지고 산림에 의해 농업에 필요한 물의 확보가 용이했다. 조사에서는 수도에 대해서도 언급했는데, 조사지인 구정리 30가구 모두 공동우물에서 물을 끌어서 사용했다. 당시 수도가 없는 경우는 우물과 하천 물을 사용해 물을 매개체로 한 전염병에 걸릴 확률이 높았으나, 이 조사지에서는 낮게 유지할 수 있었던 것으로 생각된다. 수리 시설이 갖추어졌다는 것은 농가의 논 경작이 발달했다는 것이다. 구정리의 조사 농가에서는 대답했던 모든 농가가 자작, 소작과 관계없이 논 경작을 한다고 했다. 논에서 생산되는 쌀은 비싸게 판매되는 동시에 칼로리도 높고 식생활 유지에 중요한 역할을 했다. 실제로 뒤의 〈표 6〉을 봐도 알 수 있듯이 쌀 소비가 많았다.

이렇듯 한국 내에서도 조사지인 구정면 구정리는 혜택 받은 생활환경에 있었던 것으로 추정된다.

---

5 이 숫자는 강릉군의 『군세일반(郡勢一班)』(1939)을 참고했다. 1935년도는 10년의 차가 있지만, 이 자료 이외의 군 통계는 발견되지 않았기 때문에 이 통계를 채용했다.

## 4. 구정면 구정리의 농가 경제 조사

구정면의 9개의 리(里) 중 구정리는 그 중심에 있었다. 구정리는 '토지가 대체로 비옥해 농업에 적당하고 (중략) 마을 내에는 깨끗한 작은 개천이 관통하고, 마을 안에는 공동 우물이 있지만 하천의 이용도 적지 않다'고 했다.

구정리의 농가 구성은 전체 102가구에, 농가 호수는 95였다.

조사는 이들의 '생활 정도'에 따라 상·중·하의 '3단계'로 구분하고, 각 10가구, 계 30가구를 조사했다.

부업은 땔나무, 곶감, 삼베, 양잠, 새끼줄 등이었다. 화학비료는 사용하지 않고 비료는 집에서 제조해 자급했다.

이 마을의 음식점에 대해서는 조사서의 전문으로 소개하겠다.

'음식점: 부락 내 음식점은 종전에는 상당수 있었는데, 구정리 사람의 합의로 한 곳으로 감소했으며 조사서에 나타나듯이 술집도 적다'고 했다. 농촌에는 '주막'이라는 음식점이 있었던 것을 알 수 있다.

총괄적인 평가로서 농가에 큰 의미가 있는 것은 농기구인데, '이 마을은 가난한 부락으로서 농구'는 변변한 것이 없지만, 벼 재배용 제초기는 대부분의 농가가 소유했다고 한다. 줄모(正條植)[6]의 보급이 진행되었던 상황이 반영된 것으로 보인다. 줄모 심기라는 새로운 방법의 채택은 수확량이 많았기 때문이다.

---

6 한국에서는 벼(籾·種)를 직접 논에 뿌려서 벼농사를 지었지만, 일본에서 하던 못자리를 만들고 모가 어느 정도 성장할 때까지 기다려 논에 직선으로 심는 줄모방식(正條植)이 한국에 보급되었다. 강릉군의 1929년의 사진에는 줄모방식으로 벼가 심겨 있다. 『사진기록 강릉 100년』(2000, 한국어)을 참조했다.

등잔불은 석유를 사용하는 작은 등이 대부분의 집에서 사용되었다.

이 평가가 정확한지 아닌지는 모르지만, 양잠, 양계, 교육에 대해서는 이해가 부족하다고 평가하고 있다.

본 조사는 1930년 1월에 실시되었다.

이하에 많은 조사항목 중에서 농민 생활을 상징하는 몇 개의 사항을 언급해 구정리의 생활에 대해서 이해하고자 한다.

또한 조사대상의 총 가구 수는 30가구이지만, 회답이 없었던 경우와 통일적인 기재가 안 된 사항, 듣지 못했다고 생각되는 항목도 있다. 한계가 있으나, 각각의 조사 결과가 나타내는 생활의 실태를 제시해 이 시기의 농민 생활의 상황을 밝히고자 한다. 조사 사항의 순서에 따라 구성하겠다.


## 1) 조사 대상 농가의 가족 구성

식민지 지배하의 전통적인 한국 농촌에서는 어떤 가족들이 일을 했을까. 조사표를 보고 알 수 있었던 것은 다수의 가족이 고령자와 영유아를 제외한 모든 사람이 일하고 있었다는 것이다. 조사표에 ○표시가 붙은 가족은 일하고 있다는 설명이 첨부되었지만, 당연히 일하고 있으리라 생각되는 가족의 조사서에서는 ○표시가 없는 조사표가 많았다. 기재 누락으로 보인다. 정확한 통계가 아니지만, ○표시가 있는 경우를 말하면, ○표시가 있는 남성의 최저 연령은 9세이고, 여성도 역시 9세이다. 이 이상의 연령의 아이는 모두 일하고 있다고 할 수 있다. 물론 9세 이하의 아이도 아기돌보기 등의 가사 노동을 하여 실질적으로는 전원이 일했다.

가족 전원이 일해 생계를 유지했으며 가정을 중심으로 견고한 유대
감이 이어지는 요인일 것이다.

조사에서는 독립적으로 가계를 꾸리는 호주와 부인의 연령이 기록
되어 있다. 소수의 예외를 제외하고 부인의 연령이 2~3살 위였다. 전
통적인 관행이 살아있다는 측면일 것이다.

또한 한반도 남부의 각 도의 농촌은 농업노동자의 역할을 했던 연
고용의 머슴, 계절에 따라 고용했던 새머슴 등으로 불리는 노동자가
이 조사에서는 2명뿐이어서, 농촌의 계층으로 다룰 정도는 아니었다.
머슴의 수는 남부 곡창지대의 지역적인 특징으로 보인다.

〈표 4〉 구정 조사 가족의 구성

| 조사번호 | 가장 연령 | 가족 총 수 | 고용인 | 조사번호 | 가장 연령 | 가족 총 수 | 고용인 |
|---|---|---|---|---|---|---|---|
| 1 | 51 | 8 (4) | 0 | 16 | 49 | 6 (4) | 0 |
| 2 | 32 | 9 (5) | 1(남) | 17 | 37 | 4 (3) | 0 |
| 3 | 46 | 12 (8) | 0 | 18 | 58 | 8 (5) | 0 |
| 4 | 42 | 10 (3) | 0 | 19 | 55 | 9 (5) | 0 |
| 5 | 42 | 7 (1) | 0 | 20 | 60 | 7 (4) | 0 |
| 6 | 20 | 5 (3) | 0 | 21 | 51 | 5 (2) | 0 |
| 7 | 32 | 7 (5) | 1 | 22 | 38 | 4 (1) | 0 |
| 8 | 기입 누락 | 9 (3) | 0 | 23 | 29 | 5 (3) | 0 |
| 9 | 40 | 4 (1) | 0 | 24 | 43 | 8 (3) | 0 |
| 10 | 24 | 5 (2) | 0 | 25 | 26 | 4 (2) | 0 |
| 11 | 55 | 6 (3) | 0 | 26 | 46 | 4 (2) | 0 |
| 12 | 21 | 7 (6) | 0 | 27 | 28 | 4 (2) | 0 |
| 13 | 50 | 7 (3) | 0 | 28 | 51 | 8 (4) | 0 |
| 14 | 42 | 9 (4) | 0 | 29 | 31 | 4 (1) | 0 |

| 15 | 49 | 5 (4) | 0 | 30 | 46 | 6 (1) | 0 |
|----|----|-------|---|----|----|-------|---|

* 조사대상 가족은 농가 경제 상황의 상·중·하 순서이다.
* 가족 총 수의 ( ) 안의 숫자는 여성 수이다.
* 조사서에는 조사대상자의 성명도 있지만, 모두 남성이 호주이다.
* 한국 농민에게 시장은 현금 수입의 장소이고, 각 조사에서 농가가 시장에 일 년에 몇 번 갔는지, 무엇을 가지고 시장에 갔는지가 기재되었는데, 기재되지 않은 사례도 있어 일람으로 나타내지 않았다.
* 가족을 포함해 연령이 조사되었지만, 고령자는 60세 이상의 남자 5명, 여자 3명이다. 최고 연령은 여자 80세, 남자 75세이다. 남은 21가구에는 60세 이상의 세대원이 없었다. 한국의 평균연령은 낮았는데, 강원도의 평균 수명에 대해서는 본서 제1장을 참조하기 바란다.


## 2) 교육·문화

이 조사로 한국인 교육조사에 대하여 논하고자 한다.

식민지하의 교육을 보면 일본인은 의무교육으로 소학교에 갔다. 구정면에는 한국인도 교육대상이 되는 보통 학교가 설치되어 통학했다. 또 전통적인 교육시설로 '서당'이 있었다. 이 시기에도 구정리 내에 서당이 있었고 〈표 5〉와 같이 통학했다.

구정리에서도 예외 없이 한국인은 열심히 교육을 했다.

구정리의 교육조사에는 교육상황, 국어(일본어 독해 여부), 신문·잡지 구독의 유무가 기록되어 있다. 신문·잡지 구독자가 전혀 없었기 때문에 취학 여부를 중심으로 보통 학교와 서당으로 나누어 〈표 5〉로 일람하고자 한다.

〈표 5〉 조사 시 학령기 아동의 수와 취학 상황(학령기를 8~15세로 했다)

| 조사 번호 | 학령기 남 | 학령기 여 | 가장의 학력·가족 등 |
|---|---|---|---|
| 1 | 없음<br>장남은 이전에 서당 | 없음 | 가장은 서당 훈장 |
| 2 | 없음<br>남동생은 도립사범학교<br>장남은 서당 | 10세 취학 안 함 | |
| 3 | 없음 | 9세·13세 취학 안 함 | 장남인데 가난하여 취학 못함. 차남 학령기 초과 |
| 4 | 13세 3남 공립보통학교 4학년 | 없음 | 3남은 일본어 이해 |
| 5 | 9세 취학 안 함<br>12세 서당에 통학 | 없음 | |
| 6 | 없음 | 12세·15세 취학 안 함 | |
| 7 | 12세 장남 보통 학교 2학년 | 15세 취학 안 함 | 가장은 한학자 |
| 8 | 9세 장남 서당에서 보통 학교로 전학 | 없음 | |
| 9 | 없음 | 없음 | 가장은 서당 |
| 10 | 없음 | 없음 | 가장은 서당 |
| 11 | 10세 3남<br>14세 차남 | 없음 | 아버지가 한학을 3남에게 가르침 |
| 12 | 없음 | 8세·11세·14세 | 가장은 서당 |
| 13 | 11세 3남 서당통학 | 없음 | 가장은 한학 |
| 14 | 없음 | 11세 취학 안 함 | 가장 모범 농가 |
| 15 | 11세 서당통학 중·보통 학교로 전학 예정 | 없음 | |
| 16 | 없음 | 없음 | |
| 17 | 10세 서당통학 | 없음 | |
| 18 | 없음 | 12세·15세 취학 안 함 | |
| 19 | 9세·12세 취학 안 함 | 14세 취학 안 함 | |

| 20 | | 11세 취학 안 함 | 가장은 한학 |
| 21 | 없음 | 없음 | |
| 22 | 없음 | 없음 | |
| 23 | 없음 | 없음 | |
| 24 | 없음 | 9세·15세 취학 안 함 | 가장은 한학·장남은 보통학교 졸업, 2남과 3남 야학, 장남 일본어 이해 |
| 25 | 없음 | 없음 | |
| 26 | 12세 취학 안 함 | 15세 취학 안 함 | |
| 27 | 없음 | 없음 | |
| 28 | 없음 | 14세 취학 안 함 | |
| 29 | 10세 보통학교 재학 | | 이 아이만 일본어를 이해함 |
| 30 | 8세, 12세 취학 안 함 | | |

* 학령기의 아동을 남녀별로 작성해 일람했다.
* 보통 학교는 공립이지만, 의무교육제가 아니고, 퇴학생이 많았다. 강릉군 내에는 5학교가 설치되었다. 교장에는 일본인이 임명되는 곳이 많았다.
* 없음은 조사 시점에서 학령기 아이가 없다는 것을 나타낸다.
* 아동이 노동에 종사하는 경우는 ○표시가 있는 경우와 조사 때에 누락했는지, ○표시가 없는 아동이 많아 여기에서는 다루지 않았다. 실질적으로는 취학하지 않은 아동은 모두 일을 했다고 생각된다.


〈표 5〉에 의해 구정리의 교육상황에서 특징적인 것을 언급하고자 한다.

제1은 구정리의 여성은 서당·보통학교에의 취학 기록이 전혀 없다. 모두 남자뿐이다. 학령기라고 생각되는 8~15세의 여성 17명이 학령기였지만, 서당·보통학교를 한 명도 가지 않았다. 당시 유교적인 한국 사회에서 일반적인 경향이라고 생각된다. 그 후 여성들이 사회활동을 하는데 이것이 큰 장해가 되었을 것으로 생각된다.

제2는 강원도는 유교가 번성해 의병 전쟁 등에서도 유학자가 중심적인 역할을 했는데, 이 자료에서 알 수 있는 것은 기본적으로 서당 교육을 받았고, 많은 한학자가 보통의 농업인으로 지역에서도 활동했다. 가장이 한학에 소양이 있거나, 혹은 한학을 가르치는 인물이 30가구중에 6명이나 있었다고 기록되었다.

교육을 받을 수 있었던 집에서는 서당에서의 교육이 기본이었고, 나중에 보통학교에 갔다. 조선총독부 지배 하에서 유교 교육에 대한 지지가 없어지면서 보통 학교로 가는 생도가 많아진 것으로 이해된다. 한국사회에 기저를 이루는 자립적인 성격의 서당과 보통학교의 코스가 있었던 것을 알 수 있다. 물론 보통학교는 총독부의 방침을 철저하게 수용한다는 본질적인 요인을 갖고 있지만, 교화를 극복할 수 있는 기조가한국 사회에 살아있었다는 것을 나타내는 것으로 생각된다. 특히 부친이 유교·한학에 소양이 많고, 아동에게 가르치는 경우가 많은 것도 특징이다.

제3은 자료에 소득과 토지가 많고 적음 등에서 풍족한 순으로 배열되어 있다. 번호가 30에 가까울수록 교육환경도 좋지 않았던 것 같다. 여기에서는 일람으로 만들지 않았지만, 가족원의 수도 점차 적어졌다. 20번 이후는 취학 없음이 증가했다. 특히 한국인에게는 완전한 의무교육제가 적용되지 않는 차별이 있어 교육 차별정책이 강하게 반영돼 있다. 이 취학상황은 식민지 지배에서 가장 심각한 차별이 반영된 것이라할 수 있다. 한국사회의 정상적인 발전을 저해한 이유이다. 남자 취학적령기에서도 취학 없음이 많았다.

경제 상황과 교육 관계에 대한, 생활상태 조사보고에서 문화·교육에 대해서 다음과 같이 기술했다.

중류 이상에서는 학교 입학자 수도 증가했지만, '중류 이하의 가정에서는 아동 교육비 부담이 힘겹고, 수업료 및 학용품비용으로 매월 1엔 내외의 지출조차 어려운 상태이다. 따라서 수업료의 체납액도 지금까지 상당히 많은 액수에 달했기' 때문에, 매년 완납시키려고 했던 기록이 있다.

또한 강원도에서 서당의 수는 한국 각 도(道) 중에서도 제3위이다.(조선총독부 학무국, 『조선 각종 학교 일람』, 1931)

### 3) 가옥과 복장과 한의(漢醫)의 세계

1910년 한국병합에서 1930년의 조사 시점까지 20년이 지났지만, 이 사항에서는 한국의 전통을 지키고 살았던 것이 명확하다. 물론 강릉의 일부에는 전등이 있었지만, 구정리에는 없었다. 등불에 석유를 사용했다는 것이 변화라고 할 정도이다.

#### 가옥

가옥에 대해서도 조사되었다. 모두 한국식 건축으로 온돌이 일반적이었다. 양식, 일본식은 없었다. 게다가 가축사육이 많아 부설된 외양간이 있었다.

#### 한복

복장은 모두 한국식이라고 대답했다. 상세한 조사는 아니지만, 전통적인 복장이었다고 모든 조사에서 대답했다. 식기·침구 등은 조사되지 않았으나, 이 시기는 모두 전통적인 한국식이었다고 생각된다.

### 의사

한의사가 당시의 농촌 의료의 중심이었고 의사(洋醫)는 적었다. 조사
에서는 전체 30가구 모두 한의사에게 치료받았다. 가족 중 한 명이 의
사에게 치료받았다고 하는 것 이외는 한의사였다. 치료로서 무당을 언
급한 경우도 있다. 한의사는 병자의 치료만이 아니라 사망한 경우의
진단서도 썼다. 의사가 없는 지역이 많아 한의사가 진단서를 써야하는
법적인 의무가 있었다. 이것에 대한 병명의 기준도 있어 한의사가 진단
서를 제출했다.[7]

이 시기 강릉군에는 강릉군립병원이 있었고 의원 3곳과 의사 7명이
있었는데, 한의사로 의생(醫生)이라고 불리는 사람 20명이 사망진단서
등을 쓸 자격이 있었다고 한다.

### 4) 식생활에 대하여

우선 강릉군 전체 농민의 식생활에 대한 개요를 볼 필요가 있을 것
이다. 조사서에서는 주민의 생활상태가 좋고 '음식도 아주 거친 식사를
하는 자는 적다'고 했지만, 흉작 때에는 '만주 좁쌀이나 풀뿌리 등'을
먹는다고 보고했다.

부식으로는 간단히 무, 배추, 고추, 산달래가 보통이고 쑥, 부추, 나
무순은 춘궁기에 먹는다고 기록되어 있다. 일반 농민은 고기를 정월과
추석에 먹는 정도라고 한다. 간단하게 기록되어 상세하지 않다.

---

7 그 후, 한국인 의사가 많아져 도립병원의 한국인 의사, 개업의도 생겼지만, 치료비가
비싸서 치료를 받을 수 있는 것은 일부의 한국인이었다. 한 차례 도립병원의 순회 치료
도 있었지만, 진찰받기는 어려웠다.

한국사회의 변동과 사람들의 이동은 음식의 형태가 큰 영향을 주었다. 식민지하의 실제 상황이 이 조사에서는 어떠한 결과가 되었는지 일람한 것이 〈표 6〉이다. 단, 이 조사에서는 주식만을 조사하고 생명을 유지하기 위한 필요조건인 부식에 대해서는 조사되지 않았다. 부식조사는 중시되지 않았거나, 김치와 된장(된장국)만이었다는 것이 상식이어서 생략된 것으로 보인다. 그러나 이 지역의 주식만으로도 무엇이 중심이었는지에 대한 조사가 현재 발견되지 않았기 때문에 중요한 조사이다.

〈표 6〉 구정리의 주식 상황

| 조사<br>번호 | 주식 종류와 주식의 비율 |
|---|---|
| 1 | 가을은 쌀만. 겨울은 쌀 3분의 2, 조 3분의 1. 봄은 쌀 3분의 2, 조 3분의 1.<br>여름은 감자 2분의 1, 쌀 10분의 1, 밀 10분의 4. 겨울은 1일 2식. |
| 2 | 겨울과 봄은 쌀 6, 조 3, 콩 1. 여름은 감자 1, 보리 5, 쌀 4. 가을은 보리 5, 쌀 5. |
| 3 | 봄은 쌀 3분의 1, 조 3분의 1, 외에 대두. 여름은 쌀 10분의 1, 감자 10분의1, 밀 10분의 4. 가을은 전부 쌀. 겨울은 쌀 3분의 1, 조 3분의 1. 1일 2식. |
| 4 | 음식(食) 기입 없음. |
| 5 | 봄·가을·겨울은 쌀 4, 조 4, 대두 2. 여름은 보리 3, 감자 7. 1일 2식. |
| 6 | 음식 기입 없음. |
| 7 | 봄·가을·겨울은 쌀 7, 조 3, 대두 소량. 여름은 감자 6, 쌀 1, 보리 3, 밀.<br>겨울은 1일 2식. |
| 8 | 봄·가을·겨울은 쌀 5, 조 4, 콩 1. 여름은 감자 5, 보리 3, 조 1, 쌀 1. |
| 9 | 여름은 감자 5, 보리 5, 밀 소량. 여름·봄·가을·겨울은 쌀 5, 조 4, 콩 1.<br>겨울은 1일 2식. |
| 10 | 여름은 보리 6, 조 3, 옥수수 1. 봄·가을·겨울은 쌀 5, 조 3, 콩 2. 겨울은 1일 2식. |
| 11 | 여름은 감자 6, 보리 4. 봄·가을·겨울은 쌀 4, 조 2, 감자 2, 콩 2. 겨울은 1일 2식. |
| 12 | 가을은 쌀. 여름은 보리 3분의 1, 감자 3분의 1, 쌀 3분의 1. 겨울·봄은 쌀 4~5,<br>조 4~5, 콩 1. |

| 조사<br>번호 | 주식 종류와 주식의 비율 |
|---|---|
| 13 | 음식 기입 없음. |
| 14 | 음식 기입 없음. |
| 15 | 음식 기입 없음. |
| 16 | 음식 기입 없음. |
| 17 | 가을·봄·겨울은 쌀 2, 조 2, 대두 2분의 1. 여름은 보리 2, 밀 1, 감자 2분의 1, 조 2분의 1. 겨울은 1일 2식. |
| 18 | 봄·가을·겨울은 쌀 5, 조 5, 1일 2식. 여름은 보리 5, 감자 5, 밀 소량. 겨울은 1일 2식. |
| 19 | 가을·겨울·봄은 쌀 5, 조 4, 대두 1. 겨울은 1일 2식. 여름은 보리, 감자, 메밀, 밀 소량. |
| 20 | 봄·겨울은 쌀 4.5, 조 4.5, 콩 1. 여름은 보리 5, 감자 5, 밀. 가을은 쌀만. 겨울에 1일 2식. |
| 21 | 가을은 쌀 5, 조 5. 겨울·봄은 조 4, 쌀 2, 도토리 4. 1일 2식. 여름은 보리 5, 감자 5. |
| 22 | 봄·가을·겨울은 쌀 3, 조 7, 대두 소량. 여름은 쌀 1, 감자 6, 보리 3. 겨울은 1일 2식. |
| 23 | 봄·가을·겨울에는 조 6, 쌀 3, 콩 1 이하. 여름은 감자 7, 보리 3. 겨울은 1일 2식. |
| 24 | 가을·겨울·봄은 쌀 5, 조 5. 여름은 보리 5, 감자 5. 겨울에는 1일 2식. |
| 25 | 음식 기입 없음. |
| 26 | 음식 기입 없음. |
| 27 | 가을·겨울·봄은 쌀 6, 조 4. 여름에는 보리 4, 감자 4~6, 보리 소량. |
| 28 | 음식 기입 없음. |
| 29 | 음식 기입 없음. |
| 30 | 음식 기입 없음. |

* 음식에 대한 기재가 없는 것이 3분의 1이다. 즉 음식에 대해서 10가구가 대답하지 않았다. 음식은 생활수준을 나타내 조사가 곤란했다고 생각된다. 답변자는 남자이고 요리는 여성이 하여 조사할 수 없었다고 생각된다.
* 여기에서 기재된 식품명은 원재료인 감자는 경단과 우동처럼 먹기 편하게 가공되었다. 원형을 전혀 알 수 없을 정도로 여러 가지로 고안되었다. 같은 의미에서 도토리를 가공해 묵을 만들고, 현재에도 판매하는 구황식품으로 주식을 대신했다. 여기에서도 주식으로서 평가되었고, 식용으로 사용했다.

* 여기에서 언급한 주식은 주요 주식으로 다른 식품도 이용되었다. 무, 호박 등도 혼식의 재료가 되었다. 여러 가지 고안된 음식이 유지되었다. 참외가 주식 대용이었던 지역도 있다.
* 이들 주식의 혼식 비율과 조리 방법이 고안되어 먹기 편하고, 삼시세끼 모두 따뜻한 식사로, 점심은 밭에서 먹었다. 일하러 온 고용인이 있을 때는 탁주 등이 식사 외에 제공되는 경우도 있었다. 또한 3번의 식사 모두 김치 외에 된장국이 있고, 야채 등이 포함되었다.
* 여기에서는 주식뿐이지만, 구황식물의 해설과 동시에 1회의 농민 주식량은 3홉(合), 노동자는 5~6홉이었다고 한다.

이 조사 결과에서 한국 농민의 주식의 특징을 다음과 같이 볼 수 있다.

(가) 쌀·보리 등 그 시기에 수확되는 작물을 주식으로 한 것이 계절마다 기록되어 있는 것. 비축하고 있지 않은 것.

(나) 한국은 농민의 대부분이 혼식이었던 것을 지적했는데, 본 자료에는 계절마다 구체적인 혼식 비율을 기록하고 있다.

(다) 봄·여름·가을·겨울로 분류되었는데, 대답한 모든 세대에서 겨울에는 1일 2식이었다. 월별로는 기재되지 않았지만, 한국에서 식량이 부족한 춘궁기는 2식이었다고 생각할 수 있다. 이런 2식에 대해서 지적했는데, 구체적인 식품 내용에 대해 기록되어 있는 것이 귀중하다.

(라) 쌀·보리·조·밀·감자·콩 등의 혼식 비율이 기재되었고, 감자가 많은 시기와 쌀이 주가 되었던 계절 등이 기록되어 있다.

(마) 조사번호의 상위의 사람과 하위의 사람들의 차이가 큰 것을 알 수 있고, 음식의 격차가 있었던 것이 판명되었다. 조사번호 1~10까지는 음식의 기재가 없는 것이 1가구에 지나지 않으나, 11~20까지는 4가구, 21~30까지는 5가구가 된다. 토지 소유의 많고 적음, 수입의 차이가 음식의 기재에 다소 반영되었다고 할 수 있다.

(바) 여름에는 감자, 특히 감자의 혼식 비율이 높은 것은 다른 지역에

는 없는 특징이다. 현재에도 강원도의 향토 요리 중 하나가 감자 요리이다.

앞에서도 기술했지만, 여기에서는 부식을 언급하지 않았다. 중요한 것은 강원도 농민의 대부분은 단백질의 섭취를 된장국·콩으로 했으나, 이 조사만으로는 농민의 생명 유지에 관해서 규명할 수 없다. 구정리 농민의 주식은 혼식이고, 일 년 내내 논에서 수확한 쌀을 주식으로 한 식생활이 아니었다. 쌀을 주식으로 하는 계층이 있지만, 대부분은 밭 작물 중심인 조·보리·감자가 주였던 것을 확인할 수 있다.

부식은 기록되어 있지 않지만, 밭작물인 배추, 콩이 큰 역할을 했던 것으로 생각된다.

구정리는 바다가 가까워서 생선 등과 민물고기도 식용으로 이용했다고 생각되나, 조사되지 않았다. 가축은 대부분의 농가에서 소를 농경용이나 축산용으로 길렀지만, 식용으로 했다는 기록은 발견할 수 없다. 닭도 사육했다.


## 5. 농가 경제-수입과 지출을 중심으로

이 조사보고서는 농가의 경제상황을 토지 소유면적, 논밭 소유의 상황(쌀은 밭작물보다 비싸게 판매되고, 소작료는 비싸고, 소작인은 50~60% 가까이 납부해야 했지만, 밭작물의 소작료는 지역에 따라 다르나 낮은 수준이었다. 수입에 직결되는 문제였다)에서 분석했다. 그것은 농가의 수입에 직결되는 문제이기도 했던 경작면적, 작물, 수확량 등을 분석하는 것이 필요하지만, 여기에서는 수입·지출의 상황을 보는 것으로 생활상을 관찰하고자 한다. 앞의 항목처럼 전 농가의 수입·지출의 개황을 정리했다. 본 항목은 기재의 차이는 있지만, 모든 수지(收支)가 명확하다. 앞에서 기술한 회답에서 보였던 기재 안 함, 혹은 조사 누락은 없다. 이 조사에서 가장 힘을 쏟은 사항이라는 증명일 것이다.

이 시기의 한국 사회에서는 소득 격차가 커서 구정리 조사에서는 최고가 672엔인데, 최저는 76엔이었다.

본래는 수입·지출의 내용에 대해서 검증해야 하지만, 논의 쌀 수입(收入)은 많고 가격이 낮은 밭작물의 수입은 적다. 조사에서 지주층으로서 조사된 사람 중에 토지를 빌려준 것은 3명(조사번호 1·2·4)인데, 지주로서 빌려준 면적은 모두 3단보 이하이고, 경영은 자작지가 중심이다. 따라서 지주층이라 할 수 없고, 자작농, 자소작농, 소자작농, 소작농을 대상으로 한 농민의 생활 조사라고 할 수 있다.

수입·지출의 중심은 쌀·보리 등의 식품이 대부분을 차지하고, 부식 지출이 차지하는 비율이 매우 적다. 수입·지출의 조사에서 돈이 들지 않는 김치, 야채 등의 지출은 자신이 경작한 것이기 때문에 계산되지 않았다고 생각한다.

지출 중에서 특이한 것은 조세가 고율로 징수된 것이다. 40엔 이상이 2명, 30엔 이상이 4명, 20엔 이상이 3명이다. 5엔 이하가 조사 번호 21번 이후의 10명 전부고, 최저는 30번의 70전이다. 격차가 크게 나타났는데, 겨울에는 3식을 2식으로 절약하는데도 모든 세대에게 세금을 징수했다. 일본으로 싼 가격으로의 쌀 수출과 세액 징수가 모든 농가에 부가되었다.

〈표 7〉 조사 농가의 수지 상황

| 조사<br>번호 | 수입<br>(엔, 전) | 지출<br>(엔, 전) | 수지<br>(엔, 전) | 저금·대차(貸借)·그 외(엔) |
|---|---|---|---|---|
| 1 | 414.20 | 358.00 | +56.20 | 30(개인에게 2푼 이자로 대출) |
| 2 | 597.54 | 608.50 | -10.96 | 40(저금), 36(대금(貸金)), 250(빚)<br>빚은 논 구매 때문에 |
| 3 | 672.00 | 571.80 | +100.20 | |
| 4 | 571.90 | 441.10 | +130.80 | 빚 200.00(논 1,000평을 구입, 부족분 200을 빌림) |
| 5 | 269.81 | 268.76 | +1.05 | 대금 10.00(개인에게 연 2할로 대부) |
| 6 | 212.88 | 247.28 | -34.40 | 빚 30.00, 작년에 빌린 20엔의 본전과 이자를 변제해도<br>조세 납입기간에 30엔 차입 |
| 7 | 654.46 | 584.36 | +76.21 | 빚 250(산림구매를 위해), 대금(개인 50엔 이자 3할) |
| 8 | 462.70 | 402.80 | +59.90 | |
| 9 | 202.80 | | +14.30 | |
| 10 | 230.60 | 239.40 | -8.80 | 빚 50.00(개인 연2할 5푼) |
| 11 | 247.85 | 239.30 | +8.55 | |
| 12 | 282.20 | 360.85 | -78.65 | 부 사망으로 40엔 소비 |
| 13 | 438.20 | 512.60 | -74.40 | 모 사망으로 차용 |
| 14 | 506.20 | 544.80 | -38.60 | 소 차입비 65엔, 집 일부 신축 40엔 |
| 15 | 187.28 | 208.63 | -21.35 | 조세 납부 부족으로 인해 |
| 16 | 195.80 | 179.10 | -16.70 | 생활에서 부족하여 차입 |
| 17 | 164.44 | 210.64 | -46.20 | |
| 18 | 623.05 | 418.02 | +205.03 | |
| 19 | 310.80 | 323.70 | -13.30 | |
| 20 | 225.40 | 233.90 | -1.50 | |
| 21 | 76.72 | 97.52 | -20.80 | 빚 20.000, 식료비 충당을 위해 차입, 변제 기일 정하지<br>않고 여유 있을 때 변제 |
| 22 | 307.30 | 293.00 | +13.90 | 잉여로 송아지 1마리 21엔에 구입, 타인에게 관리 의뢰 |
| 23 | 128.20 | 115.75 | +12.45 | 결혼식(嫁費) 때문에 20엔 필요했다. |

| 24 | 213.80 | 196.80 | +17.00 | 금융조합에서 소 1마리를 50엔으로 매입, 금융조합원이 됨 |
| 25 | 173.10 | 166.80 | +6.30 | 소작조합에서 10엔을 빌려서, 10엔으로 송아지를 샀다. |
| 26 | 255.50 | 192.80 | +62.70 | |
| 27 | 144.80 | 154.00 | -9.12 | 20엔 빚. 소작조합에서 30엔을 빌려 소 1마리를 구입, 6개월 후 매각 변제 예정. |
| 28 | 266.85 | 246.70 | +20.15 | 소농조합에서 송아지 구입을 위해 20엔 차용 |
| 29 | 221.94 | 165.20 | +56.74 | 20엔을 개인에게 3할의 이자로 대부 |
| 30 | 126.30 | 110.85 | +15.45 | 빚 10엔, 마(麻) 원료를 구입. 소금 판매를 위해 말을 살 예정. |

* 수지의 금액은 변경하지 않지만, 예금, 빚과 그 이유에 대해서는 생략해서 간단하게 게재했다.
* 수지에 대해서는 차감승제(差引乘除), 공제 부족 등으로 표현되었는데, +, 로 표기했다.
* 여기에서 쓰여 있는 금융조합은 한국 내에서 조직된 것이고, 소농조합은 지역의 상조조직이라고 생각된다.
* 본 표의 수지의 내역은 상세하게 게재되어 논·밭·양잠·임업과 가축으로부터의 수입 등이고, 지출은 조세, 피복, 식품비, 고용인 급여 등이 품목에 따라 기록되었다. 수입·지출을 상세히 검토해야 하지만, 이후의 과제로 하겠다.
* 빚이 있는 경우의 이자는 20~30%의 높은 이자가 일반적이었다. 소작농의 경우는 소작료는 50~60%로 비싸고, 여기에 빚이 있을 경우는 소작 농가 경제는 파탄이었다. 특히 춘궁기에 식료를 지주에게 빌렸을 경우 토지에서 쫓겨나는 경우도 드물지 않았다.


이 농촌에서는 조사대상 21번 이후를 보아도 명확하듯이, 농업 이외의 상업적인 활동을 하여 수입 부족을 보충하기 위한 노력을 많이 했다. 조사 번호 30번과 같이 피복의 원료를 사서 가공해 수입을 얻으려고 했다. 마을이 바다와 가까워서 소금을 사들여 말에 싣고 오지의 농가로 가서 판매해 수입을 얻으려고 했다. 한국농촌의 사람들은 매우 적극적으로 생활과제를 해결하기 위해 일했다. 일본인들이 농촌을 연상하는 것처럼 태만하고 적극적이지 않다는 평가와는 전혀 다른 모습이 보였다.

## 6. 한국 농민과 소

한국 농촌과 깊은 관계가 있던 소의 사육도 농가 수지에 큰 역할을 했다. 송아지를 맡아서 자랄 때까지 사육하거나, 소를 농경용으로 빌리거나, 판매하는 등 여러 가지로 이용했던 것을 알 수 있었다. 한국의 토지경작은 경작하는 토지가 단단해 소의 이용이 필수였고, 소의 분뇨를 비료로 사용할 수 있어 소의 이용이 농업에서는 필요조건이 되었다. 소의 이용 방법은 논밭의 상태 등에 따라 다르다. 농가경영의 중요한 요인이 소를 중심으로 이루어졌다. 소와의 관계는 한국의 농업과 깊이 연관되어 있고, 그것을 현명하게 이용하며 생활을 꾸려갔다.

여담이지만 한우는 1920년대부터 일본에 수출되어 각지의 농회(農會)를 통해 판매되어 판매 목장이 각지에 만들어졌다. 전시 하 노동 부족 속에서 더욱 판매가 촉진되어 매년 6만 마리 전후가 일본에 이입되어 농촌에서 사육되었다. 한우는 몸집이 크고 일본 소와 비교해 힘이 강해 물자 운송용 수레에서도 이용되었다. 한우는 한국산 쌀과 같이 한국 농촌에서 값싸게 도입되었다. 일본의 농가에는 소에게 명령하는 한국어 용어 텍스트가 있고, 그것을 사용해 소를 이용했다. 한우는 힘이 일본 소보다 강할 뿐 아니라, 크고 온화해 아이를 등에 태워도 위험하지 않았다. 노동력과 가솔린이 매우 부족했던 전시 하의 일본에서 한우는 일정한 역할을 했다고 생각된다.

## 7. 그 외의 조사항목에서 보이는 것

본 조사에서는 앞에서 언급했던 것 외에도 신문·잡지 구독의 여부, 주택의 상황, 복장, 위생·수도, 시계·도량형의 소지, 등화, 토지의 소유 내역, 농사(쌀의 품종과 밭작물의 품종·면적이 있다), 양잠, 임업, 부업, 축산, 비료, 농기구 등에 이르렀다. 상세함과 소홀함이 있지만, 귀중한 조사이다.

이들 사항 중에 몇 가지의 과제에 대해서 검토해보겠다.

신문·잡지의 구독이 전혀 없다. 조선총독부 조사자의 의도는 일본어 신문과 잡지를 구독하고 있는가를 묻는 것이었다. 결과는 경제적인 여유가 없어서가 아니라, 일본어라는 측면에서 보면 한국인 농민들이 일본어를 전혀 모르고 있었다는 것 이상으로 조사대상인 사람들은 줄곧 한국인들 세계에서만 살고 있었다는 것을 의미했다. 물론 강릉군 전체에서는 한국어 잡지, 일본어 신문 등도 읽고 있었다.

같은 의미에서 의복에 대해서 구정리의 조사대상자에게 물었는데, 모두 한복을 착용하고 있다. 이 조사에서는 '한복'이라고 회답하도록 하고 있어, 이것도 '일본 의복' '양복'을 의식한 조사였을 것이다. 조사 결과의 실상은 구정리는 한복 세상이었다. 의복 조사는 여름용, 겨울용, 상복, 모자(남성용), 농사일 등이 조사항목에 있으면 농민 생활지로서는 유효한 자료가 될 수 있지만, '일본 의복'을 착용한 여부는 의미가 없기 때문이다. 결과를 보면 한국인은 한복의 세계에서 생활했다는 것을 증명한 셈이다. 비료에 대해서도 조사되었다. 비료의 질과 비료의 유무는 수확에 20%의 영향을 주는 중요한 요소이다. 자급·화학비료의 비율과 시기 등에 대해서도 조사해야 했지만, 충분하지 않다. 특히 다른 지역의 조사와의 비교 등이 필요하고, 다른 지역에서는 농기구가

없는 농가가 있는 것 등을 비교해 조사가 이루어져야 했다. 강릉공립농
업학교(江陵公立農業學校, 1928년 3년제로 개교했으며 현재는 강릉중앙고등학교
-역자)에 의뢰한 조사였던 것도 문제일 것이다.

그러나 1930년의 본 조사는 강원도의 농업을 알기 위해서는 빼놓을
수 없는 자료이고, 여기에서 일본의 식민지 지배의 실태에 대하여 배울
것도 많다. 1930년 이후의 몇몇 농업조사보고서, 군(郡) 통계 등을 이용
해 농민 생활의 실태를 밝혀야 할 것이다.[8]


## 8. 결론

조사에서 확인할 수 있는 것은 다음과 같다.

강원도에서도 자작농이 감소하고 소작농이 증가했고, 화전민도 통
계상에 등장하게 되었다. 이것은 한국인 인구의 90% 전후를 차지하는
농민의 상태에 식민지 지배하의 한국농촌이 큰 영향을 주는 요인이 되
고 있었던 것을 나타낸다.

한국농촌에서는 〈표 2〉에 나타나듯이 토지 소유의 편중이 크고 빈
부의 차가 컸던 것을 알 수 있다. 가족 구성의 특징은 수입이 많은 사람
일수록 가족원도 많고, 소득과 가족 수의 관계가 컸다.

교육은 유교·서당교육이 중심이고, 보통학교 통학자 비율은 남자의
경우도 적었고, 장남은 교육받았지만, 차남·삼남은 경시되었다. 특히
여자의 교육은 거의 이루어지지 않았다. 여기에는 교육비용이 큰 관계

---

8 한국의 각종 신문, 강원도의 신문, 『조선농회보(朝鮮農會報)』의 기사 등의 조사가 필
   요하다.

가 있다고 생각된다. 의무교육이었던 식민지의 일본인과 완전한 의무
제가 아니었던 한국인의 차이가 매우 컸다는 것을 알 수 있다.

가옥·의복·의료가 모두 한국의 전통 속에 있었다. 그것은 식민지
지배하에서 한국인 세계가 존속되었고 민족적인 관행 속에서 생활했다
는 것을 증명하고 있다. 일본 통치와는 무연의 세계에 있었던 것이다.

식생활은 부유한 계층을 포함해 혼식이 일반적이었다. 부식은 조사
되지 않았으나, 김치와 된장이 대부분이고 생선과 고기는 먹지 못한
것 등, 조사 결과에서 구체적인 혼식의 내용을 알 수 있었다. 수입의
많고 적음에 차이가 컸지만, 하층 농민일수록 소의 사육 등에서 알 수
있듯이 생활을 위해 여러 가지를 모색했다. 한편 빚의 이자율이 매우
높았다. 이것이 농민의 경제적인 파탄으로 이어졌던 것 등이 밝혀졌다
고 할 수 있다.

이상의 조사로 알 수 있는 것은 소작농일수록 몰락 위기에 직면했던
것이 1930년 농민 생활상황이었다고 할 수 있다. 그러나 이러한 상황
을 한국 농민은 좌시하지 않았고 새로운 운동을 전개했다.[9]

---

9  강원도에서도 일본의 지배에 대한 반대 운동이 여러 형태로 전개되었다. 개론서로서는
   조동걸(趙東杰)의 『태백저항사』(강원일보사, 1977)가 있다. 식민지 지배에 저항하는
   다양한 민중의 모습이 그려져 있다. 본 장의 농촌조사 협력학교였던 강릉농업학교에는
   학생의 독서회가 결성되었고, 주요 인물이 경찰에 체포되었다. 1930년 이후의 일로
   33년 전후까지 운동이 계속되었던 것을 기록하고 있다. 이러한 움직임은 도청소재지인
   춘천을 비롯해 각지에서 일어났고, 한국 사회 속에서 하나의 저류(底流)가 되었다고
   생각된다.
   또한 앞의 『사진기록 강릉 100년』에는 강릉의 해방 전후를 포함한 많은 사진이 수록되
   어 있다. 특히 농업이라는 사항에 강릉지역의 농업 관계 사진이 224쪽 이하에 수록되
   어 있다. 이 조사보고 전년인 1929년의 농민의 식사 풍경, 농가, 논의 줄모방식(正條植)
   를 알 수 있는 사진, 보리 수확 풍경 등 귀중한 사진이 수록되었다. 강릉의 도서관에서
   열람할 수 있다. 또 조사의 여부를 더욱 확실하게 검증하기 위해 2019년 말 구정리
   등을 방문했지만, 단서는 전혀 없었다.

# 제4장

# 1930년대의 강원도 의료상황과 한국 농민

## 1. 서론

식민지 지배하의 강원도 사망률이 한국의 다른 도보다 높았던 것에 관해서는 앞에서 언급한 적이 있다.[1] 강원도는 한국에서 평균 수명이 가장 짧았다. 식량 상태와 함께, 식민지 지배 하에서 의료 제도가 충분하지 못했던 것이 원인 중에 하나가 아니었을까 하는 의문이 든다. 한국에 의료 제도가 보급되어 한국인 민중도 그 혜택을 받았다는 의견이 있다. 식민지하에서 근대화가 진행되었다는 논의도 있다. 그러나 그 의료 제도의 보급이 어느 정도였는지에 대한 실증적인 연구는 별로 없는 것 같다. 특히 농민이 90% 이상의 다수를 차지했던 한국 농촌사회

---

[1] 본서 제1장을 참조하기 바란다. 여기에서는 농민과 음식의 관계에 대해 말했으나, 의료 체제와 농민의 관계에 대해서는 검증할 수 없었다. 현재 예전의 강원도에서의 음식 상황은 향토 음식으로 소개하고 있다. 한국 국립 민속박물관, 『옥수수, 감자, 메밀』(2014) 등이다. 옥수수 등을 주식으로 하여, 임산부의 영양 편중으로 출산 때 출혈이 멈추지 않아서 모자 모두 사망하는 사례를 볼 수 있었다고 하는데, 통계에서는 보이지 않는다.

의 의료상황에 대한 검증은 적다. 한국 농민의 생사를 포함한 생활을
알기 위해서는 생활 과정, 특히 생명을 유지하기 위한 의료는 빠질 수
없는 사항이다. 그렇지만 강원도의 공적인 제도적 의료에 대한 자료로
는 1937년 12월에 간행된 『강원도 위생 요람』과 1934년에 발행된 『강
원도 위생 일반』 이외에는 발견되지 않는다.[2]

그래서 이 자료를 바탕으로 강원도의 의료 제도, 의료상황과 각종
질병, 사망률 등을 검증하고자 한다. 식민지하에서의 한국 농민 생활
사 구성 요소로서 필요하다고 생각했기 때문이다.

물론 농민 생활은 지주·소작 관계 등으로 규정되어 있는 읍·면 행
정이나 민속관행 등의 여러 측면이 있다. 이러한 강원도 인구, 일반 상
황, 농민 상황에 대해서는 별도로 검증하고자 한다.

## 2. 강원도의 의료 행정

식민지 지배하의 한국 위생 행정은 각 도에서 동일하게 시행되고 있
었다. 강원 도청에는 위생 행정을 지도하는 위생과가 설치되고 25명의
직원이 있었다. 위생과는 위생 행정 전반의 예산 편성과 배포를 하는

---

2 이 『강원도 위생 요람』은 홋카이도(北海道) 대학에 보존되어 있다. 그 밖에 『강원도
위생 일반』이 1934년 간행되어 서울대학교에 보존되어 있다. 다른 연도도 존재할 가능
성이 있지만, 발견되지 않았다. 양쪽 연도의 조사항목은 거의 일치하지만, 의사의 치료
를 받지 못하고 사망한 통계는 1934년 판에는 없다. 강원도 의료에 대한 몇 가지 기록이
있지만, 부분적인 것으로 『총독부 통계 연보』(강원도 도보의 인구통계, 위생 관계 통달
등) 이외에 통계 숫자는 적다. 또한, 초기 한국 전체의 위생통계로는 『조선 위생 요람』
(1929)이 있고, 각 도 통계 자료가 있다. 학생의 키 등 참고할 수 있는 기초 자료가
포함되어 있다.

동시에, 마약 관계 단속도 담당했다. 위생과 직원의 특징으로는 경찰관이 위생 행정을 담당하는 경우가 많았던 점을 들 수 있다.

보건 위생 관계는 상하수도, 우물, 우유, 도살장 관계, 묘지 등을 담당했다.

의료 행정은 4곳에 도립병원이 설립되었고, 사립병원(1936년 당시에는 존재하지 않았다. 그때까지는 기독교계 병원이 있었다)과 더불어 병원의 관리와 동시에 의사, 치과 의사, 간호사, 안마사의 임명과 해직 등의 일을 했다.

약사 행정은 약제사, 약종상, 마약·아편 등을 담당했다.

예방 위생은 나병, 결핵, 성병, 풍토병 예방을, 방역 행정은 인간의 이질 등의 전염병 예방과 대책 등의 일을 했다.

가축 위생은 소를 포함한 위생 상태 등을 범위로 했다. 도는 위생에 관한 모든 업무를 담당했다.

이러한 위생 행정의 방식은 식민지 지배하에서 한국인 농민의 생명과 밀접하게 관련되어 있었다고 생각한다. 우선은 실제 위생 행정을 통한 검증이 필요하다. 1936년 4곳에 설립되었던 도립 병원에서는 근대 의료를 배운 의사에게 한국인이 진료를 받을 수 있었을까? 이후 기록에서 알 수 있듯이 의사는 공중의(公醫)와 의생(醫生)으로 분류되어 있었고, 농민과의 관계는 어떠했었는지를 검증해 농민과의 관계를 명확히 하고 싶다.

이를 전제로 몇 가지 강원도 위생 통계 등의 기초적인 숫자를 확인해 두고자 한다.

강원도의 위생 상황을 나타내는 지표의 기본적인 통계는 전체 사망률과 영유아 사망률이다. 위생 요람에서는 전체적으로 한국인과 일본

인을 구분해 비교할 수 있는 통계로 되어 있다. 식민지에서 한국인과
일본인의 차이를 알 수 있다.


## 3. 한국인의 사망률

한국인 사망률이 일본인보다 훨씬 높은 것에 관해서는 대부분의 총
독부 산하의 위생 관계 통계에서 지적하고 있다.[3] 그것은 총독부 지배
하에서 한국인의 식량, 노동, 환경 등이 일본인과 큰 차이가 있었기 때
문임이 틀림없다. 『강원도 위생 요람』에서는 이를 '1936년도 한국에서
의 사망률은 19.3%로 일본의 16.8%에 비해 높고, 강원도의 같은 해 사
망률은 일본인 15.2%, 한국인 24.0%이다. 강원도에서도 사망률은 한
국인보다 일본인 쪽이 훨씬 낮다. 즉, 한국인은 출생자 수도 많지만,
사망자도 역시 많다. 이는 일반적으로 위생 지식이 매우 부족해 영유아
사망률이 높고 전염병에 걸려 사망하는 사람도 상당수 있다. 또한, 의
료 기관의 미비로 각종 질병에 시달리면서도 치료를 받을 수 없는 사람
이 있다. 이러한 원인으로 사망률이 높다고 할 수 있다. 그렇지만 점차
위생 상태의 개선에 따라 사망률 또한, 감소하는 경향이라고 했다.

여기서는 한국인 사망률을 한국에서 거주하는 일본인, 일본 본토 일
본인과 비교해서 높다고 지적했고, 그 원인을 한국인의 위생 지식 부족
과 위생 기관의 미비로 보았다. 조선총독부와 강원도는 사망률이 높은
것을 감추려고 하지 않았다. 다만, 앞에서 언급한 한국인 사망률, 특히

---

3 『조선총독부 통계 연보』 등에서는 한국인 사망률이 낮다고 되어 있다. 통계서에 따라
  한결같지 않아서 통일되어 있지 않다.

영유아 사망률이 실제보다 현저히 낮은 숫자라는 점은 이미 당시부터 지적되고 있었던 점이다.[4] 이 숫자를 구체적으로 나타내고 있는 것이 〈표 1〉이다.

〈표 1〉 강원도의 한국인·일본인 출생·사망률 비교(1936년 현재)

| 연대 | 출생 | 사망 | 인구 | 인구 1,000명에 대한 출생률 | 인구 1,000명에 대한 사망률 |
|---|---|---|---|---|---|
| 한국인 | | | | | |
| 1933 | 45,121 | 32,768 | 1,430,556 | 31.54 | 22.90 |
| 1934 | 48,834 | 34,909 | 1,443,931 | 33.90 | 24.17 |
| 1935 | 50,018 | 36,332 | 1,514,908 | 33.01 | 23.97 |
| 1936 | 48,224 | 35,656 | 1,513,276 | 31.86 | 23.56 |
| 일본인 | | | | | |
| 1936 | 394 | 191 | 15,019 | 26.23 | 12.71 |

* 일본인은 이민 거주자로 노령자는 적고, 장년과 아이의 비율이 높았다. 거주 일본인 사망률에 대해서는 검토가 필요하다.
* 본 통계는 남녀별로 게재되어 있지만, 그 합계만으로 했다. 또, 일본인 통계에 대해서는 1936년 만 수록했다.

여기에서는 위생통계에 나타난 실제 사망률을 확인해 두고자 한다.

이 통계가 보여주듯이 한국인 사망률은 일본인 사망률의 약 2배였다. 이런 높은 차이는 일본인 노령 인구가 적은 것을 고려하면 한국인 사망률이 더 높았을 것이라고 생각한다. 이민을 중심으로 한 일본인 인구

---

4 영유아 사망률이 낮은 것에 대한 의문에 관해서는 히로나카 스스무(廣中進) 박사의 「조선인 영유아 사망률에 관한 일고찰」(『조선 사회사업』 20권 7호 수록)이 지적한 대로이다. 실제로는 여기에 게재된 숫자의 두 배였다고 하는 내용이다. 경성제국대학 의학부 교수 미즈시마 하루오(水島治夫) 등에 의해서도 마찬가지로 지적되고 있다. 졸저, 『전시하 조선의 농민 생활지』(1988), 164쪽, 173쪽을 참조하기 바란다.

구성과의 차이를 고려해도 한국인과의 차이가 컸었다.

출생률은 한국인이 높았다. 이것은 높은 분만율을 나타냄과 동시에, 같은 기간 사망률의 높이와 관계되었다고 생각한다. 특히 높은 영유아 사망률은 한국인의 높은 사망률과 깊이 관계되어 있었던 것 같다. 본 위생 요람에서도 높은 영유아 사망률에 주목해 통계 자료로 삼고 있다.

## 4. 영유아의 사망률

식민지 지배하 한반도에서 한국인 영유아 사망률을 통계적으로 정확하게는 파악할 수 없다고 생각한다. 그 이유 중 하나는 출생하고 나서 즉시 신고해 기록으로 보존하는 시스템이 확립되지 않았고, 어머니의 영양 상태가 모자 모두 건강한 몸을 유지하기 힘든 경제 상황에 놓여 있었다. 또한, 사망률이 높아서 제대로 자랄 수 있는지 지켜보다가 신고하는 경향이 강했기 때문이다. 이러한 요인에 더해 일반적인 위생 상태와 상하수도 정비 등의 보건 인프라 정비가 충분하지 않았다. 따라서 한국인 영유아의 사망률이 30%를 넘는다고 상정하는 경우가 있다. 이것이 옳다고 생각한다.

당시 강원도 당국은 위생 상태와 영아 사망률에 대해 다음과 같이 말하고 있다.

영유아 사망률은 구미 여러 나라에서는 해마다 현저히 감소하는 경향인데, 우리나라에서는 여전히 감소의 조짐을 보이지 않아 유감이다. 즉 우리나라에서 육아 및 아동보호 사상의 낮은 수준에 기인하는 바가 크다. 강원도에서 한국인 영유아 사망률이 연도에 따라 차이가 있다고 해도 일본인 보다 훨씬 높다. 이것은 육아 지식의 결여에 기인한 것이라 사료된다.

라고 했다. 일본인 영유아 사망률보다 한국인 영아 사망률이 '훨씬 높음'으로 평가되고 있다. 구체적인 것은 〈표 2〉에 보이는 대로이다.

〈표 2〉 강원도의 한국인·일본인의 영유아 사망률 비교(1936년)

| | 한국인 | | | | | 일본인 |
|---|---|---|---|---|---|---|
| | 1년 미만 | 1년 이상 | 2년 이상 | 5년 이상 10년 이하 | 계 | 일본인 총계 |
| 전신병 | 140 | 151 | 145 | 153 | 594 | 3 |
| 신경계 병 | 499 | 472 | 433 | 267 | 1,671 | 6 |
| 순환기 병 | 277 | 197 | 260 | 247 | 981 | 8 |
| 호흡기 병 | 783 | 905 | 907 | 644 | 3,239 | 74 |
| 소화기 병 | 1,234 | 1,096 | 1,217 | 849 | 4,396 | 26 |
| 기형 및 유아 | 61 | 31 | 28 | 21 | 141 | 8 |
| 전염병 | 192 | 160 | 207 | 119 | 678 | 5 |
| 그 외 | 1,015 | 1,014 | 1,127 | 1,260 | 4,416 | 15 |
| 계 | 4,201 | 4,026 | 4,324 | 3,565 | 16,116 | 145 |
| 인구 | 61,009 | 57,050 | 92,889 | 150,049 | 360,997 | 3,333 |
| 인구 1,000명에 대한 사망률 | 69 | 70.5 | 46.5 | 24 | 42.5 | 44 |

* 이 해 인구 1,000명에 대한 사망률이, 한국인과 일본인 영유아 사망률의 차이가 일본인 쪽이 높게 되어있으나, 1933년의 경우 한국인의 경우는 42, 일본인은 22로 되어, 한국인의 경우는 사망률이 약 2배였다. 1935년까지는 이러한 경향이 이어지고 있다. 1936년 숫자의 원인은 분명하지 않다.
* 전신병(全身病) 등의 내용은 도보(道報) 등에 게재되어 있으나, 현재 어떤 병에 해당할지는 명확하지 않다.
* 총계 등은 저자가 계산했다. 원 표는 한국인, 일본인 모두 남녀로 나누어져 있지만, 여기서는 남녀 합쳐서 집계했다.

한국 전체에서 공통적으로 소화기 병이 많았다. 소화가 잘 안 되는 식품이 원인으로 어린이뿐만 아니라, 성인 사망의 큰 원인이 되었다.

## 5. 강원도의 위생 환경

사람들의 생존에 위생 환경의 정비는 빠질 수 없는 조건 중 하나이다. 강원도에서의 위생 환경 정비가 어느 정도이며, 어떤 환경에 놓여 있었는지를 검증하고자 한다.

한국인의 사망률이나 생활에 있어서 위생 환경은 중요한 요소가 되었다. 원래 강원도는 수질이 좋은 식수로 유명했지만, 상하수도 설치는 인구 증가에 따라 필수 요건이 되었다. 수도는 1937년 시점에서는 춘천, 철원, 평강, 통천에 설치되었고, 다른 읍 등에는 없었다. 당시 농촌에서는 하천과 지하수 등의 이용이 중심이었고 수도 설치와 우물의 보급이 과제였다. 상수도 설치·이용은 진행되지 않았다. 춘천은 1924년, 평강은 1926년, 철원은 1932년, 통천은 1935년이었고, 이후에는 다른 지역에서도 계획되고 있었다. 강원도 전체로 보면 수도 설치는 이제 막 시작된 참이었다. 그러나 수도 이용을 둘러싸고 큰 문제가 있었다. 앞의 네 지역에서 수도를 이용하는 일본인과 한국인의 차이가 컸다. 〈표 3〉에 나타나 있듯이 수도 설비 이용의 차이는 컸다. 특히 도청소재지인 춘천에서의 차이가 컸다. 한국인은 불과 5%의 가구 수가 이용할 뿐이었다. 이용·설치, 요금 등에 관해 지금으로서는 명확하지 않지만, 이러한 위생 설비는 대부분의 한국인은 이용할 수 없었고, 실질적으로는 한국인 상층민의 이용이 대부분이었다고 생각한다.

또한, 이 자료에서는 우물, 자연수, 하수의 이용 가구 수, 우물의 수질 검사 상황 등을 조사했으나 여기에서는 생략했다.

이러한 상수도 정비와 함께 위생 환경을 유지하기에는 식품 위생의 유지도 중요한 과제여서 유통되는 음식물의 검사·단속도 그 나름대로 시행했다. 탁주·사과·명태 등에서부터 사이다 등 음료수까지 부패 등의 이유로 폐기되는 경우도 있었다. 일단 단속의 결과로서 숫자가 거론되고 있지만, 어떤 조사·집계 방법이었는지에 대해서는 명확하지 않아서, 여기에서는 다루지 않았다. 당시의 위생 행정 체제로 보아 부분적인 처리였다고 생각한다.

또한, 우유, 염소의 위생 검사에 대해서는 그런대로 검사·집계가 되고 있다. 소비자의 분석은 없지만, 일본인 이용이 많았던 것은 아닐까 생각한다.

이러한 검사 가운데 정비되고 있었던 것이 '도축장' 관리로 읍·면이 관리하고 있었다. 강원도 내에서 130곳이 지정되었다. 그 이후 관리가 강화되었다. 도축장에서는 소, 돼지가 대상이었고, 1936년 시점에 강원도 전체에서 소는 기술원 도살 수가 3,596마리, 경찰관 9,671마리, 돼지는 기술원 2,470마리, 경찰관 9,626마리에 달했다.[5] 이것을 어떻게 누가 소비했는지는 명확하지 않다. 위생적인 처리라는 관점에서만 작성되었기 때문이다.

---

5 기술원·경찰관은 각각 연수를 하고 있었다고 하지만, 경찰관의 경우 어떠한 일을 하고 있었는지 지금으로서는 명확하지 않다. 또한, 원 표에는 강원도 내 '도살장'별로 숫자가 통계로 정리되어 있다.

〈표 3〉 수도 보급률에서의 급수 차이(1936년 현재)

| 한국인과 일본인의 급수 비율 | | | |
|---|---|---|---|
| 급수 가호 수 | | 급수 인구 | |
| 일본인 | 한국인 | 일본인 | 한국인 |
| 춘천 | 78.3% | 5.0% | 68.3% | 5.7% |
| 평강 | 92.8% | 43.3% | 92.1% | 55.3% |
| 철원 | 55.9% | 9.1% | 73.2% | 10.3% |
| 통천 | 88.6% | 51.7% | 67.2% | 60.7% |

\* 원 표에는 급수지역 내의 인구, 급수 가호 수가 한국인·일본인별로 집계되고 있다.
인구 등은 급수 구역 내의 인구이다.
\* 수도 설비는 통천에서는 염소 살균 장치가 부착되고, 콘크리트로 만들어 안전한 물
공급이 고려되고 있다고 기록되어 있다. 여과·급수지(給水池)도 설치되었다.

묘지 제도에 관해서는, 일본은 화장을 중심으로 한 제도를 새롭게
도입했지만, 화장을 긍정적으로 생각하는 한국인은 거의 없었다. 조선
총독부는 화장을 지도했으나, 묘지가 아닌 곳에 매장하는 경우가 많았
다고 지적하고 있다. 강원도 내에 1936년 설치된 화장장은 10개소로
되어있었으나, '이것의 이용자도 주로 일본인에 국한된 것 같은 느낌이
다'라고 한 말 그대로였다. 일본인은 사유 묘지와 공동묘지를 포함해,
큰 면적을 사용하는 것이 '개발'의 장해가 된다고 인식해 묘지 정리를
진행했다. 또한, 자료에는 매장 인허가 구분 표가 있었다. 위생 환경이
라는 범주에서 주요한 문제인지 아닌지는 실태를 검증할 필요가 있을
것이다.

## 6. 의료 위생

의료 위생이란, 강원도 근대 병원의 설치와 이용에 대한 상황을 조사한 부분이다. 근대 서양 의학과 종래의 한방 의료의 관계, 민간 의료로서의 한의사, 서양 의사에 한국인은 진료를 받을 수 있었는지 등 한국인 농민의 위생, 생활과 깊이 관련되어 있다. 이 근대 병원과 한국인의 진료는 없는 것에 가까웠다는 황상익(黃尙翼)의 견해가 있으나, 실제 숫자적인 파악은 할 수 없었던 것 같다.[6]

이 시점에서 강원도에는 춘천, 강릉, 철원, 장전(공사 중) 4곳에 근대 병원이 설치되어 있었다. 이 가운데, 개업한 3개 병원에서는 어떠한 진료를 하고 있었을까.

이에 대해 요람에서는 다음과 같이 설명하고 있다.

'내과, 외과, 산부인과, 소아청소년과, 안과, 이비인후과, 피부과 및 치과, 약사 등과 서무과와 시료부(施療部)'가 있었다고 한다. 직원도 중요한 요소여서 '원장, 의관, 의원, 서기, 약제사, 촉탁(내용 불명-필자), 지방 간호부장, 고용원, 사무 고용인, 산파, 간호사, 기타 고용인' 등으로 되어 있다.[7] 병원마다 직원 수나 진료 과목은 달랐지만, 대체 진료가 시행되고 있었다.

또한, 3개의 도립 병원에는 의사가 9명, 의원이 7명이고, 그 밖에 약제사가 있었다고 한다. 의사 16명이 근무하고 있었다. 이 의사 수는

---

6  황상익, 「식민지 조선인의 사망 유형과 변천」(리쓰메이칸(立命館) 대학 『코리아 연구』
   3). 필자는 서울대학 의학부 인문의학교실 교수.
7  이 시기는 아니지만, 어떤 직원과 직종, 인원수에 관해서는 총독부 직원록에 상당히
   상세히 실려 있다.

나중에 언급할 민간 개업의와는 별도로 집계되었다.

여기서는 이 도립병원의 의료 제도와 한국인이 어떠한 관계에 있었
는지를 중심으로 검증하고자 한다.

강원 도립 춘천의원
(강원도 위생과 『강원도 위생 요람』 1937년 판. 수록)

〈표 4〉 도립 3개 병원의 한국인·일본인·외국인 환자 총수와 각 총인구와의 비교(1936년 말)

|  | 환자 수와 구분 |  | 강원도의 총 인구 | 비율 | 3개 군내의 인구 | 비율 |
|---|---|---|---|---|---|---|
| 일본인 | 보통 환자 | 45,690 | 15,109 | 3.02 | 5,204 | 8.779 |
|  | 시료 환자 | 65 |  | 0.004 |  | 0.01 |
|  | 계 | 45,755 |  | 3.02 |  | 8.796 |
| 한국인 | 보통 환자 | 45,161 | 1,513,276 | 0.03 | 274,670 | 0.16 |
|  | 시료 환자 | 16,568 |  | 0.01 |  | 0.06 |
|  | 계 | 61,729 |  | 0.04 |  | 0.224 |
| 외국인 | 보통 환자 | 45 | 776 | 0.057 | 259 | 0.173 |
|  | 시료 환자 | — |  |  |  |  |
|  | 계 | 45 |  |  |  |  |

| 총계 | 보통 환자 | 90,896 | 1,529,071 | 0,059 | 280,133 | 0,324 |
|---|---|---|---|---|---|---|
| | 시료 환자 | 16,633 | | 0,010 | | 0,059 |
| | | 107,529 | | 0,070 | | 0,383 |

* 환자 수는 내원자 수로 1회 진찰할 때마다 1명으로 계산한다.
* 3개 군내 인구란 도립병원이 존재한 춘천, 강릉, 철원의 3개 군이다.
* 시료환자란 진료비를 면제받는 환자 수라고 생각하는데, 요금이나 시스템의 상세한 것은 분명치 않다.
* 외국인은 중국인이 많았다고 생각하지만, 자세한 내용은 분명하지 않다.


### 1) 도립병원과 한국인 환자

### ① 도립병원 환자 수

도립병원 전체에서는 한국인 환자를 어느 정도 대상으로 하고 있었을까. 도립병원 전체에서는 전체 환자 중 한국인과 일본인을 구분해 3개 병원별로 1933년부터 1936년까지 매년 집계했다. 여기에서는 이 기간의 총계 중 1936년의 총계만을 소개했고, 다시 일본인 총수, 한국인 총수, 외국인 총수와 환자 총수의 비율을 〈표 4〉로 작성했다.

〈표 4〉에서 알 수 있는 것은 치료받은 한국인과 일본인의 인원수가 매우 크게 차이 나는 것이다. 강원도 21개 군을 포함해도 일본인 총인구의 약 3배에 해당하는 환자 수가 존재했다. 한국인 환자 수는 한국인 총인구의 4%밖에 안 된다. 도립병원이 있던 3개 군내에서의 일본인 인구에 대한 환자의 비율은 8.8배였다. 마찬가지로 군내 인구에 대한 한국인 환자 수의 비율은 0.2%밖에 되지 않는다. 같은 환자가 몇 차례나 진료받고 있기 때문에 실질적으로 진료를 받은 개별 환자 수는 더욱 적었다고 상정된다. 비교적 설비가 잘 갖추어졌던 도립병원에서의 한국인 환자 수는 극히 적었다고 할 수 있다. 한국인 환자가 적은 것은

높은 치료비, 거주 지역에서 원거리, 한국어가 통하지 않는 점 등의 요인이 있었다고 생각하는데, 이 자료에서는 밝힐 수 없다.

또한, 한국인과 일본인의 차이는 치료비를 지급하는 보통 환자와 치료비가 면제된 시료환자(施療患者)의 차이로 표현되어 있다. 일본인 시료환자는 겨우 65명에 불과했으나, 한국인은 16,568명이나 되었다. 시료 제도를 검토해보지 않으면 모르겠지만, 한국에는 시료를 받게 된 심각한 상황이 존재했었던 것 같다.

## ② 도립병원 순회 환자 수

도립병원에서는 순회 진료를 하고 있었으나, 순회 진료의 상세한 보고는 없다. 순회 진료의 경우도 한국인과 일본인, 외국인을 구분하고 있으나, 외국인의 진료 횟수가 적은 관계로 여기서는 다루지 않겠다.

도립 춘천병원에서는 순회 진료를 받은 환자 수를 기록했다. 1933~1936년까지, 1년에 12~18일간 순회 진료를 했다. 내용은 알 수 없지만, 이들이 진료한 한국인과 일본인 환자 수를 나타냈다. 환자는 모두 한국인이었고 매년 환자의 연인원수는 다르지만, 위의 4년간의 환자 수는 19,357명이다.

도립 강릉병원에서는 1933년과 1935년 2회 순회 진료가 시행되었다. 이때 일본인도 진료받았다. 1933년 일본인은 16명이 진료를 받았다. 한국인은 45명으로 연인원수는 12,506명이다. 1935년은 일본인 12명, 한국인 962명으로 연인원수는 8,099명이다. 모두 합한 총 연인원수는 12,506명이다.

도립 철원병원 순회 진료는 각 3년간 시행되고, 매년 모두 한국인이 압도적으로 많아서 연인원수는 14,655명이 된다.

연인원수는 분명하지 않으나, 순회 진료를 받은 이는 압도적으로 한국인이 많았다고 할 수 있다. 진료를 맡은 사람은 도립병원 의사로 근대 의학을 공부한 사람이었다고 생각되는데, 치료 내용 등에 관한 기록은 없다.

또한, 이 숫자는 〈표 4〉에 기록되어 있는 인원과는 다른 진료 인원수이다.

이러한 총독부의 시책을 배경으로 공중의와 개업의, 한의사, 산파, 간호사, 안마사, 뜸 술(구술, 灸術) 등으로 강원도 의료가 성립되었다.

### ③ 강원도의 의사와 치료자들

#### 공중의(公醫)

공중의는 각 도에 두었고 공중의 규칙·공중의 집무 수칙이 부령 등으로 정해져 있었다. 강원도에는 1937년 현재, 군 산하의 21개 군에 39명(그중 32명이 개업 의사)의 공중의가 배치되어 있었다. 배치 처, 학력, 성명 등이 일람으로 되어 있다. 확실하게 일본인이라고 알 수 있는 사람은 두 명뿐이다. 이름만으로 알 수 있는 사람은 36명으로, 한 명은 판단할 수 없지만 대부분이 한국인 의사이다.

한국인 의사 대부분은 의학전문학교를 졸업했다.

| | | | |
|---|---|---|---|
| 의학전문학교 | 27명 | 의사 시험 | 3명 |
| 총독부 의원 의과 졸업 | 2명 | 종래 면허 | 1명 |
| 제한 지역 개업 면허 | 6명 | 총 | 39명 |

학교는 세브란스 연합 의학전문학교, 평양 의학전문학교 졸업자가

많았고, 도쿄 의학전문학교 등의 졸업생도 있었다. 일본에서 유학하고
귀국한 사람도 있었다.

이 밖에 도에서 자체 예산으로 증원한 사람이 도 공중의였다. 강원
도 도 공중의는 6명이고, 그중 5명은 한국인, 1명은 일본인 의사였다.

### 공립 기관인 '산파'

출산 시에 산파의 관여 여부는 영유아 사망률과도 크게 관련이 있을
뿐만 아니라 모친이 출산 시 사망하는 일도 많아서 강원도의 평균 수명
을 내리는 결과를 초래했다. 공적인 산파의 존재가 필요했다고 생각하
지만 한국의 독자적인 산파 제도는 없었다. 새로 설치된 공립기관의
산파는 세 명밖에 되지 않았다. 전원 일본인으로, 산파 자격증을 취득
한 일본 국내의 각 현과 교토대학 의학부 양성소 출신이었다.

또한, 한국에서의 출산은 각 가정에서 이루어졌다. 가정 안에서 여
성 교육의 일부로 출산에 관한 교육이 실시되고 있었다. 출산 간호서가
남아 있다.[8]

이상이 도가 행정적으로 시행하던 위생 행정의 개요이다.

### 2) 민간 의료시설과 의료상황

이 『요람』에는 민간의 의료 활동에 관해서는 아주 간단히 기술했지
만, 한국인 민중 층에게 있어서는 중요한 의미를 지니고 있었다고 할
수 있다. 이런 실정에 관해서는 별도로 조사를 해보아야 하겠지만, 일

---

8 오사카의 다케다(武田)약품 주식회사 내에 있는 교우 쇼오쿠(杏雨書屋)에 소장된 미키
(三木)문고에 있다.

단 개요만이라도 소개해 두고자 한다.

### 개업의

1937년 9월 현재, 한국인 55명(그중 공중의 32명), 일본인 11명(도 공중의 1명 포함)으로 증가하고 있다. 또한, 『요람』에서 개업 의사는 '현저히 희박하다'라고 하며 개업의가 적은 것을 지적하고 있다.

### 제한 지역 개업의

벽지에서 일하게 된 의사는 31명(그중 공중의 5명, 도 공중의 5명)이었다. 의사가 없었던 지역에서 개업을 허가받았다. 한국인·일본인에 대한 구분은 없었으나, 한국인 의사가 많았다고 생각한다.

### 한의사

한의사는 근대 이전부터 한국인 의료의 큰 특징이고 민중에게 지지받고 있었다. 이 한의사를 의생(醫生)이라고 부른다. 한의사는 1937년 9월 현재 255명이 치료에 종사했다. 의사가 없는 곳에서 유일한 의료기관이었다. 『요람』에서 '충분한 의료상의 지식이 없기' 때문에 '때때로 위험한 방법'을 이용하고 있어서 교육이 필요하다고 했다. 일본인 한의사라는 것은 존재하지 않고, 모두 한국인이었다고 생각한다. 한의사도 사망진단서를 쓰는 것이 의무였다. 당시 한의사는 예전부터 사용한 텍스트인 『의문보감(醫門寶鑑)』(1928년 간행) 등을 참조해 이용했다.

### 치과 의사·의치 업자(기사로는 평가받지 못함)

치과 의사는 한국인 9명, 일본인 10명이었다.

의치 업자 한국인 11명, 일본인 7명이었다.

### 산파·간호사

공립 기관의 산파는 3명이었지만, 민간에서 영업하던 산파는 점차 증가하고 있었다. 그래서 한국인 산파 17명, 일본인 산파는 33명으로 50명이었는데, 출산 수로 보면 지나치게 적은 수준이었다고 할 수 있다. 간호사는 매우 적어서, 한국인 25명, 일본인 8명에 불과했다.

### 침 뜸·안마·종두

이 분야에 대해서는 종사하는 인원수만을 거론하고자 한다. 한의사가 하던 치료 행위와 구분이 명확하지 않으나, 한약의 사용 여부가 기준 중 하나일 것이다.

| | | |
|---|---|---|
| 안마 | 한국인 10명 | 일본인 5명 |
| 침 | 한국인 18명 | 일본인 3명(안마와 겸업) |
| 종두 | 340명 | 도의 강습회를 종료한 자 (한국인과 일본인 구분 없음) 강습은 1930년부터 시행 |

### 3) 의료 위생에서의 공중의 및 도 공중의의 의료

여기에서는 도립병원 이외에서 환자를 진료하던 한국인 환자 수와 일본인 환자 수를 비교해 보고자 한다.

〈표 5〉 도립병원 이외의 한국인·일본인별로 공중의·도 공중의 환자 수(1936년 현재)

| 한국인·일본인 총수 | 보통 환자 | | 시료 환자 | | 합계 | |
|---|---|---|---|---|---|---|
| | 한국인 | 일본인 | 한국인 | 일본인 | 한국인 | 일본인 |
| | 74,197 | 18,295 | 9,055 | 37 | 83,252 | 18,332 |
| 일본인 15,109에 대한 비율 | | 1.21 | | 0.0002 | | 1.21 |
| 한국인 1,513,276에 대한 비율 | 0.05 | | 0.01 | | 0.06 | |

\* 일부 반올림했다.
\* 원 표는 37개 지역별로 집계되고 있다.
\* 원 표는 외국인도 있지만, 소수이기 때문에 집계하지 않았다.
\* 또한, 원 표는 1933년부터 제작되었는데, 1936년분의 숫자만으로 했다.

　총독부가 인정한 공중의와 도 공중의가 배치되었던 곳은 1936년 현재, 강원도 내에서는 43개 읍·면이었다. 공중의의 설치장소는 1933년에 37개 읍·면이었으므로, 조금 증가했다고 할 수 있다. 여기에서 진료 받았던 환자 수는 〈표 5〉와 같다.

　본 표에 따라 한국인·일본인의 의료 기관 이용이 도립 병원과 큰 차이가 있었던 것은 뚜렷하다. 도립 병원의 일본인 진료 비율은 거주 인구의 3배나 되었다. 그러나 민간 개업의에게 받는 진료는 한 배 남짓의 진료 비율에 불과했다. 일본인 환자가 개업의에게 진료받는 비율은 낮았다. 이 진찰률의 차이는 무엇을 의미하는 것일까. 진료는 경제적인 이유가 기본이라고 생각하지만, 개업 공중의는 한국인 의사·일본인 의사의 차이가 반영된 것은 아니었을까? 민간 의사는 압도적으로 한국인 의사가 많았다.

　공중의·도 공중의들은 공중의 자격을 얻어 민간 의료 기관·의원 등을 개업해 진료에 임하고 있었다. 이 한국인 의사의 병원에 한국인이

통원 치료했었다고 생각한다. 일본인 의사가 어느 정도 한국어를 이해
했었는지는 조사되지 않았다.

〈표 6〉 강원도의 의사·한의사 수와 평균 담당 인구(1937년 9월 10일 현재)

| | 의사 수 | 제한 지역 개업의 | 의사 계 | 1인당 평균 담당 인구 | 한의사 | 1인당 평균 담당 인구 |
|---|---|---|---|---|---|---|
| 한국인 의사 | 54 | 27 | 81 | | 255 | |
| | | | | 15,764 | | 5,996 |
| 일본인 의사 | 11 | 4 | 15 | | | |

* 1인당 인구는 한국인·일본인 의사를 합한 숫자.
* 군에는 모두 의사가 있었다. 일본인 의사는 춘천 1, 고성 1, 강릉 2, 삼척 2, 영월 2, 홍천 1, 평강 2, 7개 군에 있었다. 나머지 14개 군은 모두 한국인에 의해 의료 활동이 행해졌다. 이 밖에 한국인 현지 개업의와 일본인 현지 개업의가 있었다.
* 한의사(醫生)는 모든 군에 있었다. 한의사가 가장 많은 곳은 강릉군의 26명이고 최저는 정선군의 4명이다. 합해서 255명이었다.

한국인 진찰률은 도립병원보다 높았는데, 그래도 개업의에 대한 한
국인의 진찰률은 한국인 총인구에 비해 극히 낮은 수준이었던 것을 확
인할 수 있다. 이른바 근대 의료 교육을 받은 개업의에게 가서 진찰을
받은 한국인은 0.06%에 지나지 않았다.

그리고 강원도 21개 군의 의사·한의사 수와 1인 평균 담당 인구 총
계에 대해서는 〈표 6〉을 참고하기 바란다. 군별로 검증해야 하지만 여
기에서는 군 총계만 검증해 둔다. 또한, 전혀 의사가 없던 군은 없다.

도립병원 의사는 16명으로, 도립병원 이외의 의사들 96명과 합해서
112명의 의사가 환자의 치료를 맡고 있었다.[9]

9 도 공중의가 지정되었고 6명의 예산이 계상(計上)되었는데, 이 6명이 도의 의사로서
계상되고 있는지는 확인할 수 없다. 이를 포함한다면 강원도에서는 1937년 전후에는

한의사는 한방 치료를 주로 했으며, 다양한 치료를 시도했다고 생각
한다. 조선 시대 이래로 치료해 온 전통이 있어 민중에게 도움이 되는
의료 기관이었다. 그러나 이 자료에서는 어느 정도의 의료 행위가 이뤄
졌는지, 환자 수 등에 관해서는 전혀 거론되지 않았다. 255명이라는
한의사 수로 보아 상당한 수의 환자가 치료받고 있었던 것 같다. 이
자료에서 일본인은 한의사에게 치료를 받지 않았다. 한의사의 치료 내
용에 대해서는 이후의 과제로 하고 싶다.

또한, 치과 의사는 일본인 10명, 한국인 9명, 산파 일본인 31명, 한
국인 16명이 있었다. 틀니, 안마, 뜸 술, 침술 등의 수는 생략했다.

〈표 7〉 강원도 의료 기관의 설치 상황(1937년 9월 현재)

| 총 읍면 수 | 의사 개업 상황 | | 한의사 개업 상황 | |
|---|---|---|---|---|
| | 있음 | 없음 | 있음 | 없음 |
| 176 | 67 | 109 | 154 | 22 |

* 이 1937년 시점에서의 읍·면 수는 5읍 171면이다.
* 읍·면의 하위 조직으로 리가 존재했으나 집계하지 않음.
* 침대 여부, 의료 기구 조사는 행해지지 않았다고 생각한다.

### 4) 강원도 의료 기관 수와 진료자

다음으로 강원도 내에는 치료를 담당한 3개의 도립병원 이외에 의료
기관이 어느 정도 존재했는지 살펴보자. 주로 읍·면에 어느 정도의 의
료 기관이 존재했었는지에 대해 〈표 7〉을 보자.

이 의료 기관 중, 의사가 개업한 곳은 읍면의 절반 남짓으로, 장소까

---

112명의 의사와 255명의 전통적인 한의사에 의해 유지되었다고 생각한다.

지는 특정할 수 없지만, 읍에는 대부분 의사나 한의사가 있는 의료 기
관이 있었으며, 면에는 적었다고 생각한다.[10] 특히 한의사의 비율이 높
아 의사가 있던 곳은 40%의 읍뿐이었다. 이것이 한국의 도 전체 가운
데 어느 순위로 매겨지게 될지는 앞으로의 과제로 삼겠다.

이 조사 『요람』에서는 의료 체제의 문제로서, 의료 제도의 혜택을
누릴 수 없는 많은 사람을 사례를 들어 지적하고 있다.

### 5) 의사·한의사의 치료 없이 사망한 사람의 수

이러한 숫자는 타도에서도 조사되지 않고 있었다고 생각하여, 여기
에서는 보고서 해설 부분의 원문을 인용해 두고 싶다.

〈표 8〉 의사·한의사의 진료를 받지 못하고 사망한 사람의 수

| | |
|---|---|
| 검안서에 의해 매장 인가증을 받은 자 중 의료를 받지 않은 경우의 예상 수 | 1,826 |
| 검시 조서에 의해 매장 인가증을 받은 자 중 의료를 받지 않은 경우의 예상 수 | 1,128 |
| 경찰관, 구장, 이웃의 증명에 의해 매장 인가증을 받은 자 중 의료를 받지 않은 경우의 예상 수 | 4,885 |
| 계 | 7,839 |
| 사망자 총수 | 35,071 |
| 전체 사망자에 대한 백분율(치료를 받지 않고 사망한 사람의 비율) | 22% |

\* 이 표에서 '일본인은 해당 없음'이라고 한 것을 보면, 일본인은 모두 의사의 진료를 받고
있었다.
\* 한국인·일본인이 사망한 경우는 매·화장(埋火葬) 인가(認可), 사망의 경우는 경찰·읍면
에 신고해야 했는데, 제도 자체의 이해를 충분히 숙지하지 못했다. 영유아 사망은 출생
신고를 하지 않은 상태에서 사망한 경우 등은 통계에 나타나지 않았다. 사망률 자체가
약간 어림잡은 숫자다.

---

10 의료 기관별로 연락, 의사회의 존재에 관해서는 명확하지는 않다. 의사회사(醫師會史)
등의 존재는 조사할 수 없다.

\* 사망 이전 어느 시기에 의사·한의사에게 진료 받았는지 등에 관한 조사 방법은 명확하지 않다.


  1936년 중, 강원도 내의 사망자 35,071명에 관해서, 생전에 전혀 의사나 한의사의 치료를 받지 못하고 사망한 사람의 수를 조사하니, 무려 7,839명으로 22%를 차지했다. 즉 총사망자의 5분의 1이었다. 빈곤 때문에 치료받지 못하는 사람도 있었을 것이고, 의사 보급이 충분하지 못해 적당한 치료를 받지 못하고 사망한 사람도 다수였을 것이다. 이런 가슴 아픈 수치에서 봤을 때 한국에서 의료 기관 보급과 더불어 시료 방법을 철저해야 한다는 것을 통감하는 바이다.

  즉 전체 사망자의 5분의 1이 의사, 한의사에게 진료를 받지 못하고 사망했다고 지적하고 있다. 이것이 어느 정도 정확한 숫자인지는 검토해야만 하지만, 근거가 되는 숫자는 〈표 8〉과 같다.

  이 숫자는 '예상 수'라고 했듯이 명확한 사인도 모르고, 의사에게 진료를 받지도 못했던 사람을 예상한 숫자이다. 정확하다고 할 수 없는 숫자이지만, 한국인이 의사에게 진료를 받은 숫자는 인구와 대비해 극히 낮은 수준이었다는 것은 여러 표를 보면 명백하다. 여기서 22%라는 숫자는 극히 낮은 숫자라고 하지 않을 수 없다. 더욱더 검증하지 않으면 안 될 것이다. 그러나 도의 공식적인 통계 기록으로서 5분의 1의 사망자가 의사·한의사에게 진료를 받지 못하고 사망했다는 것을 지적한 것은 중요하다고 생각한다.

  또한, 의사·한의사에게서 검시 받았다고 하지만, 특히 의사의 2배인 255명의 한의사가 의사로서 사망자 수를 판정하는 일을 맡고 있었다. 한국인 농민의 대부분은 한의사들이 검시했던 것 같다.

이런 사태가 발생한 것은 여기서도 지적하고 있지만, 의사의 진료를 받을 수 없는 농민 생활의 실상이 있었기 때문이다. 의사·한의사가 어느 정도의 치료와 진찰료였는지는 새로운 연구가 필요하지만, 이 정도의 진찰도 받을 수 없었던 것이 농민 생활의 본 모습이었다고 생각한다.

## 7. 결론

이 『강원도 위생 요람』 자료에서 보이는 것은, 일부 상층 농민과 지주층인 한국인은 근대 의료 혜택을 누릴 수 있었으나, 대부분의 소작 농민과 빈농 층, 화전민 등에게는 무관했음을 보여준다. 한국인 시료 환자가 많았던 것을 보면, 실질적으로 진료비를 지불할 수 있었던 사람은 소수였다. 대부분의 농민은 근대 의료가 미치지 않는 곳에 있다가 사망할 때조차 전혀 의료 기관과 연고가 없는 곳에서 사망한 사람들이 전체 사망자의 5분의 1이나 되었다. 여기에다 한의사가 진료한 경우를 더하게 된다면 그 비율은 더욱 높았을 것이다. 한국인 인구의 대부분을 차지했던 소작 농민·농업 노동자에게 있어서 근대 의료에 대해 말한다면 전혀 없었다고 해도 될 정도로 무관했다고 할 수 있다. 한편 진찰률에서 본다면 일본인은 매우 혜택을 누리고 있었다. 시료 제도를 이용했던 일본인의 수가 적은 것이 그것을 상징하고 있다. 또한, 일본인은 근대 의학을 배운 의사에게 진료를 받았다. 이 의료 제도가 식민지의 근대를 상징하는 것이라고 할 수 있을 것이다.

강원도의 의료 체제와 한국인 진료 상황의 전제가 되는 숫자를 검토했다. 이는 관청 측에서 본 것으로, 의료비 문제나 실제 질병의 실태 등은 분명치 않다. 향후의 과제로 삼고 싶다.

(부기)

남아 있는 『강원도보』 1937년 4월 15일 자에는 한국인·일본인 사망자의 병명별 통계가 게재되어 있다. 이후의 과제로 하고 싶다.

또, 여기에서 사용한 『강원도 위생 요람』은 이형랑(李燊娘) 씨가 수집한 자료를 제공받았다. 글로써 감사드리고 싶다.

또한, 여기에서 사용한 '도축장(屠場)', '산파(産婆)', '간호사(看護婦)' 등의 용어는 역사용어로서 그대로 사용했다.

# 제5장

# 조선총독부의 마약정책과 한국인 마약 환자

## 1. 서론

일본의 식민 지배에 관해서는 농업 지배나 강제동원 등을 논의하는 경우가 많지만, 조선총독부가 추진한 양귀비(罌粟) 재배와 마약 생산에 관해서는 그다지 언급되지 않고 있다. 양귀비 재배와 마약 생산을 총독부가 일관되게 관리했다. 이 때문에 한국 내에서도 마약 환자가 증가했으며 한국 민중에게 피해를 주었다. 이런 상황도 현재 규명되지 않은 점이 많다.

조선총독부의 마약정책과 아편 생산에 대해 정리가 잘 된 논문으로는 나가타 긴야(長田欣也)의 연구[1]가 있다. 논문에서는 한국에서 마약 전매제

---

1 나가타 긴야(長田欣也), 「식민지 조선에서의 아편 생산」(『와세다 대학 대학원 문학 연구과 기요(紀要)』 별책 제20집, 1993). 한국에서의 아편 생산을 총괄적으로 다룬 논문. 각 도의 생산, 관계 농민 수 등을 패전까지 다루고 있다. 생산 개요는 이것을 참조하기 바란다. 또한, 기본 자료로는 조선총독부『조선전매사』(1936년 간행)가 있다. 한국에서의 생산과 마약 정제 과정 등은 1934년까지는 이 책이 상세하다.
또한, 한국에서 식민지 시대 마약 생산에 관한 저작·논문은 발견할 수 없었지만, 몽골 지역의 마약 생산에 관한 논문은 있다. 북한의 연구는 확실하지 않다.

시행 이후, 특히 15년 전쟁(1931년 만주사변에서 1945년 패전에 이르는 일련의 전쟁을 일본에서 지칭하는 표현-역자) 하의 마약 생산 개황에 관해 검토했고, 한국 전체 재배면적, 관련 농민 수와 아편 생산의 실제 수 등에 대해 검증했다. 자료는 제국의회 설명 자료와 『조선전매사(朝鮮專賣史)』 등을 사용했다.

이러한 연구를 전제로, 이 글에서는 마약 생산 자료가 극히 적은 상황 속에서 새롭게 공개된 동양척식주식회사 자료[2]에 근거해, 구체적인 생산 상황 보고를 통해 생산 실태를 밝히고자 한다. 또한, 한국 전체에 마약 생산이 할당되어 생산이 강요된 가운데, 일부가 한국 사회 속으로 유출되어 농민에게 실제적인 해를 끼쳤다. 그래서 이에 대해 강원도와 경기도가 작성한 도 위생 요람의 경찰 단속 내용에서 몇 개를 거론해 한국 농민이 입은 피해를 밝히고자 한다. 이 작업으로 식민지 한국 농민 지배의 한 측면을 밝히는 것이 본 글의 과제이다.

## 2. 한국의 마약 생산 개요와 단속

한국에서 양귀비는 전통적으로 한방약으로 사용하는 의약용이었다고 생각한다. 아편에 의한 중독도 확인할 수 있다. 그러나 한국병합 이전의 생산과 이용 상황을 통계적으로 정확하게 알기는 어렵다. 1910년 이후에도 아편 중독자가 존재했고 점차 양귀비 재배도 이루어졌다. 이

---

2 동양척식회사 『업무 관계 잡서류』 1936~1945년(자료번호 2127, 국립공문서 관장)에 다른 잡서류와 함께, 일부 양귀비 재배 기록이 보존되어 있다. 동양척식회사가 양귀비 재배를 받아들인 경과, 그 후 각 지점에서의 생산 상황 보고 등의 기록이다. 특히 처음 에는 생산이 실패로 끝난 것이 명확하게 나타났다.

러한 사태를 배경으로 환자 수도 증가해 1922년에 1,500명이었던 환자 수가 1933년 말에는 4,628명이나 되었다.[3]

여기에서는 식민지 지배하에 조선총독부가 공포한 마약단속령 시행 시기 전후와 단속령의 역할을 중심으로 개요를 논하고자 한다.

한국에서는 한국병합 후 중국으로부터 밀수입을 했고, 그 후에는 제 1차 대전 중에 비합법적으로 평안북도, 함경북도의 국경을 따라서 생산되었다. 이 비합법적인 생산은 경기도 등에도 확산되었다. 『조선전매사』에 의하면 생산은 그 후 합법적으로 혹은 비합법적으로 한국 남부까지 확대되었다.

## 1) 조선마약단속령 전후

마약 생산과 이용이 증가하는 가운데 중독자가 많아진 것을 배경으로 1919년 6월에 조선아편단속령과 시행규칙이 제정되었다. 관리는 총독부 재무국이 하고 있었는데, 1921년에 전매국 편제의 시행과 함께 전매국이 관리하게 되었다.

그 후 단속령과 시행규칙은 1925년에 일부 개정되었다. 주목되는 것은 1919년 아편단속령으로 한국 양귀비 재배구역이 지정된 것이다. 이 지정지는 산촌지구를 중심으로 경기도 내 7군의 20면, 충청북도 내 5군의 17면, 전라북도 내 3군의 10면, 황해도 내 10군의 28면, 강원도 내

---

3 이 장의 한국에서 마약 생산 개요에 대해서는 마약 단속령 제정을 위해 작성된 조선총독부 우가키 가즈시게(宇垣一成)가 당시 내각총리대신 오카다 게이스케(岡田啓介)에게 제출한 「조선마약단속령 제정의 건」에 따른다. 아래의 숫자·표는 이 자료에 따른다. 『일본 위생 법규 관계 잡건 외지 관계』 1935~1937년(Ⅰ-52 외무성 외교 사료관 소장)에 따른다.

6군의 10면으로 총면적은 350정보에 달했다. 재배 허가 지역과 면적은 그 후에도 확대되었다. 1934년의 실제 재배면적은 2,196정보로 되어있었다. 수납량은 같은 해에 11,338관(1관은 3.75kg-역자)에나 달했다. 양귀비의 재배는 공인된 것이었다.

그 후 조선마약단속령이 공포된 것은 1935년 4월 25일이었다. 이 법령은 마약의 생산, 수출입을 포함한 유통, 소비, 처벌의 전반적인 관리를 목표로 했고, 양귀비 생산을 위해 전체 17조의 법령이 시행되었다. 그 특징으로는 모든 권한이 조선총독부에 있고, 총독부가 강력한 관리권을 갖고 있다는 점이다.

총독부는 전매제를 취함으로써, 소금 전매 등과 함께 막대한 이익을 산출하는 마약 관리와 생산 관리권을 수중에 넣은 것이다. 또한, 이 법령에는 지금까지와 비교하면 현격히 엄격한 벌칙 규정이 있었다. 5년 이하의 징역, 5,000엔 이하의 벌금 등을 정한 것이다. 사용에 관해서도 규정하고 있다. 이는 마약 환자를 숨긴다기보다는, 자유로운 거래를 허용하지 않고 엄격한 통제 속에서 이익을 내기 위한 벌칙 규정이기도 했다.

한국에서의 마약 중독환자 증가가 단속령의 배경이라고 설명되고 있으나, 실제로는 마약 생산의 거래 증대와 그 통제의 필요성이 배경에 있었다. 한국 내 유통에 대해서는 명확하지 않은 점이 많지만, 환자 수에서 보면 생산량의 극히 일부가 비합법적으로 한국인 사회로 유출되었다고 볼 수 있다.

또한,『조선전매사』에는 모르핀 중독자 수에 대해 해마다 비교해 놓은 비교표가 있는데 생략했다. 마약 관리는 각 도 경찰에 의해 엄격히 관리되고 있었다. 이하에서 이 시기의 마약 생산의 개요에 관해 논하겠다.

## 2) 한국의 마약 생산·소비 상황

한국에서의 마약 생산은 원료인 양귀비 재배에 기초한 모르핀과 헤로인이었다. 이 생산의 최대 기업은 조선총독부 전매국이었다. 그 외의 곳은 인정받지 못했다. 1931~1933년까지의 모르핀과 헤로인을 합한 생산량은 〈표 1〉과 같다. 모르핀과 헤로인 생산량 비교에서는 모르핀 쪽이 많았다. 1933년에는 500톤이 넘는 생산량이었다. 또한, 1932년 생산량이 감소한 것은 기후에 따른 것으로 생각한다.

〈표 1〉 조선총독부 전매국의 마약 생산량

| 연대 | 마약 생산량(t) |
|------|---------------|
| 1931년 | 436.629 |
| 1932년 | 388.749 |
| 1933년 | 514.380 |

* 출처는 1935~1937년『일본 위생 법규 관계 잡건 외지 관계(本邦衛生法規關係雜件外地關係)』일본 외무성 외교자료관 소장에 의한다.
* 원 표에는 모르핀·헤로인 생산량 구분이 있는데 생략했다.

## 3) 민간에서의 마약 취급량

마약은 전매국이 취급하여 민간 회사 등은 생산과 관계가 없었던 것 같다. 민간소비에 관해서는 〈표 2〉에 나타나 있다. 이는 치료용 주사액 으로나, 한방약으로 이용된 통계처리에 그치고 있다. 다만 이 양으로는 한국 전체의 민간 치료를 위한 한방 이용으로는 충분하지 못했다고 할 수 있다.

한국에서 마약을 사용할 수 있는 의사는 1933년 시점에서 2,397명, 한의사는 4,267명, 치과 의사 605명, 수의사 823명, 약사 308명, 약종상 1,110명, 제조자 44명이었다. 당시 도립 병원은 37개, 부·읍이 세운 병원 10개였다. 이들 시설에서 약용으로 사용된 것 같다.

민간에 있어서 마약류 제조업자로는 약사 2명과 제약사 1명이 존재할 뿐이었다. 숫자의 출처는 앞에 게재된 〈표 1〉 자료에 의한다.

〈표 2〉 한국의 민간 마약 제조 수량

| 연대 | 마약 제조 수량 |
|------|----------------|
| 1931년 | 1,554g(폴리카인(polycaine)) |
| 1932년 | 1,955관(管, 모르핀 주사액) |
| | 270g(폴리카인) |
| 1933년 | 2,480관(管, 모르핀 주사액) |
| | 8,600g(폴리카인 드-푸루) |
| | 그 외 제품이 있다 |

* 제품명은 자료 그대로 했다.

### 4) 한국에서 마약 제품 소비 수량

한국에서의 모르핀, 코카인 등의 제품량이 어떠했었는지에 대해 살펴보면 〈표 3〉과 같다.

〈표 3〉 한국의 마약류 제품 소비 수량 표

| 연대 | 마약 생산량(t) |
|------|----------------|
| 1931년 | 377.167 |
| 1932년 | 393.004 |
| 1933년 | 403.936 |

* 원 표는 모르핀, 코카인 등으로 분류되어 있는데 여기에서는 총계만으로 했다.
* 출처는 앞에 게재된 〈표 1〉 자료에 의한다.

〈표 4〉 마약류 수출과 반출 수량 표(단위 g)

| 연대 | 수출 | 반출 | 계 |
|---|---|---|---|
| 1931년 | 748.9 | 5.8 | 754.7 |
| 1932년 | 404.9 | 708.6 | 1,113.5 |
| 1933년 | 1,306.8 | 13.2 | 1,320.0 |

* 출처는 앞에 게재된 〈표 1〉 자료에 의한다.

## 5) 한국에서 마약의 수출과 반출

한국에서 생산된 마약은 일본에 반출되고 만주 등으로 수출되었다. 모르핀과 코카인으로 제조된 것이 중심이었다. 〈표 4〉는 이 시기의 수출과 반출량을 나타내고 있다. 이는 전매국의 공식 통계로 실제 수량, 즉 밀수출이나 반입은 포함되지 않았다.

마약의 반출·수출 상황에 대해서는 전쟁이 확대되어 가는 가운데 조선총독부의 요청으로 중국에 제공하기 위해 생산이 확대되던 전 단계의 상황이다. 1933년 시점에서 '만주국 관동지구'에 수출하고 있던 양은 모르핀, 헤로인 등 1,306.8g이었다.

## 6) 한국에서 마약 중독자수

〈표 5〉 한국에서 마약중독 환자 수 총계

| 1922년 | 1,570명 | 1926년 | 3,942명 |
|---|---|---|---|
| 1923년 | 1,789명 | 1927년 | 5,370명 |
| 1924년 | — | 1928년 | 4,159명 |
| 1925년 | 2,760명 | 1929년 | 3,515명 |

| 1930년 | 5,054명 | 1932년 | 4,044명 |
| 1931년 | 3,778명 | 1933년 | 4,628명 |

* 1924년은 원 표 공란, 주에서 조사하지 않았다고 되어있다.
* 원 표는 한국 13도 별, 최다는 전라남도, 최소는 강원도이다. 중독자는 약을 구하러 이동 하는 경향이 있다고 지적하고 있다.
* 자료출처는 〈표 1〉과 같다. 『조선전매사』의 숫자와는 다르다.

이상과 같은 마약의 생산과 소비 상황 속에서 한국 민중 내의 마약 중독자 수가 확대되어 갔다. 이 증가의 요인은 중국으로부터의 밀수입 을 포함해 검토되어야 하지만, 어느 산지의 마약이 사용되었는지의 실 태를 나타내는 자료는 발견되지 않았다. 또한, 총량 등은 불분명하지만, 일본으로부터 한국인 환자 증가의 요인이 된 밀반출이 행해지고 있었다. 〈표 5〉는 1922년부터 1933년까지의 한국 중독자 수로 최고 5,370명이 었다. 1920년대 1,500명대에서 점차 중독자가 많아지는 상황이 확실히 보인다.

여기에서는 한국에서의 매년 중독자 수에 관해서만 확인하고자 한 다. 단, 이 숫자는 당국이 파악한 숫자로서, 실제로는 더욱더 많았다고 생각한다. 한국에서 마약중독 환자가 되는 계기는 의사에게 질병의 진 통제로 처방받아 사용하는 경우 등이 있었다.

또한, 한국에서 마약중독 환자의 환자 수, 마약에 관련된 수형자 수 등의 통계적인 연구에 관해서는 경성제국대학 신경과, 정신과 교수 구 보 기요지(久保喜代二), 정신과 조수 미쓰노부 미유키(光信幸)의 「조선에서 의 마약중독에 관한 연구」(『조선의학회 잡지』 30-7·8, 30-10, 1940년 8월, 10월호)에 법적인 측면을 포함한 논문이 있다. 사용된 자료 연대는 1931 년이다. 구보는 마약중독 환자에 대한 몇 편의 논문을 발표했다.

## 7) 일본에서 한국으로의 마약 밀수출

한국에서 마약의 생산은 많은 중독환자를 낳았다. 이것이 한국 사회나 민중에게 큰 악영향을 끼친 것에 대해, 지금까지는 전적으로 중국으로부터의 수입에 의한 영향이라고 여겨져 왔으나, 우선 실태 파악을 범죄를 적발한 조선총독부 사례부터 생각해 보고자 한다. 조선총독부가 적발한 실태가 기록된 자료에서는 의외의 결과가 보인다. 그것은 〈표 6〉에 나타나 있다. 그 사례는 중요하다고 판단한 사건만 거론하고 있다. 그 밖에도 소규모의 밀반출 사례가 존재했다고 생각되지만, 중국으로부터의 밀수는 대련(大連)과 간도(間島)뿐이고, 나머지는 모두 일본 국내, 그것도 오사카에서의 밀수이다.

〈표 6〉에서 파악할 수 있는 것은 아래의 사항들이다.

1. 이 시기 한국으로의 마약 밀반출은 일본 국내, 즉 오사카가 중심이었다. 중국만이 아니었음이 분명하다. 일본이 마약 반출의 거점이었다.
2. 밀반입지는 일본과의 선편이 활발했던 항구가 중심이었고 목포, 군산 등은 쌀 반출지였다.
3. 관련된 인원수가 많은 것에서 거래량 규모가 컸다고 추측할 수 있다. 오사카에서의 거래는 한국인과 일본인이 함께 연관되었던 사례가 많다. 마약의 입수는 일본인이 대부분이었던 것 같다.

〈표 6〉 한국에서의 마약 부정 거래의 중요 범죄 조사 건수 표

| 1930년 | 7 | 32 | 오사카 6 | 목포 2 | 위와 같음 |
|---|---|---|---|---|---|
| | | | 간도 1 | 웅기 1 | |
| | | | | 전라북도 1 | |
| | | | | 전라남도 1 | |
| | | | | 서울 2 | |
| 1931년 | 4 | 24 | 오사카 3 | 서울 2 | 위와 같음 |
| | | | 오사카·<br>고베 1 | 군산 1 | |
| | | | | 부산 1 | |
| 1932년 | 2 | 20 | 오사카 1 | 전라남도 1 | 위와 같음 |
| | | | 대련 1<br>서울 1 | | |
| 1933년 | 5 | 21 | 오사카 4 | 부산 2 | 위와 같음 |
| | | | 일본 1 | 군산 2 | |
| | | | | 목포 1 | |

\* 간도는 한반도에 인접한 중국 동북지구이다.
\* 검거자는 한국인과 일본인의 성명이 모두 기록되어 있으나, 비율 등은 정확하게 계산할
  수 없기 때문에 게재하지 않았다. 품명을 올린 것은 바로 사용할 수 있는 양귀비로 제조
  된 제품임을 나타내기 위해서였다. 밀반출 수량은 기록되어 있지만 생략했다.
\* 출처는 〈표 1〉과 같다.


어째서 오사카가 한국으로 마약을 반출하는 중심지가 되었을까. 오
사카와 와카야마(和歌山)가 일본의 마약 생산지여서, 그곳에서 생산되
던 양귀비와 제품이 밀반출되었다고 여겨진다.[4] 일본에서 마약 소비는

---

4 오사카 등 일본에서의 전쟁 전 마약 생산에 대해서는 니탄오사 나카바(二反長半), 『전쟁
  과 일본 아편사 – 아편 왕 니탄초 오토조(二反長音藏)의 생애』(스바루쇼보, 1977), 구라
  하시 마사나오(倉橋 正直) 「전시 중의 아편 증산계획–와카야마(和歌山)현과 오사카부의

인도·터키에서 수입한 것이라고 되어있는데, 전쟁이 확대됨에 따라 수입이 중단되었다. 이와 함께 일본 국내에서도 각지에서 마약 생산이 시행되었다. 특히 전시 하에는 각 부·현에 할당했을 뿐만 아니라 학생까지 동원해 생산을 확대했다.

기본적으로 조선총독부 지배가 시작되고 나서 일시적인 변동이 있었지만, 일관되게 마약 제조를 확대했고 마약에 따른 한국인 환자도 증가했다고 할 수 있다.

그러나 이러한 한국의 마약 생산 관계에 중요한 변화를 가져온 것은 중일전쟁의 시작이었다.

## 3. 중일전쟁의 발발과 동양척식회사의 마약 생산 확대

1937년 7월에 중일전쟁이 확대되어 전쟁비용이 부담되기 시작했다. 군(軍)은 특히 자금이 필요하게 되어 조직적인 조달을 압박받았다. 이 해결책의 하나가 마약 생산이었다. 이에 군은 한국에서 마약 생산 관리자였던 총독부 전매국에 극비로 마약 생산 확대를 의뢰했다. 총독부 전매국은 이에 한국 최대의 지주였던 동양척식회사에게 생산의 일부를 의뢰했다. 동양척식회사는 군이 배경에 있는 국책 기업으로 총독부를 통한 의뢰를 거절할 수 없어 양귀비 생산을 시작했다. 동양척식회사는 각 지점의 소작 농민에게 할당해 생산했다.

---

경우」(『아이치(愛知) 현립 대학 외국어학부 기요』 38호, 2006), 동 「전시 하, 아편 증산 운동의 전국적 전개」(상동, 39호, 2007)가 개요를 파악하는 데 참고가 된다. 또한, 일본 국내에서의 재일 한국인과 마약 관계에 대해서는 다음 기회에 논하고자 한다.

물론 동양척식회사 이외에도 위탁 재배를 하고 있었지만, '극비' 취급 이었기 때문에 이를 밝힐 수 있는 자료를 발견할 수 없다. 도·군을 통하고, 각지의 지주를 통해서, 경찰이 관여해 생산을 관리했다고 추정된다.

아래에서 동양척식회사 측의 자료[5]에서 생산 실태를 밝히고자 한다.

### 1) 조선총독부 전매국에서 동양척식회사로의 의뢰와 생산 개시

1938년 10월 14일, 조선총독부 전매국 제조 과장이 동양척식회사를 방문해 아편 재배에 관한 '비밀 교섭을 했다'라는 기록이 있다. 교섭의 이유를 '본건은 만주국 치안 공작 상, 해당 지대에서의 재배 금지 방책에 기인했다. 이에 대체지인 한국에 서둘러 공급을 요구해, 공급이 성립되었다. 시험적 재배지였던 함경 남북도에서의 성적이 양호했는데, 두 도에서 생산한 것만으로는 부족해서, 이번에 처음으로 한반도 남부 지역으로 확장할 필요가 생겼기'(원문 가타카나) 때문에 의뢰한 것이라고 되어 있다.

동양척식회사는 의뢰를 받은 직후인 1938년도부터 시험적으로 100 정보에 재배를 시작했다. 장소는 김해, 밀양, 고성(固城), 수산(守山) 4개 소에 시행했다. 이를 실시한 이유는,

---

5  주 2)에서 다룬 『업무 관계 잡서류』에 의한다. 이 자료는 본점과 각 지점의 왕복 문서 철이지만, 현재 이 문서 외에는 발견되고 있지 않다. 다음 문서의 인용은 모두 이 부책(簿冊)에서의 인용이다. 단, 양귀비 재배에 관한 짧은 방침이 동양척식주식회사 자료 『토지 관리 및 식산』(1866 문서)의 1940년 2월 22일 자 문서 「양귀비 재배에 관한 건」에 있다. 1941년도에 계속해서 재배를 떠맡게 된 이유를 설명하고 있다. 국가적 요청 등의 이유를 들고 있다. 패전까지 계속해서 재배가 이루어졌다고 생각되는 문서이다.

1. 재배 기간이 12~6월로 여성 노동력을 활용할 수 있다.
2. 채산이 맞는다.
3. 소작인에게도 이익이 된다. 전매의 장점이 있다.
4. 대금 지급을 8·9월에 한다.(늦다)

라는 점을 들고 있다. 그러나 동양척식회사에게는 이익이 되는 사업이
었지만, 농민들에게는 별개의 문제였다.

이러한 시험적인 경과를 거쳐 동양척식회사는 생산을 확대해 갔다.
1939년 각 지점에서 시행한 상세한 재배상황 보고가 있다. 이에 따르면
논뒷그루(水田裏作, 뒷갈이)로 285정보, 밭 200정보, 총 485정보에 달하고
있었다. 지점별로 보면 부산, 대구, 목포, 익산(裡里), 대전(太田), 서울,
사리원, 신계 농장(황해도 신계에 있던 동양척식회사의 농장-역자) 등으로 나
누어 생산 활동을 했다.

전시 하에 한국의 농업생산은 많은 과제를 안고 있었다. 식량 부족
으로 인해 농업 생산 확대가 요구됐지만, 한국 내외로의 강제동원 등으
로 노동력이 부족했다. 이러한 심각한 상황 속에서 양귀비 재배가 시행
된 것이다. 게다가 매년 재배 면적의 확대를 요구받은 동양척식회사는
양귀비 재배면적을 확대해 갔다. 총독부 전매국을 통해 내려진 요구를
동양척식회사는 어떻게 받아들였던 것일까.

동양척식회사 각 지점에서는 생산 상황과 함께 마약 생산에 관한 문
제점 등을 보고서로 작성해 본점에 제출했다. 이 가운데 솔직하게 의견
을 말하고 있는 일례를 소개하겠다.

동양척식회사 지점 서선(西鮮) 농장장인 야마다 히로시(山田寛)가 1941
년 2월 17일 본점 농사 과장 도요시마 시게타케(豊島重剛) 앞으로 보낸

문서이다.

### 양귀비 재배에 관한 건

주제에 관해 본도에서 1939년 200정보, 1940년 500정보(이 가운데 우리 회사 관할 토지 1939년 124정보, 1940년 41정보)를 재배했는데, 1941년도 재배면적이 아직 확정되지 않았지만, 더욱 확장한다고 전해 들었습니다(사리원 경찰서가 관내에 있어 1940년 96정보인 것을, 1941년 120정보로 하라는 내부의 지침이 있음. 현재 토지 선정을 위해 우리 농장 관할 내에서 1941년에는 55정보 예상)

그러나 우리 지방처럼 밭벼(陸稻)[6], 조, 콩, 밀 등 유력한 대항작물(対抗作物) 지대에서는 수입이 적은 양귀비의 재배는 현지 지주, 소작인 모두 대항작물과 경쟁할 수 없기 때문에 꺼려합니다. 뿐만 아니라, 시국의 진전에 따라 식량의 중요성을 더 긴급하게 느끼게 된 현 상황에서, 우리 지방에서의 양귀비 재배를 일시 중지하고, 대항작물의 수확이 적은 지방에 집중해야 한다고 생각합니다. 그러나 본 건은 본부에서 만주 정책상 특수한 계획에 의거하여 시행 중인 것으로 본부의 방침을 변경하지 않는 한, 한 지방의 여론만으로는 어떤 식으로도 이루기 어려운 실정입니다. 현 상황에 대해 수고스럽지만, 귀하 쪽에서 본부와 이 점에 대해 협의해 이 사안을 관철해 주기를 바라는 바입니다.

처음에는 전매국의 의뢰 때문에 매년 경작면적이 넓어지게 되었다고 생각하지만, 양귀비의 재배는 채산이 맞지 않는다고 말하고 있다.

동양척식회사는 가능하면 대항작물(양귀비보다 높은 수입이 기대되는 쌀, 보리 등 농산물)의 생산이 어려울 것 같은 별도의 장소에서 양귀비를 재배

---

6 밭에 심어 기르는 벼. 볍씨를 뿌려 가꾸는데 알이 굵고 잘 여문다.

하고, 또한, 양귀비 재배면적이 확대되지 않도록 요청하는 교섭을 총독
부와 해주기를 바란다고 했다. 나아가 양귀비 재배 방침 변경을 요구했
다. 상급기관에 대한 이러한 의견 개진은 평소에는 하지 않는 것으로,
총독부 정책에 대한 비판으로도 보였을 것이다.

이외의 각 지점 담당자들로부터도 양귀비 재배는 찬성의 의견이 적
었다. 과제가 된 농업생산의 증가나 양귀비 재배에 대해 소극적인 의견
을 전하고 있다. 물론 양귀비 재배가 동양척식회사 각 지점에서 수익률
도 낮고, 경영상으로도 이점이 없었기 때문이었다고 생각한다. 대체로
찬성은 없었다고 생각한다.

이 문서와 시기가 벗어나지만, 1939년 사리원에서의 양귀비 생산 할
당은 동양척식회사만은 아니지만, 1,300단보나 되고 동양척식회사는
이 시기에 최대의 할당을 감당하고 있었다. 이는 논뒷그루와 밭에서의
재배가 많았는데, 논뒷그루에다 보리를 심는 경우도 많았기 때문에 농
민에게 영향이 컸다. 한국은 일상적인 식량 부족 상태에 있어서, 농민
의 식량 확보가 당국으로서도 큰 과제였다.

\* 또한, 1939년 큰 가뭄으로 쌀 생산을 할 수 없었고, 양귀비 재배에
도 영향을 주어 큰 흉작이 되었다.

## 2) 1939년도 동양척식회사 양귀비 재배 실적

1939년 동양척식회사는 485정보에 양귀비를 재배했지만, 채산이 맞
지 않았다. 각 지점의 보고를 기초로 동양척식회사가 집계한 결과가
'1940년 12월 17일' 자에 '1939년도 양귀비 재배에 관한 건'으로 상세히

기록되어 있다. 요점만 아래에 인용해 두겠다.

'불행히도 드물게 있는 가뭄과 전매국 측의 지도 부족과 불철저 등으로 인해, 그 실적이 매우 나빠서 경작자는 막대한 피해를 보고 지극히 나쁜 상황이 되었기 때문에, 이들의 구제에 대해' 검토하게 되었다고 하고 있다. 보상 총액은 11,875엔에 달하고 있지만, 당국은 4,860엔을 '지불'한 것에 지나지 않았다. 부족액은 7,013엔에 달하고 있었다. '국책에 근거해' 수용했는데, 부족액에 대해서는 양귀비 재배기술을 배웠다는 이유로 동양척식회사가 지급하도록 하고 있다. 또, 1940년도는 '보상금 지출비가 없도록' 교섭한다고 했다. 다음 연도에 국책에 따라 경작해, 대항작물을 희생시켰으니 보상을 안 하고 끝낼 수 있도록 요구했다. 이에 대한 근거로 지점마다 상세한 보상액의 계산서를 제출하고 있다.

1939년의 양귀비 재배 상황은 동양척식회사 지점마다 '양귀비 재배 상황'으로 보고되고 있다. 심기 시작한 시기부터 성장까지 10일마다 보고되었다. 모든 지점에서 보고한 것은 아니었다. 예를 들어 경상남도 김해읍 동양척식회사 김해농장은 북정리와 화목리에 심기 시작했는데, 파종 면적, 고사 면적, 현재 생육 상황, 채액량 면적(다른 장소는 유액(乳液) 채취 면적), 병충해의 보고 등이 10일마다 보고되었다. 작업은 상당히 정확하게 기록되었다고 생각한다.

원래 양귀비 재배는 기술, 토지, 비료, 기후, 경험이 있는 노동자 등의 조건이 갖추어져야만 했다. 군(郡)·총독부의 긴급한 요구는 애초부터 위태로운 것이었는데, 그것을 강행한 것이다. 이 때문에 동양척식회사에서 위탁받은 농민은 보상을 받을 수 있었지만, 동양척식회사 이외의 도(道) 지정 농민은 이러한 수당을 받을 수 있었는지 어떤지는 분명하지 않다. 농민은 자신들의 식량이 되는 밭작물의 자리를 빼앗긴 것이다. 또한, 수확이 없었던 경우에는 큰 피해를 보았다고 생각한다. 이는 1939년만의 일이 아니었다.

동양척식회사는 매년 각 농장에서 작황을 보고받고 있었는데, 1941년 서선농장도 보고서를 제출했다. 발신인과 수취인은 앞에서와 같은 사람이다. 보고는 5월 3일 자다. 내용은 쌀을 중심으로 한 농작물 전체의 작물 심기, 수확량, 소작료에 관한 것이다. 양귀비에 대해서는 다음과 같이 언급하고 있을 정도이다.

'양귀비의 재배면적을 한껏 축소하려고 애써도 전폐할 수 없는 사정이어서, 도 전체의 재배면적 500정보 가운데 회사 소유지는 34정보 5단보이다. 발아가 양호해 잎이 2~4개 나오기 시작한 것 중에서 아직 병충해 발생은 보이지 않는다'라고 했는데, 1개월 후인 6월 3일에는 '34정보 5단보 중에서 22정보는 발아 불량, 그 후 상비충(象鼻蟲) 등의 해충 피해를 보아 부득이 대작(代作)하기에 이르렀다. 현재 12정보 5단보는 발아 중인데, 일부 오갈병(萎縮病)과 검은 무늬병이 발생해 낙관할 수 없다'라고 했다. 이후의 보고에서는 양귀비 작황 보고가 없다.

대작이란 목적으로 재배했던 작물을 수확할 수 없다고 판단해, 다른 작물을 임시로 심는 것이다. 실질적으로는 양귀비의 수확이 없었다고도 생각할 수 있다. 서선(西鮮) 농장에서는 앞의 의견서의 효과인지, 양귀비의 할당 면적 수를 감소시켰을 뿐만 아니라, 이해에는 해충 등의 질병을 이유로 5월 보고의 대부분을 양귀비 이외의 작물로 대작해 바꾸고 있다. 6월 이후 9월까지의 보고에서 양귀비 생산이 가능했는지에 대한 기록이 없어서 확인할 수 없다.

이해 서선농장에서의 양귀비 재배는 실패했지만, 1941년 7월 12일자 부산지점의 보고에 의하면 '거의 수확을 끝냈고, 많은 수확이 예상

되는 상황이지만 낙동강 연안 논농사는 홍수의 해를 입은 것도 있다'라고 했다. 일부를 제외하면 풍작을 예측할 수 있는 장소도 있었다. 동양척식회사 전체 수확량은 확인할 수 없었다.

전체적으로 말한다면 동양척식회사 각 지점은 양귀비 재배를 열심히 하지 않았다고 생각한다. 동양척식회사가 총독부를 통해 군(軍)이 요구한 것을 거절하지 못하고 인수했지만, 동양척식회사 이외의 민간 지주 등에도 생산을 강요했다고 생각한다.

총독부가 요구한 양귀비 재배와 그 면적의 확대는 농민에게 있어서 심각한 문제를 초래했다고 생각한다. 한국 농민은 춘궁기로 상징되듯이, 밭에서의 수확으로 생명을 유지하고 있었는데, 보리·조·콩의 생산을 할 수 없게 된 것은 매우 큰 타격이 되었다고 생각한다. 특히 보리는 소작 농민의 주식이라고도 할 수 있는 것으로, 양귀비 재배 시기와 겹쳐서 식량 부족 문제를 악화시켰다.

게다가, 소작 농민이 양귀비 재배를 했을 경우 소작료에 대해서 명확하지 않다. 양귀비 재배와 다른 작물을 경작했을 경우 소작료의 차이가 명확하지 않지만, 전매국 관리 하에 있어 소작인의 수입은 적었을 것이다. 또한, 경찰이 생산 관리를 엄격하게 했고 판매도 통제되어, 농민이 자유로이 처분할 수도 없어 이익을 낼 방법이 없었다. 농민에게 밭작물은 생사를 가를 만큼 중요했는데, 양귀비 재배는 현금 수입이라고는 해도 일상적인 식량은 되지 못해서, 양귀비 재배가 유리한 것은 아니었다.[7]

---

7 전시 하의 농업통제에 따라 한국 농민은 쌀을 자유롭게 판매할 수 없어서, 실질적으로는 쌀을 전량 공출했다. 그 쌀 대금도 일부는 일단 예금되었다. 농민의 식량은 밭작물에 의해 유지되고 있었다. 이 시기의 농민 생활, 통제에 대해서는 졸고, 『전시 하 조선의

동양척식회사에서의 양귀비 재배는 동양척식회사가 독자적으로 행
했던 것이 아니라, 총독부의 요구로 이루어졌다. 동양척식회사 이외의
양귀비 경작지에 대해서는 도가 지도·관리를 하고 있었다. 총독부 산
하에서 양귀비 재배를 했던 각 도에서는 도 위생과가 관리를 총괄하며
관할지의 마약 관리를 엄격하게 하고 있었다. 실질적으로 관리는 위생
부에 있는 경찰관이 하고 있었다. 이러한 마약 생산·이용 등에 대해서
는 앞에서 본 것처럼 각 도의 위생 요람에 생산, 소비·중독자의 상황이
기록되어 있다. 그러나 위생 요람의 존재를 확인할 수 없는 곳이 많아
재배하던 각 도의 전체상은 명확하지 않다.

이하에서 총독부 하부조직인 도(道)에서 할당한, 양귀비 재배·마약
생산 관리의 상황에 대해 강원도·경기도를 사례로 소개하고자 한다.


## 4. 강원도 마약 생산과 관리

강원도에서는 1919년 봄부터 양귀비 재배가 시작되었다. 1936년의
재배 면적은 100정보에 불과했고 재배지는 7곳이었다. 양귀비 재배와
아편을 제조했다. 경찰관을 유액 채취의 현장으로 파견해 감시했다.

1936년 아편 제조 인원은 687명, 면적은 147정보, 제조량 475,931g
이 되었다. 도내에서 단속령 위반으로 체포된 사람은 96명, 대부분이
벌금으로 끝냈다. 중독 환자 수는 통계상으로 가장 많았던 1933년에
남녀 아울러 19명이었다. 1936년에는 체포된 사람이 없는 것으로 되어

농민 생활지』(사회평론사, 1998)를 참조하기 바란다.

있다. 이는 통계상이고 실질적인 환자 수는 명확하지 않다. 또한, 마약
구입 신분증명서를 발행해 의사(전문대학에서 의사 자격을 받은 자)·한의사,
치과 의사 등에게 액체, 분말, 주사 등을 판매했는데, 대부분 사용자는
근대 의학을 배운 의사였다. 또한, 한의사가 사용한 것을 한의사의 수에
서 보면 극히 적은 것이었다. 이러한 생산·단속은 경찰관이 담당해 실제
로는 엄격했을 것이다.[8]

## 5. 경기도 마약 생산과 관리

마약 생산은 재배면적 등 규모가 강원도보다는 적었지만, 경기도에
서 재배되고 있었다. 또한, 경찰이 마약 관련 단속과 관리에 관여하고
있었던 것은 강원도와 마찬가지였다. 위생과 직원 총인원 48명 중, 경
찰관은 15명이 배치되었다. 그러나 경기도에는 많은 사람이 모여서,
한국인 마약 피해가 집중됐던 곳이기도 하다. 또한, 마약중독 환자 치
료소가 설치되어 6명의 직원이 배치되어 있었다. 이 치료소는 전라북
도에도 있었는데, 그 이외에는 확인할 수 없는 도(道)도 있다. 다른 도
에서는 설치되어 있지 않았다고 생각한다. 따라서 여기에서는 한국 민
중에게 마약 피해가 어떻게 확산되었는지에 대해 『경기도 위생 요람』[9]

8 이상의 강원도 상황은 강원도 위생과 『강원도 위생 요람』(1937년 간행)에 따른다. 이
전의 강원도 요람에는 양귀비 재배의 기재가 없다. 이후의 요람 존재도 확인할 수 없다.
9 경기도청 『경기도 위생 요람』(1939년 간행)에 의한다. 이 자료에 따르면, 도에서는
1925년부터 도 비용으로 중독환자 치료를 시작했다. 그 후 국고보조로 1936년에는 치료
소를 철조 2층 건물로 건설하고, 1934년에는 도 마약류 중독자 예방협회를 설립해 활동
했다고 기록되어 있다. 최근 4년간 마약 중독 환자치료소 입소자 수, 이것의 외래 수,

으로 검증해 보고자 한다(〈표 7〉).

〈표 7〉 최근 5개년 마약류 단속 상황 표 내의 범죄 인원 일람

| 연도 | 1934 | 1935 | 1936 | 1937 | 1938 |
|---|---|---|---|---|---|
| 조선아편령 위반 | 85 | 44 | 53 | 141 | 58 |
| 형법 위반 | 90 | 39 | 60 | 108 | 42 |
| 마약류 단속령 위반 | 67 | 61 | 196 | 206 | 127 |
| 계 | 242 | 144 | 208 | 455 | 237 |

마약 범죄로 검거, 체포되어 범죄인이 된 사람, 징역 처분 등이 정리되어 있다. 범죄인이라고 되어 있는 사람은 마약 사용으로 검거된 사람의 인원수이다.

중독환자의 원인, 최근 5년간의 중독자의 나이별, 남녀별, 교육 정도별, 마약류 단속 상황이 1938년도까지 집계되고 있다. 단속에서 범죄 인원으로 분류된 인원이 가장 많은 해는 1937년도로, 455명이 마약 관계 법률 위반으로 검거되었다. 상당히 많은 환자를 확인할 수 있다. 이것이 한국 전 국토에서였다면 더 많은 검거자를 확인할 수 있을 것이다. 또한, 검거되지 않는 경우도 많아서, 그들을 더하면 마약이 한국 민중에게 큰 해를 끼치는 존재가 되었던 것이 확실하다. 또한, 치료소를 확인할 수 있는 곳은 전라북도로, 건물이 설치된 사진 7장, 『전북의 위생』(1937년 간행) 권두에 치료 상황을 수록해 기록했다. 경기도 다음으로 정비되어 있었다고 생각한다. 환자는 전주 읍이 가장 많았고, 다음이 군산으로 2위다. 군산은 일본에 쌀을 운반하는 배편이 있어서, 일본에서 마약이 반입되었기 때문에 환자도 많았다.
다른 도인 경상북도의 경우 『경북 위생의 개요』(1937년 간행)에 환자 수 등의 통계 자료가 수록되어 있다. 치료기관은 확인할 수 없다. 그 외의 도는 위생 요람을 발견할 수 없었기 때문에 앞으로의 과제이다.

경기도 모르핀 중독자 치료소 전경

이 숫자는 도내 전체에서의 검거자 숫자이다. 실질적으로는 주변에 있던 중독자로, 구류된 경우에도 심각한 중독 증상이 없는 사람은 바로 석방되었다고 생각한다. 여기에 거론된 사람은 실제로 형벌의 대상이 되어 처분된 사람이다. 마약으로 인한 가벼운 범죄는 훈방 조치되었다고 상정된다.

또한, 위 요람에는 아편 거래 시에 압수된 아편의 종류가 정리 되어 있는데, 이 단속 중에서 가장 많은 것이 생아편 거래량이다. 모르핀, 헤로인, 코카인 등 정제한 제품은 현저히 적다. 생아편이 많은 것은 아편의 열매에서 채종된 아편이 그대로 거래되었다고 여겨진다. 농민이 생산한 아편이 유통되고 있었다. 농민이 독자적으로 재배한 게 아니라, 할당된 마약 생산 과정 속에서 판매해, 널리 유통되고 있었다고 생각한다.

대도시를 포함한 경기도의 경우는 농민 중독자와 동시에 도시 사회 속으로 마약의 피해가 확산되고 있었던 것을 보여준다.

# 6. 결론

식민지 지배하 한국에서의 마약 생산은 총독부 관리하에, 전매국을 중심으로 대규모로 시행된 실상의 일부를 밝힐 수 있었다고 생각한다. 생산에 있어서 소작 농민 수탈, 중독환자 발생 등 한국 사회에 미친 영향은 적지 않았다고 할 수 있다. 또한, 전시 아래 양귀비의 재배 면적 증가는 농업의 정상적인 발전에 장해가 되었다. 소작 농민의 매우 심각한 식량 사정 속에서의 양귀비 재배는 농민 생활에 이바지하지 못했다고 평가해도 좋을 것이다. 양귀비 생산은 식민지 지배 아래에서 농업지배 특유의 식민지적인 특징을 나타내고 있었다고 할 수 있다. 하지만 여기서 명확히 할 수 있었던 것은 일부에 지나지 않았다. 특히 전시 하에서 일본에 대한 남방의 마약 이입이 중단되었을 때, 한국산 마약이 어떻게 사용되었는지, 총독부를 통해 중국 각지에 어떻게 제공되었는지 등, 해명해야 할 과제가 많다.

이상과 같이 한국에서의 양귀비 재배, 마약의 생산 관리, 판매 등에 대해서는 불분명한 점이 많다. 특히 만주 지역의 마약 생산, 중국과의 관계는 명확하지 않다. 중국과의 관계에서는 많은 문헌에 '밀수입'이 있었다고 되어 있지만 명확하지는 않다. 그러나 앞에서 본 것과 같이 동양척식회사를 비롯해, 한국에서 전시 하에 대량 생산된 것이 중국으로 들어가서, 많은 중독환자를 양산해 중국인과 중국에 있던 한국인에게 재앙을 초래했다고 생각한다. 이에 대한 실태를 명확히 해야만 할 것이다. 향후 과제로는 한국 내 각지에서 간행되고 있는 지역사에서 일부 언급되는 기술 등을 확인하여, 전체 마약 생산의 구조를 명확하게 해나가고 싶다.

**한국에서의 마약 법령 관련 연표**

| | |
|---|---|
| 1905년 | 한국정부, 아편 연기 흡연 기구 판매를 금함. |
| 1912년 3월 | 조선총독부 조선 형사령, 아편 연기에 관한 제재를 강화. |
| 1914년 9월 | 경무과 등 마약 단속 강화, 이 시기 모르핀 주사·복용이 시작된다. |
| 1917년 3월 | 양귀비 재배 관계 7도에서 양귀비 재배 단속 규칙을 발포. |
| 1918년 | 이 해에 양귀비 재배 면적 350정보가 됨. |
| 1919년 8월 | 제령 15호로 아편 단속령, 부령 111호로 시행규칙 제정. |
| 1921년 | 전매국 설치. |
| 1925년 7월 | 조선 아편 단속령 개정, 양귀비 수납, 유액 채취, 지도, 불하에 관해서는 경무국이 관리한다. |
| 1929년 9월 | 전매국 관제 개정, 아편 수납, 모르핀 제조·판매는 전매국이 관리한다. |
| 1930년 3월 | 경성 전매국 인의동(仁義洞) 연초 제조공장 내에서 모르핀 제조공장을 설치·제조 개시. 마약류 중독 환자 등록 규정, 부령 16호 발포. |
| 1931년 4월 | 경기도 마약 중독자 치료소 설치, 철근 2층 건물. |
| 1934년 9월 | 조선 마약 중독 예방협회 설립(관민 합동). |
| 1935년 1월 | 조선 마약 단속령 공포. |

# 부록. 재일한국인과 마약 – 일제강점기를 중심으로

식민지 지배하의 한국에서의 마약 문제와 일본 내에서의 재일 한국인의 마약 피해는 기본적으로 큰 차이점이 있다. 일본 국내 거주 한국인은 양귀비 등 마약 생산과 관계가 없다는 점이다. 한국에서는 거의 정책적인 과제로 생산을 요구받아 생산에 종사했지만, 그런 마약 생산과는 관계가 없었다. 그러나 마약 중독 환자 수에서 보면 한국보다 많았다. 한국과 일본 내 재일한국인 인구 비율로 보면 재일한국인의 비율이 높다. 이러한 점에서 재일한국인의 환자 수, 환자가 된 이유, 구호

정책과 당국의 단속 등을 중심으로 다루어, 왜 재일한국인 환자가 많이 나오게 되었던 것인지 검증하고자 한다.

### 1) 일본 국내의 한국인 마약 환자 수

한국인 환자가 이용한 것은 대부분 한국산 마약이 아니라, 일본 내에서 정식으로 인도 등에서 수입한 것으로 생각한다. 한국산 마약은 엄격하게 관리되고 있었기 때문에, 조직적으로 반출되지는 않았을 것으로 생각한다(앞에서 서술한 〈표 4〉). 비합법적인 마약 밀수(앞에서 서술한 〈표 6〉)에서도 볼 수 있듯이, 일본으로부터의 밀수가 많았다. 따라서 재일한국인 환자 중에서 흡연하는 아편 중독자는 적었던 것 같다. 대부분이 모르핀과 코카인 중독자였다.

재일한국인 환자 수는 1932년 전후에는 도쿄에서 약 3,000명, 오사카에서 3,700명, 효고현 189명이다. 다른 부(府)·현(縣)에서도 소수이지만 환자가 있어, '약 1만 명' 내외일 것으로 추정한다.[10]

1937년 재일한국인 총수는 735,689명이어서, 환자의 비율이 높았다. 이 환자 수는 최저치로 실제는 더 많았을 것이다. 왜 일본에 간 지 얼마 안 되는 재일한국인 이주자에 중독환자가 되는 경우가 많은지 그 이유에 대해 생각해 보고자 한다.

---

10 『일본 위생 법규 외지 관계』 1935~1937년, 외무성 외교자료관 소장. 1935년 조선 마약 단속령 관계문서에 포함된 첨부 문서에 의한다. 또한, 1931년 수치에서는 도쿄의 경우, 4만 명 중 3,000명이, 오사카에서는 14만 명 중 최저라 해도 1만 명은 중독자였다는 숫자도 있다. 어느 쪽이든 한국 본토보다 매우 높은 비율이었다. 1931년 숫자는 구보 기요지(久保喜代二)·미쓰노부 미유키(光信幸), 「조선에서의 마약 중독에 관한 연구」(『조선의학회잡지』 30-7·8, 10호 수록)에 따른다.

## 2) 재일한국인의 마약 이용의 계기

일본에서 재일한국인 마약 중독자는 1930년부터 급증하게 된다. 재일한국인 인구 증가와 비례한다고도 할 수 있겠지만, 이 무렵부터 한국 내 마약 단속 강화와 관련이 있었다는 설도 있다. '한국에서 관헌이 모르핀 환자를 급격하게 일소시키려고 한 결과, 중독자들이 단속이 비교적 관대한 일본으로 도주했다. 그 수는 최근 2년 이내에 특히 급증해' 범죄에 관계되어 있다고 지적했다. 특히 도쿄·오사카에서 많아지고 있었다[11]고 했다.

그러나 일본 국내에서 중독자로 생활하고 있었기 때문에, 다른 시각으로 볼 필요가 있다. 여기에서는 환자의 가장 많은 수를 차지하는 절도 등으로 체포된 사람들의 기록으로, 그 환자들이 마약을 이용하기에 이르게 되는 경과를 생각하고자 한다.

〈표 1〉은 오사카에서 검거된 마약 중독자들을 대상으로 시행한 조사 결과이다.

이 〈표 1〉에 나타나 있듯이, 소화기 계통의 병 치료를 위해 사용한 것에서 마약 사용을 시작한 사람이 가장 많다. 소화기 병은 한국 농민의 식생활과 깊은 관계가 있다. 소화에 나쁜 섬유질 식품을 먹어서 생긴 병으로, 한국인의 사인에 큰 비중을 차지하고 있었다. 그 외의 사항도 병이 계기가 되어 치료 목적으로 마약을 이용하는 경우가 많았다.

유혹이란, 마약을 이용해 통증을 없앤다는 등의 설명으로 이용하기 시작했다는 의미이다. 하지만, 마약의 이용이 되풀이되면 끊는 것이 어

---

11 기쿠치 도리지(菊池酉治), 「모르핀 중독자 구제의 급선무」(『사회 복리』 1931년 4월, 15권 4호 수록).

렵다. 마약 입수를 위해 절도 등의 범죄를 되풀이하게 된다. 이는 도쿄에
서도 마찬가지여서 한국인을 둘러싼 사회문제로 다뤄지게 된다.

즉 정상적인 의료시설이 없었던 점, 한국 농민의 곤란한 식생활 등
으로 인해 질병이 발생하게 되어 단순히 통증을 없앤다는 치료 방법으
로 마약이 사용된 것이다. 일본으로 도항하고 나서도 직업 차별 등에
의해 열악한 생활 조건 하에서 살고 있었다. 병에 걸리면 간편한 방법
으로 마약을 이용하기 시작한 것 같다.

중독자 대부분이 구속당하고 경찰이 공표해 일본인 사이에서 재일
한국인의 이미지가 형성돼 갔다.[12]

일본 정부는 한국인 마약 환자에 대한 의료 설비 등의 고려 없이 체
포와 구속뿐이었다.

그러나 한국인 독지가와 일본인의 협력에 의해 독자적인 시설을 만
들 경우도 있다. 도쿄 간다 미토시로초(神田 美土代町. 현재 도쿄도 지요다
구-역자)에 있던 도쿄 기독교 청년회관 내에 설치된 마약 중독자 구호
회이다.

〈표 1〉 오사카에서 재일 한국인이 중독자가 되었던 요인(1932년 12월~1933년 8월 총계)

| 복통(腹痛) | 85 | 회충(蛔虫) | 2 |
|---|---|---|---|
| 위병(胃病) | 37 | 두통(頭痛) | 3 |
| 성병(花柳病) | 34 | 신경통(神経痛) | 6 |
| 좌골신경통(腰足痛) | 12 | 치질(痔疾) | 6 |
| 흉통(胸痛) | 21 | 유통(乳痛) | 1 |

---

12 오사카 지방재판소 검사 미키 이마지(三木今二), 『조선인 범죄의 특수 문제-조선인
모르핀 중독 환자와 절도범』(1935), 등사 인쇄.

| 각기병(脚気) | 17 | 산후병(産後) | 1 |
|---|---|---|---|
| 폐병(肺病) | 12 | 설사(下痢) | 1 |
| 타박상(打撲傷) | 8 | 유혹(誘惑) | 33 |
| 감기(風邪) | 5 | 불명 | 41 |
| 늑막염(肋膜) | 2 | 합계 | 329 |
| 피부병(皮膚病) | 2 | | |

* 오사카구 재판소 검사국 조사 「조선인 절도범 모르핀 중독 환자 여러
조사 표」 제10표에서 제작. 간행된 해는 1935년으로 추정. 이 자료에는
체포된 사람들의 조사 결과가 있고, 한국 출신지 등의 기록이 있다.
원 표는 월별로 되어있으나 총계만으로 했다.

## 3) 마약중독 환자 구호회

도쿄에 있던 한국인 환자는 약 3,000명이었는데, 대부분은 취업할
수 없어서 마약을 사기 위해 절도를 하는 사람들이 많았다. 마약은 당
시의 돈으로 2엔 정도였다고 한다. 1933년 2월 17일에 설립 총회를 열
고 활동을 시작했다. 작업소를 가쓰시카구(葛飾區) 혼다(本田) 우메다초
(梅田町)에 설치했고 치료실, 숙박실, 욕실 등 시설을 갖추고 의사와 간
호인도 있었다. 금단 증상을 거쳐 약 3개월에 완치했다고 한다. 5개월
후인 1934년에는 73명이 입소하여 퇴소자가 53명이 되었다고 보고했
다. 1934년도에 200여 명을 구호했다고 한다. 물론 도중에 퇴소한 사
람들도 있었지만[13], 그 나름의 성과가 있었다.

구호회의 중심에 있던 사람은 한국인과 일본인 의사였다. 미쓰이(三

---

13 마약 중독자 구호회, 『1934년도 마약 중독자 구호 연보』(1934년 간행) 권두에는 중독
자의 사진, 권말에는 환자의 체험기가 게재되어 있다.
또한, 관서지역에서는 이러한 재일한국인 환자 조직의 시설 설립은 확인되지 않는다.

井)·미쓰비시(三菱) 재단 계열의 단체, 도쿄시에서 약간의 기부, 일본인 독지가 등의 기부가 있었는데, 특히 한국인 여성 노경운(盧敬雲)은 500엔을 기부해 작업소를 건설해 제공했다고 한다. 조성기(趙晟基)가 주임으로 근무했다. 이 외에 이사로 취임한 한국인은 없었고, 평의원에 윤치민(尹致旻)이 있을 뿐이었다. 일본인 중 대부분은 전직 조선총독부 관계자이다. 이러한 재일 한국인 시설의 건설에는 지역 일본인의 반대가 일반적이었지만, 여기에서는 반대가 없었다. 경무국의 설득도 있었을 것으로 생각한다. 그러나 그 후 이 구호단체가 어떤 성과를 거뒀는지에 대한 자료는 없다.

또한, 이 구호회에 수용된 한국인들의 기록이 있다. 마지마 유타카(馬島僩), 『마약 중독자와 통곡하다 – 동아를 아편에서 해방하라』(아세아 정책연구소, 1935년 간행). 내용은 구호회에 수용된 한국인들의 청취집이다.(150쪽, 환자의 사진 포함)

## 4) 식민지기의 재일한국인 마약 중독자

식민지기의 환자 수가 1만 명 정도를 최고 정점으로 하여 마약 관리가 엄격하게 되자, 환자는 감소했다고 생각한다. 게다가 전시 통제가 강화된 요인도 있다. 환자가 전혀 존재하지 않았을 것이라고는 생각할 수 없고 기본적으로는 방치되었을 것이다. 존재가 밝혀졌을 경우에는 경찰 등에 의해 강제적으로 수용된 것 같아 통계적인 숫자는 불분명하다.

그러나 1만 명이라는 숫자는 한국 본토보다 많아서, 재일한국인의 사회 환경이 혹독했다고 평가할 수 있을 것이다. 이에 대한 공적인 시설은 마련되지 않았다. 사적인 단체 한 곳이 확인될 뿐으로 대책은 불충분했다. 방치와 체포·수용정책을 기본으로 하여, 어떤 구제 정책도 강구하지 않았다. 협화회(協和會) 시대가 되어서도 마찬가지였다.

해방 후 재일한국인의 마약·필로폰 사용에 관해서는 별도로 논하겠다.

# 제6장

# 강원도에서 일본으로의 강제 노동동원

## 1. 서론

　일본과 중국의 전쟁이 장기화되면서 국가총동원법이 성립되고 아시아 전체로 일본침략이 본격화됐다. 한국도 이 상황 속에 놓이게 되었다. 일본이 한국에서 가장 먼저 수탈한 것은 쌀로 대량의 공출이 있었다. 이로 인해 한국 농민 다수가 쌀을 먹을 수 없는 강제 공출 체제는 냉혹했다. 둘째는 쌀과 마찬가지로 한국 내 광물자원의 생산과 북부의 공업개발을 위해 노동력이 필요하게 되었다. 여기에는 한국 인구의 90%를 차지하는 한국 농민, 특히 하층 농민이 동원되었다. 게다가 일본은 '만주국' 건설에 한국 농민을 동원하기 위해 매년 전 한반도에서 이민정책을 시행했다. 셋째는 일본 국내의 노동 수요가 많아져 1939년부터 국가총동원법에 따라 한국 농민을 일본 내의 노동자로 송출하기 시작했다. 1945년까지 70수만 명의 농민이 동원되었다고 생각한다. 한국에서 한국인을 대상으로 1944년과 1945년에는 징병으로, 징병에 차출되지 않은 사람은 선박병과 농경 대원 등 군무원으로 동원하기 시작했다. 이 장에서는 한반

도에서 일본으로의 동원을 어떻게 했는가를 한국 내의 도(道)라는 지역
단위를 중심으로 검증하고자 한다. 지금까지 일본에서는 도 단위보다는,
일본 각 지역에 동원된 노동동원에 있어서 동원된 지역에서의 민족 차별,
임금 차별 등의 실태조사나 한국에서의 청취 등으로, 동원 상황의 조사
가 일부 이루어지는 정도였다. 여기서는 한국의 한 지역인 강원도를 대
상으로, 전시 노동동원에 관해 검증하고, 이곳에 사는 사람들에게 전시
노동동원은 어떤 의미가 있었는지에 대해 고찰하고자 한다. 이러한 작업
을 통해 일본의 식민지 지배 실태를 검증하는 수단으로 삼고 싶다.[1]

또한, 한국에서의 노동동원은 조선총독부 광공국(鑛工局) 노동과가 한
국 외부와 내부의 동원 계획과 공출(조선총독부는 한국인의 동원 할당과 동원
을 '공출'이라고 불렀다)을 각 도에 할당했고 총독부가 할당하면, 각 도의
광공부 노무과에서 도내 동원 계획을 세워 군·부·읍·면에 할당했다.

또한, 총독부가 한국 내에서 노동자 수송 준비를 하면 도는 이에 협조

---

1 지금까지 한국 농민의 강제동원에 관해서는 일본 국내로의 동원이 연구의 중심이었
고, 일본에서의 민족 차별, 임금 차별, 처우 등의 문제에 대해서 논하는 일이 많았다.
그러나 일본의 한국 지배는 일본의 아시아·태평양 전쟁 속에서 한국 민중에 대한 전면
적인 동원정책이었다. 아시아 전체에 대한 침략의 수법으로 시행되었다. 한국에서 중
국 동북·만주국, 중국, 남방의 점령지, 한국 내의 공장·전시체제 정비에 동원되었고,
그 목적으로 일본으로의 동원정책이 시행되었다. 한국 농민의 동원을 아시아 전체의
정책 속에서 한국 민중의 동원으로 자리매김할 필요가 있다고 생각한다. 전쟁 말기의
한국인 전체 인구는 2,500만 명이었는데, 이 가운데 200만 명 전후가 일본으로, 중국
동북지구(만주 200만 명), 중국, 남방 등에서 노동자로 일하고 있었기 때문에, 그 인원
이 100만 명이라고 한다면, 합계 500만 명이 한반도 밖으로 동원되었다. 동원자 대부
분은 농촌 출신으로, 많은 수가 강제로 동원되었다.
강원도는 한반도 중부에 위치하고 대부분 산악지대이다. 한국에서 남부 곡창지대와
달리 1944년 5월 시점의 인구가 180여만 명으로, 한국 13도 가운데 중간에 위치한다.
산악지대가 대부분이어서 광물자원이 많다. 동해에 면하여 어업도 활발하다. 도청소재
지는 춘천이다. 현재 도가 분단되어, 북부는 북한(북조선)에 속해 있다.

해 현지까지 인솔했다. 동원 명령은 총독부가, 영장은 도가 발부하는 역할 분담이었다. 이 구도는 조선총독부=일본 정부·후생성이 일체가 된 동원체제로, 일본 정부의 방침으로 동원이 이루어졌음을 보여준다.

지금까지 일본에서 한국인 노동동원에 관한 연구는 재일한국인 강제 동원 노동자의 증언과 몇몇의 자료 간행에서 시작되어, 탄광 관계자료, 일본 정부의 각 자료에서 강제동원 실태가 밝혀져 왔다. 대표적인 저서 인 박경식(朴慶植)의『조선인 강제 연행 기록』은 거듭 인쇄되고 있다. 이후 많은 자료집이나 연구서가 간행되었는데, 대학에서의 강좌 등은 없고 민간에서 이루어지고 있다. 획기적인 것은 2004년 3월, 한국 국회 에서 '일제강점기 강제동원 피해 진상규명 등에 관한 특별법'이 성립된 것이다. 일본 내 조사·연구에 큰 자극을 주어, 일본 국내 시민에 의한 실태조사가 진행되었다. 또한, 일본 국내에서는 한국인 강제 연행 여부 에 대한 논의가 활발해져, 한층 실증적인 증거를 요구받게 되었다. 부정 파에 대한 반론으로 야마다 쇼지(山田昭次), 고쇼 다다시(古庄正), 히구치 유이치(樋口雄一)의『조선인 전시 노동동원』이 간행되었다. 한편 강제동 원 노동자를 포함해 일본으로 도항한 일반 한국인 노동자는 재일한국인 사회를 형성하고 있다. 이 사람들의 출신은 대부분이 한국 농민이었다. 이유는 무엇일까? 그 이유를 일본의 식민지 지배 형태와 결과로서 생각 해야 한다고 판단해 농민 생활상에 흥미를 갖게 됐다.[2]

---

2  전시 하 한국 농민의 생활이나 노동 동원, 강원도의 식량 상황, 한국의 쌀에 대해서는 졸저,『전시 하 조선의 농민 생활지』(사회평론사, 1998), 동「식민지 말기의 조선 농민 과 음식 – 강원도 농민을 사례로」(『역사학 연구』2010년 6월호, 아오키서점, 본서 제1 장), 야마다 쇼지(山田昭次)·고쇼 다다시(古庄正)·히구치 유이치(樋口雄一) 공저,『조 선인 전시 노동 동원』(이와나미서점, 2005), 이형랑(李熒娘),『식민지 조선의 쌀과 일 본』(주오대학출판부, 2015) 등을 참조하기 바란다.

이를 더 검증하기 위해서, 이 장에서는 한반도 중부 동해에 접한 강원도의 강제동원에 초점을 맞추고자 한다. 강원도는 한국 내에서 평균 수명이 가장 짧고 산악지대가 많아서 쌀, 보리 등의 수확량이 다른 도보다 적었다. 또한, 화전민도 있었다. 한반도 남부의 쌀농사 지역과는 다른 지역이었다. 한국인 강제동원의 중심은 남부 곡창지대였다. 경상남도, 경상북도, 충청남도, 충청북도 등의 곡창지대에서는 인구가 증가해 강제동원이 가장 많은 지역이었다. 그러나 한국 내 노동력 부족이 진행되자, 강원도에서도 동원 대상자가 급증했다.

## 2. 일본으로의 전시 강제 노동동원

일본으로 강제 동원된 한국인 노동자에 관해서, 동원이 시작된 1939년부터 전쟁 말기의 한반도 전체 동원 상황을 일본 정부 스스로가 정리한 공문서에 의해 살펴보고자 한다.

### 일본 국내 송출 관계

1939년도 이래 1943년 말까지 이미 36만 명을 송출했다. 금년도(1944년도)는 1/4분기 6만 명, 2/4분기 15만 명, 전체 연도를 통한 29만 명에 관해서는 이미 일본과 조선 간에 협정을 맺었다. 후생성에서는 10만 명을 추가로 요구하는데 목하 보류 중, 기존 한국 노무자의 일본 송출은 대체로 원활한 추이를 보였는데, 이런 상황이 최근에 공출 수의 급증과 함께 금년도부터 조직적인 공출 지도를 하게 됨에 따라(이입 노무자 계약 기간 연장에 관한 건, 1944년 3월 27일 차관회의 보고) 일본 송출에 심대한 곤란을 가중하기에 이르렀고, 치안상으로도 간과할 수 없는 심각한 상황에 직면하게 되었다. 따라서 최근 일본과 조선 간 양해하에 송출 방법을 개선함과 동시에(가능한 한 광범위하게 징용을 시행함과 더불어, 기존의 보도원 제도를 폐지하고 총독부의 책임하에 부산 또는, 여수에서 인도하는 것으로 한다) 원호 조치를 철저히 하고, 힘을 다해 문제가 없는 공출을 기획하고 있다. 1944년 8월 8일 각의 결정[3]

한국 전체에서 최대인원이 동원된 것은 1944년이다. 이 해 29만 명에 더 추가해서 10만 명을 동원했다고 생각한다. 1945년까지의 동원 총수에 대해서는 여러 설이 있지만, 70~80만 명 전후라고 생각한다. 동원 기간이 2년으로 귀국 희망자가 많았던 점, 도망 등으로 인해 실제 노동 수는 적었다. 일본 국내의 노동력 부족은 더욱 심각해져 갔다. 이것이 한국인을 일본으로 계속 동원하는 요인이 되었다.

## 3. 강원도에서 일본으로의 동원

강원도는 양질의 석탄, 텅스텐, 운모 등의 생산이 활발해 노동력 수요도 많았다. 이런 가운데 강원도에서도 한국 이외의 동원이 다양하게 시행되었다.

1944년 말 한국인 총인구는 25,120,174명으로 늘어났지만, 강원도의 남자 노동력은 936,429명이었다. 한국 전체 13도 중에서 정확하게 중간인 7위였다.[4] 인구는 도 면적과도 관련지어 생각해야 하겠지만, 평

---

3  외무성 관리국 민생과 『노무 관계 참고문서』(일본 외무성 외교 사료관 소장, 1945)에 의한다.
4  이 인구 조사는 1944년 5월 1일 총독부에 의해 조사된 집계표에 의한다.

균적인 인구일 것이다.

여기에서는 강원도 사람들의 전시(戰時) 노동동원에 관해 기술하기 위해 강원도와 일본의 관계에 대한 전체상을 간단히 밝히겠다.

노동동원으로 일본으로 도항한 한국인 외에도 한국에서 스스로 도항한 사람 중에는 강원도 사람도 있었다. 1940년 12월 말 현재 강원도에서 스스로 도항한 사람 11,346명이 일본에서 일하고 있었다. 이 시점에서 일본 전체에 스스로 도항한 사람은 1,190,444명으로, 강원도는 한반도 북부 각 도보다 조금 많지만, 남부 각 도보다는 큰 폭으로 적었다. 그 후 강제 노동동원이 개시된 이후에도 스스로 도항한 사람은 증가했다.

〈표 1〉 1942년 이후 강원도 강제동원 노동자 수

| 연도 | 할당 계획 수 | 할당 결정 수 | 도항 수 |
|---|---|---|---|
| 1942년도 | 7,540 | 11,090 | 11,769 |
| 1943년도 | 10,000 | 8,450 | 6,648 |
| | | (공출 예상 수) | |
| 1944년 | | 32,000 | (20,615) |

* 출처는 『일본 노동법제 및 정책 관계 잡건, 외지로의 적용 관계』 외무성 외교자료관 장 I-59에서 작성.
* 1944년도 한국 전체의 도별 동원 수는, 4월부터 12월에 대해서는 일본 정부 자료에 기록되어 있다. 이에 따르면 12월까지 20,615명으로 나타나 있다. 이 해의 할당은 전 한국에서 29만 명, 여기에 추가로 10만 명이 할당되어 있었다. 이 해의 강원도 강제동원 수는 예상 수와 같은 수준이었다고 생각한다. 이 해가 한국에서의 동원 수로는 최대 수가 되었다.
* 1945년도는 운송수단이 없어 동원 수가 격감한다.
* 또한, 강원도는 1939년에는 할당이 없고, 1940년은 90명, 1941년은 35명으로 되어있는데, 〈표 1〉에는 포함하지 않았다.
* 출처는 일본 외무성 외교 사료관 「제국 관제 잡건 관판(官判)의 부」 1942.

강제동원 노동자가 계속 증가해 일본 패전 때는 200만 명이 넘는 한국인이 일본 내에 살고 있었다. 여기에 강원도에서 일본으로 간 강제 노동 동원자 수를 확인하겠다. 1942년~1944년까지의 동원 수는 〈표 1〉과 같을 것으로 추정된다. 합계 39,032명이 노동자로 강제 동원되었다고 여겨진다.

본 표의 특징은 1942년도의 숫자로 계획 수는 물론, 할당 결정수를 웃도는 동원 수로 되어있는 것이다. 이것은 타도, 남부 각도에서는 없는 현상이었다. 이에 대해 동원 담당인 강원도 경찰관 이토 우메유키(伊藤梅之)의 말에 따르면 '근동면(近東面)은 개전 이래 면장 이하 전 직원이 실로 상사의 명령에 아주 충실해 근로 동원과 식량 동원에 적극적이었고, 그 밖에 전시 하의 면 행정에서 뛰어난 성적을 올리고 있었다. 특히 일본 국내 수요 근로자 공출에는 100%의 할당 성적을 올리고 있었다. 그런 만큼 관계자 설득이 거의 강제적인 수단으로 강행됐을 것으로 여겨진다'라고 했다.[5]

또한, 한국 전체에서는 군 징병, 군무원, 도 이외의 동원, 도내 동원, 만주 이민이 시행됨에 따라 노동력 부족이 심각해졌다. 강원도에서도 예외는 아니었다. 특히 강원도는 금광을 포함하여 군사용으로 이용할 수 있는 광산이 발견·개발되었기 때문에 도내 동원이 많아졌다.

---

5 금강회 편, 『강원도 회고록』(동회 간행, 1977). 강원도에서 근무한 경찰관들의 회상기를 전후 정리한 기록집. 도청 화재 기록, 다시로 마사후미(田代正文)의 증언은 본 회고록에 의한다. 자료는 미야모토 마사아키(宮本正明) 씨의 제공에 의한다.

## 4. 강원도 농민 입장에서 본 일본으로의 전시 노동동원

강원도의 현지 노동동원에 대한 자료는 극히 한정되어 있다. 1940년 3월경 강원도청에 불이 나서 '빠르게 불길이 번져 서류 반출을 할 수 없었다'라고 한다. 강원도 예규(例規) 등도 소실됐다. 또한, 1945년 8월 16일 해방 다음 날에는 '본부로부터 서류 소각의 전보가 왔다. 경찰부의 각 과는 청사에서 떨어진 곳에 큰 구덩이를 파고 창고에서 곰팡내 나는 서류철을 꺼내 닥치는 대로 갈기갈기 찢어서 불태웠다. 사흘 동안에 그것을 다 태웠다'라고 기록하고 있다. 또한, 강원도는 한국전쟁의 격전지로 군청, 부·읍·면·리 등의 행정 기관이 전쟁의 피해를 입었다. 지금도 도가 남북으로 분단되어 있다. 현재 강원도 내 도·군·읍·면 등에서 작성했던 동원 명부 등은 발견되지 않은 것 같다. 남아있는 자료로 일본으로의 동원을 밝히지 않으면 안 된다.

일본으로의 노동동원에 있어서 우선 동원에 대한 한국인 측의 감정을 생각해 볼 수 있다. 동원을 환영했을까, 혹은 반대하고 슬퍼했을까. 당시 상황에서 면사무소와 경찰이 앞장서서 시행하는 일에 반대 등의 말은 할 수 없었을 것이다. 이는 일본 국내의 징병 등의 경우와 같은 상황이다. 이 동원에 대해 어떤 심정이었는지, 동원을 보고 있던 일본인의 기록을 통해 생각해 보고자 한다. 여기에 두 가지 사례를 들었는데, 모두 일본인 담당 경찰관의 견문이다.

춘천경찰서의 간부였던 다시로 마사후미(田代正文)는 1943년 10월에 부임했는데, '현지에서는 군수 산업에 노무 보급을 하기 위해 한국인 노동자 공출이 활발하게 진행되고 있었습니다. 이 일은 경찰이 군청과 협력해 촌락을 돌아다니며 노무자 공출의 한 축을 담당하는 모양새였습니다. 그러나 막상 보낼 단계가 되자, 역 앞에서, 공출된 가족의 연 이은 오열은 정말 가련해서 오히려 비참한 상태를 연출할 정도였습니 다'라고 했다.

한편, 공출 보내기 위해 소집해놓은 노동자가 다음 날 아침 전원이 사라진 사례도 있었다.

패전 후의 기록이지만, 1944년에 강원도 철원경찰서장을 지낸 호소 야 우이치(細矢宇一)는 강제동원 사례로 '일본 징용자 전원 도주'라는 항 목으로 다음과 같이 기록했다.

> 일본으로 보낼 공출 노동자를 철원 군청에서 할당받아 출발 전날 철원 군청으로 연행했다. 군청에서 조사한 후, 읍내 각 여관에 나누어 묵게 했는데, 다음날 정해진 시간에 집합하지 않아 군청에서 조사한 결과 모 두 도망간 것으로 판명됐다고 경찰서로 연락이 왔다. (중략) 조사 결과, 전업농가를 운영하는 중심인물들로 집으로 돌아가 있었다. 주민 중에는 징용을 회피하기 위해 집안을 상속받을 장남을 분가시켜 새로 일가를 만 드는 사람도 있었다. 총독부 행정에서 가장 기피된 업무가 징용 행정이 었던 것으로 기억한다.[6]

일본, 조선총독부에게는 농업 수탈도 중요해 농업 생산의 중심인물 은 연행하지 않는다는 명분을 내세우고 있었지만, 면 담당자는 할당을 소화하면 그만이라는 태도였다. 이미 군(郡)내에서 한국 내로, 도내로 의 할당이 있어, 1944년에는 강원도 군내 노동력도 고갈되었기 때문에

---

6  호소야 우이치(細矢宇一), 『관계(官界) 인생행로 회고의 일단』(야마가타현 덴도시(天 童市), 1985년 간행). 1920년부터 1945년까지 경찰 간부로 근무, 상세한 체험기를 적었 다. 주지하듯이 강제동원은 면사무소(일본의 관청에 해당)와 경찰관이 담당하고 있었 다. 경찰관의 증언은 당사자의 증언이기도 하다.

이러한 일이 일어났다. 또한, 철원군 내에도 군수 산업이 들어서게 되고 인플레이션으로 임금도 올랐다. 그가 감상을 밝히고 있듯이 강제동원이 한국 민중으로부터 가장 미움을 받았다.

이러한 동원 담당 경찰관의 증언에 표현의 문제가 있고 전후에 쓰인 회상기라는 점 등을 고려한다고 해도, 한국인이 일본 징용에 결코 기쁘게 따른 것이 아니라, 오히려 기피하고 있었던 것은 명백하다.

이런 강제동원에 대해, 일본 패전 직후 징용자 가족들이 한국인 경찰관, 면 담당자 등에게 강하게 항의하는 기록들이 많다.

한국 각 도에 노무과가 설치되고 부·읍·면에도 동원 담당자가 있어서, 관계문서인 '노무자 모집 허가 대장' 등이 보존문서로 작성되어 있었다.[7]

작성, 준비되어 있던 대장을 보고 동원자를 결정했는데, 그때 선정 기준이 있었다고 생각한다. 탄광·토목 현장에는 농가 고용 노동자, 하층 농가의 차남·삼남 등을 대상으로 동원했으며, 장남이 연행된 사례도 있지만, 소수인 것 같다. 공장 등에는 일본어를 할 수 있는 보통학교(1941년부터는 국민학교) 졸업자 등이 동원되었다. 이 동원에서는 농촌 지주층 자제는 확인되지 않는다. 당시 한국에서는 '한국 농업 재편성' 즉, 농업 인구가 많은 한국 남부 지역에서 빈농층을 동원해, 농촌 합리화·쌀의 생산성을 높인다는 기본 정책이 시행되었고, 일본으로의 징용도 이 방침에 따른 것이다.

일본으로의 동원에 본인이 신청해서 동원 대상이 된 사례는 적다.

---

7 『경상북도보』 1943년 12월 17일 호 공문서 일람에 의한다. 이 시기의 도 공문서는 한국 남부의 도 문서로서 보존이 확인되지 않는다. 마찬가지로 해방 전 노동 동원의 부·읍 문서의 존재도 확인 할 수 없다.

대부분 면이 지정해 대상자로 동원됐다. 노동동원을 강제라고 말하는 이유이다. 이 밖에도 국내 동원, 만주 이민 등, 원치 않는 동원들이 있었다. 일본까지 가서는 할당되는 일도 위험한 탄광 등의 갱내 노동이라는 사실이 이미 농민들에게도 알려져 있어, 그곳에 가기를 희망하는 농촌 내의 요인이 농민 측에는 없었다. 그 때문에 앞의 공문서에 있듯이 행정·경찰에 의한 강제적인 동원 외에는 다른 방법이 없었을 것이다. 또한, 한국인 입장에서 보면, 한국에 있던 일본인 농민, 노동자(인원 비율은 적었지만)에 대해서는 일본 국내 탄광 등으로 동원하지 않았기 때문에, 민족 차별로 비치고, 동원에 따르는 것에 의문을 품는 것은 당연했다. 한국인도 같은 '황국신민·일본인'이라고 주창하면서, 한국에 있던 일본인이 그러한 동원 대상에서 제외되는 것을 민족적인 차별이라고 받아들이는 것은 당연했다.

## 5. 한국정부의 강제동원 조사위원회 성립과 강원도의 강제 동원 피해자 결과

전쟁기 강제 노동동원 실태에 대해서는 한국 내에서도 실태조사가 이루어지지 않았다. 그러나 한국정부는 2007년 12월 '태평양 전쟁 전후 국외 강제동원 희생자 등 지원에 관한 법률' 제정을 계기로 '태평양 전쟁 전후 국외 강제동원 희생자 지원위원회'를 설치했다. 게다가 2010년 3월에는 '대일 항쟁기 강제동원 피해조사 및 국외 강제동원 희생자 등 지원위원회'가 설립되어 2015년까지 활동했다.

이 위원회에 226,583건의 피해 신청이 있었고, 이 중 72,631건에 위로금을 지급했다. 한국 정부 위원회는 전문 연구자와 연구·조사 담당을 두었다. 각 도, 군에는 조사 담당이 설치되어 피해 신고를 접수하고 조사를 시행했다. 그 결과 동원 조사보고서가 60권, 위탁 조사보고서 38권, 전체 조사보고서 등 많은 조사 결과를 공표했다. 강제동원이 확인된 한국 내의 일본 기업은 1,144 기업, 일본 국내 기업은 1,257 기업으로, 기업명·사업장 수가 발표되었다. 한국 내 강제동원 실태는 현재로는 이들 자료를 이용하는 것을 전제로 한다. 이러한 보고서에서 강원도의 자료를 몇 개 언급해 보겠다. 강원도 전체로는 〈표 2〉와 같다.

〈표 2〉와 같은 신청이 있었지만, 증거 서류의 분실 등으로 신청자의 평균 64.5%가 인정받는데 머물렀다. 70여 년 전의 일이므로 자료가 없는 사람도 많았다. 그 밖에 유골 조사도 했다. 이러한 조사를 한 적이 없었기 때문에 획기적인 자료가 될 것이다.

〈표 2〉 한국정부의 강원도와 한국 전체의 강제동원 조사 결과

|  | 강원도 | 한국의 전체 수 |
|---|---|---|
| 강제동원 피해 신고 | 7,857 | 228,126 |
| 위로금 접수 수 | 3,856 | 112,556 |
| 도내 사망 수 | 595 | 20,681 |
| 도내 부상자 | 1,053 | 33,278 |
| 도내 의료 지원금 | 1,262 | 25,268 |
| 도내 미수금 | 946 | 33,329 |

* 자료는 대일 항쟁기 강제동원 피해조사 및 국외 강제동원 희생자 등 지원위원회 『위원회 활동 결과보고』 2016년 간행에 따른다. 일본어판을 사용했다. 같은 책 71쪽.
* 피해 신청자가 모두 '위로금'을 인정받은 것이 아니고, 증거가 되는 자료·증언이 필요했다.
* 조사대상은 노동자만이 아니라 군인, 군무원, 위안부 등도 대상이 되었다.

그러나 한국인 강제 노동동원의 실제 수는 일본 정부·내무성 통계
에서도 70~80만 명에 달했다. 한국 조사에서 신고한 사람은 약 4분의
1가량에 지나지 않았다. 한국의 조사 시점에서 대부분의 당사자가 사
망했고, 한국전쟁 때 이동 등으로 인해 증거 서류도 조사가 곤란했다.
동원 명부는 면, 군 등의 행정 기관에서 작성했기 때문에, 관리 문서명
은 확인할 수 있다. 그러나 실제로 남아있어야 하는 동원 명부는 동원
의 중심지였던 면사무소 등에서 해당 자료를 보존하지 않아 모두 없어
졌다고 생각한다. 오히려 일본 국내의 자료관, 공문서관에 남아 있을
가능성이 크다.

## 6. 강원도 노동동원 희생자의 사례

강원도의 노동동원에 따른 희생자 수는 〈표 2〉 이외에는 명확하지
않다. 일본 측에서는 아직 공적으로 정확한 전국 조사를 전혀 시행하지
않기 때문이다. 개인, 또는 단체가 정리한 조사보고 등을 정리한 다케
우치 야스토(竹內康人)의 연구에는 강원도 노동 동원자 266명의 이름이
있다.[8]

또한, 지난 한국정부 조사에서는 강제 동원된 사람 가운데, 사망하여
한국정부에 위로금을 신청한 사람 중에 강원도 희생자는 595명이라고
되어있다. 더 상세한 내용에 대해서는 일본의 국가적인 조사가 필요하

---

8 다케우치 야스토(竹內康人), 『전시 조선인 강제 노동 조사 자료 – 연행한 곳 일람·전국
  지도·사망자 명부』(고베(神戸) 학생센터, 2007)의 사망자 일람 가운데, 강원도 출신자
  숫자만을 헤아렸다.

다. 이러한 가운데 강원도에서 가장 희생이 컸던 상징적인 사건은 연합군의 어뢰 공격을 받고 침몰한 다이헤이호(太平丸) 침몰 사건이다.

이 사건에 관해서는 한국 위원회의 조사보고서 『다이헤이호 사건(太平丸事件) 진상조사 보고서 11』에 나와 있다. 다이헤이호에는 홋카이도(北海道)에서 사할린(樺太)으로 동원된 한국인 노동자들이 군무원 신분으로 승선하고 있었다. 그들은 1944년 5월 전후에 황해도에서 500명, 강원도에서 500명이 동원되었다. 강원도에서는 인제, 양구, 원주, 횡성, 회양의 5개 군에서 100명씩 동원되었다. 동원된 사람이 다이헤이호에 승선하고 있었는데, 연합군의 잠수함 어뢰 공격을 받아 사할린 상륙 직전에 침몰했다. 희생된 인원수에 대해서는 조사보고에서도 명확하지 않지만 182명 전후였다고 추계하고 있다. 이 중 몇 명이 강원도 출신자인지는 알 수 없다. 절반이라고 상정해도 90여 명이 사망했다. 강원도에서 강제 동원되어 일시에 사망한 수로는 가장 많은 것으로 추정된다. 이 침몰 사건은 고향에도 알려지게 되었다. 당시, 이 다수 사망 사건에 대해 당국도 방관할 수 없어서 행정적으로 대응했다. 여기서는 한국 조사와 일본 조사에서 사용되지 않았던 자료를 사용해 희생 상황의 일부를 명확히 하겠다. 이를 담당한 강원도 경비과장은 그때의 회상을 다음과 같이 기록했다.[9]

---

9 앞에서 서술한 호소야 우이치(細矢宇一)에 의한다. 저자는 강원도 경찰관으로 순사에서 시작해 서장까지 지냈다. 이 기록을 쓴 시기는 1945년 늦봄이었기 때문에 패전 직전이었다. 기록은 일기기록이 아니고 인상적인 사항을 시계열로 기술하고 있다. 당시 그는 강원도청 경찰부의 경비과장(경찰 서장보다 상위)으로 근무 하고 있었다. 이 강제 동원에 대해 3항목으로 나누어 기술하고 있는데 요점만을 소개해 두고자 한다. 또한, 본 자료는 패전 이후 오랜 기간 지난 후에 쓰였기 때문에 사건의 평가 부분은 생략했다.

1945년 늦봄, 이가 홍순(李家鴻絢 창씨명. 한국명 유홍순-역자) 지사는, "강원도에서 공출된 노무자가 홋카이도 앞바다에서 미군 잠수함의 공격을 받아 200명이 조난 사망했다. 구사일생으로 살아남은 사람이 모레 귀환하기 때문에, (사망자에 대해서는) 내일 중으로 유가족에게 전달해야 하므로, 도 과장이 분담하여 군으로 출장 가서 유가족에게 전달해 달라. 사망자에게는 1인당 교부금과 위문금 3,300엔이 나오므로, 식산은행에서 도(道)가 10만 엔을 빌려, 1인당 선급금 500엔을 교부한다"고 했다. 나는 양구군 6명과 인제군 30명, 합계 36명의 유가족에게 전달하라는 명령을 받았다. 인제군 1개면은 16명 전원이 사망한 곳도 있었다.

양구군에서는 6명분인 3,000엔을 군수에게 건네주고 영수증을 받은 뒤 인제군으로 향했다. '인제읍에 도착해 읍내 유가족의 집을 돌며 전달했다. 어떤 집은 형제가 함께 징용되어 동생은 조난 사망했지만, 형은 생존해 내일 귀향할 것이라고 아울러 전달했다. 인제읍에서의 전달을 끝내고 16명 전원이 사망한 면'으로 향했다. 자동차가 통행할 수 없는 24킬로의 길을 도보로 걸었다. '도중에 한 집이 있어 들러서 전달했는데, 그 집은 노부부 두 사람이 사는 가정으로, 손꼽아 외아들이 내일 돌아오기를 기다리고 있었다. "하나뿐인 아들을 먼저 보내고 어찌 살아가야 하나!" 하며 울음을 터뜨렸다.'

유가족들이 모여 있는 면사무소에서 교부금액 중 선급금이 500엔임을 설명하고, 모두의 앞에서 합계 8,000엔을 면장에게 전달했다. 이곳에는 미망인이 된 여성이 아기를 안고 울부짖고 있었으며, 자식을 먼저 여의고 우는 부모가 있었다고 기록되어 있다. 이후 지사가 참석해 거행될 예정이었던 위령제는 거행되지 않았다고 했고, 나머지 금액도 건네졌는지 어떤지는 기록되어 있지 않다. 직접 담당한 도 과장도 건넨 기억이 없다고 했다.

　이러한 정경은 강원도에서 동원된 다섯 군에서 공통으로 보였다. 이 전달에 관해서 개별 탄광 등의 사례는 있지만, 이 사건에 관해서는 달리 확인할 길이 없다. 이 기록이 중요한 점은, 지난 한국정부 조사에서 명확하게 밝혀지고 있지 않았던 면의 동원 수 등을 기술한 점, 무엇보다도 강원도 동원 사실이 도의 일본인 직원, 도 경찰 간부의 증언으로 명확히 밝혀지고 있다는 점이다. 또한, 동원 희생자 인원도 거의 일치하는 점 등, 강원도 당국 측에서 본 강제동원 자료와 희생을 명확히 밝히는 (일본) 기록이라는 점이다.

　다이헤이호 사건의 희생자는 군무원 신분이었지만, 강제동원 노동자의 경우에도 희생자에 대한 조위금 처리는 허술했다. 앞에서 인용한 호소야 우이치(細矢宇一)가 철원경찰서장이었을 때, 철원군 어운면(於雲面)에서 동원된 노동자가,

　　후쿠오카현 탄광에서 채탄 작업 중 사고로 순직 사망해 유골로 귀환했다. 그래서 당일 어운면 사무소에서 어운면 공장(公葬)으로 위령제를 시행하겠다는 안내가 있어, 나와 하타케야마(畑山) 군수가 장례식장에 참석해 영전에 애도를 표하고 조사(弔辭)를 봉정했다. 탄광에서 유골을 지참한 직원이 국가와 탄광으로부터 조위금을 보낸다고 했지만, 유가족에게는 한 푼의 교부금도 가져오지 않았다. 그래서 일본행 노무자 공출에 심대한 악영향을 미쳤기 때문에, 시급히 조위금을 받게 해달라고 유골을 지참하고 온 탄광 직원에게 요청함과 동시에, 탄광 사장 및 직원이 전달하는 조의금은 없느냐고 물었다. 그러자, 한 푼도 없다고 해서, 그 비정함에 개탄하지 않을 수 없었다. 그 후 송금했다는 이야기를 철원경찰서장 재임 중에 듣지 못했다.

라고 했다. 이 일의 전후 사정을 일부러 기록했다는 것은 상당히 신경이 쓰였기 때문일 것이다. 유족에게 조위금은 도착하지 않았을 것이다.[10] 그 밖에도 이러한 사실은 다수 있었을 것이다. 검증을 위해서는 더욱더 많은 유족으로부터의 조사가 필요하다. 강원도민 측으로부터 강제동원을 고려했을 경우, 유족의 문제뿐만이 아니다. 징용자가 일한 임금을 가족, 혹은 유족이 받을 수 있었는지 어땠는지도 중요한 요소이다.

## 7. 강제동원 노동자의 임금과 송금

조선총독부는 강제동원 임금과 송금에 관해 엄격한 통제를 가했다. 상세한 각종 방식을 규정해 놓아서, 원칙적으로 대형 탄광에서는 그대로 시행하고 있었다고 생각한다. 이 규칙에서는 임금을 동원노동자가 직접 수령해 관리하고 사용한다고 했다. 상세하게 확인할 수 있는 자료로서 현존하는 것은 경상남도 노무과가 편집한 『노무 관계 법령집』 1944년 1월 인쇄판일 것이다.[11] 제9장에 조선총독부 노동자 알선 요강이 있다. 그 안에 임금 지급 통보 양식 기재의 예가 있다. 요강의 세칙에 대해서는, 제5항에 '노동자의 할당 및 공출'이 있어 동원에 있어서 면의 역할이 규정되어 있다. 명부의 작성 등이 의무화되어, 노동자에게 면사무소 앞, 혹은 군청 앞에서 훈시하는 것이 정해져 있었다. 이 격려회에 대해서

---

10 전게, 호소야 우이치(細矢宇一), 295쪽에 따른다.

11 경상남도 노무과, 『노무 관계 법령집』(경상남도 광공부 노무과, 1944년 2월). 원자료는 776쪽의 방대한 책. 히구치 유이치(樋口雄一) 편, 『전시 하 조선인 노무 동원 기초자료집』 제5권 (녹음서방(綠陰書房)) 수록.

는 많은 증언이 있다. 노동자의 수송에 관해서도 세세하게 규정했다. 이러한 총독부의 지시가 하부에서도 시행되고 있었다.

가족에게 임금의 송금은 생활과 관계된 중요한 문제였다. 동원노동자 중, 토목노동자의 경우는 자료가 없어 명확히 밝힐 수 없으나, 토목공사 방식에서는 반장제도를 도입하고 있었다고 추측할 수 있다. 반장은 한 반 30명 단위의 동원노동자를 지도·인솔하는 역할로 사상이 온건하고 일본어를 할 수 있는 자, 타지에서 돈벌이 경험이 있는 자 등이 선발되어 노동을 지휘한 것 같다. 각 토목 업자의 조직 아래 조(組) 단위로 나누어 노동자들을 조직적으로 일을 시키고 있었다. 토목업체는 노동자를 데리고 빈번하게 현장을 이동해서, 서류를 남기기는 어려웠을 것이다. 임금은 매일 통장에 적립하고, 각각의 노동자에게 매월 2회 이상 지급했다. 이때 의무적인 애국 저금, 헌금 등이 공제되었을 것이다. 본봉은 본인에게 전액 지급하고, 약간의 돈을 예금하는 방식이었다고 생각한다. 통장은 조(組) 단위로 관리하고 송금하는 경우에도 조 단위로 했을 것으로 추정된다. 개별 현장에서는 우체국이 없는 곳도 있었다. 또한, 토목 현장에서는 노동자의 도망을 가장 두려워했기 때문에 본인에게 현금을 건네는 것을 피했다.

광산의 경우는 비교적 명확한 문서가 만들어져 있다.[12]

12 일본광산협회 『반도인 노무자에 관한 조사보고』(1940년 12월 간행, 박경식, 『조선 문제 자료 총서』 제2권 수록)에 의하면 한국인 동원노동자 처우의 상황을 조사했다. 이 조사 보고 사항에 임금액과 「송금 및 저금 상황」 조사가 있다. 회답 기업에 따라서 월별의 취업자 수, 송금 금액, 예금액을 일람으로 한 기업도 있다. 조사는 당시의 중요 광산 78사에서 한국인을 고용하고 있던 기업을 대상으로 했다. 이에 따르면 기업에 따라 다양하다.
또, 광산 측이 발행한 임금, 급여 명세서의 내용은 사례에 지나지 않지만, 1945년 시점 10장 분량이 예시되고, 1943~44년분의 기말 상여 급여 통지서, 결전 증산 수당, 급여

① 송금 방법은 본인이 한다. ② 회사가 출신지의 면장 자택으로 보낸다. 그때도 애국 저금, 헌금 등은 공제되었다. ③ 용돈은 10엔 정도를 본인에게 지급했다. ④ 잔액은 각 회사에서 공통으로 예금했다. 그 통장을 회사가 관리하고 있었다. 본인에게 건네지 않아서 도망갈 수 없는 시스템으로 되어있었다.

이러한 시스템 안에서 자택으로 송금할 경우, 원칙적으로는 다음과 같았다고 생각한다.

미쓰비시(三菱) 기타탄유바리(北炭夕張) 광업소『제2 탄광 협화 숙소(鑛協和寮) 담당자 연구회 기록』노무계 보도 반(班) 문서[13]에 따르면, 송금은 면장에게 송금하는 것이 원칙이었고 개인 앞으로 보낼 때도 정리하여 면장에게 보고할 것을 요구했다. 여기서 주목할 점이, 동원노동자를 보낼 때 인원 선정이 면 중심으로 이루어졌으며, 동원 집합지까지는 면장의 책임이었다. 처음부터 행정의 책임으로 동원이 이루어졌다. 이후 송금 등 중요한 업무도 면장이 했다. 면의 역할은 매우 컸고 경찰관도

---

수당서 등을 사진판으로 읽을 수 있도록 게재하고 있는 자료가 있다. 한국 부산에서 개관된 국립 일제 강제동원 역사관에서 2016년에 간행된 도록에 수록되어 있다. 임금액, 숙소비, 세금, 보험료 등이 제외되고 있었던 것을 알 수 있다. 이 사례는 충청남도에서 동원된 사람이 보존하고 있던 것으로 강원도의 사례는 아니다.

13 기타탄유바리(北炭夕張) 광업소 노무과 보도반『제2 탄광 협화 숙소(鑛協和寮) 담당자 연구회 기록』(1940년 1월) 중의 '반도인 훈련 요강과 그 상황'에는 송금 저축 항목으로,
가. 수입의 처치에 관한 지도로서는 매월 카드를 건넬 때 충분히 설명하여 이해시킨다.
나. 매월 임금에서 본인의 희망에 따라 고향으로 송금한다. 단 회사에서 직접 면장 앞으로 송금하는 것을 원칙으로 한다. 희망에 따른 송금 전액을 직접 회사에서 정리하여 면장에게 보고해야 할 것이다.
다. 매월 용돈은 10엔 이내로 하도록 지도한다고 되어 있다.
이 문서를 작성한 미쓰비시기타탄광업소(三菱北炭鑛業所)는 대량의 강제동원 한국인을 받아들이고 있어서, 이후에도 한국인 노동자 관리에 지도적인 역할을 했다고 생각한다.

이에 협력하고 있었다. 즉, 노동동원과 동원된 사람들의 이후 처우를 총독부 행정이 담당했다. 일본 국가 행정 기구의 말단에 있던 것이 면과 면장이었다. 또한, 기업은 한국 내의 총독부 행정과 밀접한 관계를 갖고 노동자를 관리하고 있었다.

가족이 언제, 몇엔 정도의 송금을 받았는지를 증명할 문서는 명확하지 않다. 현재 알 수 있는 것은 강제동원 노동자가 강제로 예금을 하게 되었던 저금이 공탁되어 보존된 정도이다.

## 8. 한국의 말단 행정 기관 – 면과 노동자 동원

먼저 총독부는 허가 문서를 작성했고, 도는 군의 할당을 읍(町), 면(村)에 통지했다. 면에서는 할당받은 인원만큼 개개의 농민을 동원했다. 면에서는 타지에서 돈벌이해 본 경험이 있는 희망자, 전업(轉業, 직업을 바꿈) 희망자 명부(실질적으로는 동원 예정자)를 작성하는 것이 의무화되었다. 할당이 있던 경우에는 취업 안내를 첨부해 할당하게 했다(다만, 이 취업 안내는 실질적으로는 작성되지 않았다고 생각하며, 이전의 한국에서의 조사에서도 발견되지 않았다). 할당을 받은 읍·면은 국민 총력 읍·면 연맹, 동, 리 및 마을 연맹의 협력으로 노동자를 공출하기로 되어있었다.[14]

면장은 동원노동자가 확정되면 명부를 작성하는 것이 의무화되었다.

---

14 면의 하부조직은 리·동이고, 국민총력조선연맹은 일본의 대정익찬회(大政翼贊會)와 거의 같은 조직이고, 최하부 조직은 애국반으로 일본의 도나리구미(隣組)에 해당한다. 그러나 한국의 애국반은 일본의 도나리구미만큼의 기능을 발휘되지 못했고, 면이 전면에 나서서, 직접 면 직원이 통지와 동원을 담당했다. 여기에는 쌀 공출 때와 마찬가지로 경찰관이 입회하는 경우도 있었다.

노동자 동원에 필요하다면 업자에게 협력을 구해도 좋을 것, 노동자는 주벽이 없을 것, 병이 없고 건강할 것 등을 조건으로 선발했다. 면 직원 에게는 감언으로 유혹하지 말라는 주의나, 면민에게 노동동원에 협력할 수 있도록 집회에서 설명할 것, 경찰관과 긴밀히 협력할 것 등이 정해졌 다. 면 직원이 중심이 되어 동원하고 있었다. 이 때문에 전쟁기가 되자, 면 기능이 강화되어 유력한 읍·면에는 일본인 행정 경험자 등이 면장에 임명되거나, 부면장제 도입, 면장 승격 등의 조치가 시행되었다.

노동동원의 최전선에는 면이 전면에 서서 동원을 시행했다. 면장, 면 직원은 면의 유력자·지주가 하층 농민을 노동자로 선별했다. 일본의 토목·광산·탄광에는 소작 하층 농민, 농업 노동자가, 공장 등에는 일본 어를 이해하고 초등학교를 나온 사람이 선별 동원되고 있었다고 생각한 다. 그러나 쌀과 농산물 생산에 지장이 없도록 지주와 주요 농업 종사자 는 동원에서 제외되는 일도 있었다. 이러한 면의 역할로 인해 해방 후에 는 동원자의 소식이나 미지급 임금 등에 대한 설명을 요구하는 한국 내 민중과 징용자 가족들이 면장을 추궁했다. 그중에는 도망간 사람도 있었고 많은 면에서는 안부를 확인하려는 민중들에게 면사무소가 둘러 싸이기도 했다.

면장은 조선총독부의 말단 행정 기관의 장으로, 그의 행동은 조선총 독부·일본의 명령으로 법령에 따라 행동하고 있었을 따름이었다. 한 국인 노동자의 동원 할당, 동원 장소에서의 사망·부상자들, 남겨진 가 족의 곤란 등에 관한 책임은 이를 명령한 일본 정부와 조선총독부가 짊어져야만 한다.

## 9. 강원도의 노동자 수급 사정

조선총독부는 국가 총동원 체제를 확립하는 데 있어서 그 기초가 되
는 인력 동원을 어떻게 해야 할지를 과제로 안고 있었다. 한국으로부터
의 노동력 동원도 이러한 과정에서 입안되고 시행하였다.

한국에서는 1939년 큰 가뭄이 농촌을 덮쳐 식량 부족이 심각해졌는
데, 총독부의 구제책은 극히 미비한 수준이었다. 하층 농민이 궁핍한
상황으로 내몰렸다.[15]

이러한 가운데 총독부는 1940년 노동자의 수급 조사를 했다. 조선총
독부는 1940년 3월에 내부(內部) 부장 이름으로 각 도지사에게 '노무 자
원조사에 관한 건'을 통지하고, 조사의 시작을 명령했는데, 그 취지를
다음과 같이 말하고 있다.[16]

> 최근 한반도에서의 노동력의 수요는 해가 갈수록 증가의 길을 걷고
> 있다. 전업 노동자는 완전히 바닥이 나, 노무 조정이 원활하고 적정한
> 수준을 유지하기 어려운 실정에 있다. 게다가 현 시국 하에 생산력 확충
> 산업, 군수 산업 등의 강화는 점점 노동력의 수요를 초래하는 추세에 있
> 을 뿐만 아니라, 일본에서 노동동원 계획의 시행에 따른 노동자 공출과
> 도 관계가 있다. 이것을 수급 조정하는 것은 긴급을 요하는 중요한 임무
> 이다. 따라서 지금까지 해왔던 기존의 수단으로는 도저히 소기의 효과를
> 기대할 수 없는 사태에 직면하기에 이르렀다. 그리고 향후 이들의 소요

---

15 졸저, 『전시 하 조선의 농민 생활지』(사회평론사, 1998)에 1939년 가뭄 상황과 농민
생활 상황에 대한 개요가 있으니 참조하기 바란다.

16 조선총독부, 『노무 자원조사 관계 서류』(1940년, 한국국가기록원 소장, 히구치 유이
치(樋口雄一), 『전시 하 조선인 노무 동원 기초 자료집』 제1권 수록, 녹음서방, 2000)에
따른다.

노동력의 대부분을 농촌의 인적 자원으로 구할 수밖에 없는 실정에 있다. 신속하게 이 과잉 노동력의 소재 및 양을 규명함으로써, 전시 노무대책 자본에 이바지하는 것은, 금년도부터 별지 요강에 따른 농촌의 노무 자원조사를 하는 것과 서로 관련되어 있으므로, 위의 글을 헤아려 이것을 시행하는 데 있어 모든 것에 유감이 없기를 기대한다.

노동력이 바닥이 나서, '지금까지 취하던 보통의 수단으로는 도저히 소기의 효과를 기대할 수 없는 사태에 직면하기에 이르렀다'고 하고 있어, 강권을 수반하는 동원을 상정하는 상태가 적어도 1940년 시점에서 일어났다고 할 수 있다. 일본 국내에 노동력이 필요했기 때문에, 한국 농촌에서 노동자를 내보내기 위한 노동력 조사를 하도록 지사에게 명하고 있다.

〈표 3〉 1940년 강원도 타관벌이 노동 및 전업 노동 가능자 수 조사 도(道) 총계(단위: 명)

|  | 12-19세 | 20-30세 | 31-40세 | 41-45세 | 계 |
|---|---|---|---|---|---|
| 남자 |  | 14,104 | 7,869 | 3,312 | 25,285 |
| 여자 | 4,760 |  |  |  | 4,760 |

\* 남자의 나이에 관해서는 가용 노동력의 나이, 여자에 대해서는 결혼 연령이 낮아, 여기에서는 19세 이하로 통계를 내고 있다. 일본으로 여자의 조직적인 동원은 여자 정신대령(女子挺身隊令) 시행까지는 동원하고 있지 않다.

이 지시에 기초해 각 도에서 조사했다. 이 중에서 강원도 상황을 보면, 〈표 3〉과 같은 개요이다. 이 조사는 군별로, 전체 경지면적에 대한 이상(理想) 면적, 이상(理想) 가구 수를 추계하여 현재 가구 수를 계산하고, 그 이상의 농가를 과잉 농가 수라고 설정해 도내 군별로 계산하는 방법이다. 여기에서 타관벌이 노동 및 전업(轉業) 노동 가능자 수를 도별로 산출한 숫자를 제시하고 있다. 이러한 작업의 결과를 '고용 노동 및 노동 전업 가능자 수 조사'라고 하고 있다.

또한, 본 표에 비고로 '본 표에 게시된 기록 대부분은 현재 근거지 혹은 인접 군의 철도공사, 또는, 발전소 공사, 광산·탄광, 어업, 그 밖에 겸업으로 조업 중이다'라고 기술하고 있다. 실질적으로는 일하고 있었다. 이는 제1호 양식인데, 제2호 양식의 '타관벌이 노동 및 전업 노동 희망자 조사'는 총수가 확실하지 않다고 회답했다. 이 비고 '타관벌이 노동 희망자가 소수인 것은, 현재 도내 광산·탄광, 철도 및 수력 전기 발전소 공사, 그 외의 토건 공사에 종사 중임에 따른 것이다'라고 했다. 다른 도의 상황도 검토해야 하겠지만, 강원도의 경우는 실질적으로 한국 내 타관벌이 노동, 자유롭게 일본으로 노동하러 갈 희망 등이 있어, 노동력의 여유가 없었다. 그래도 강원도에서는 앞에서 살펴본 것 같이 동원 할당의 100%를 달성하고 있다.

이 타관벌이 노동 및 전업 노동 가능자 수 조사의 한국 전체 총괄표에는 한국 모든 도에서 남자 359,494명, 여자 29,973명이고, 강원도는 남자 25,285명, 여자 4,760명이다. 이 숫자는 강원도의 실질 동원 수인 〈표 1〉의 숫자보다 훨씬 낮은 숫자이다. 강력한 강제동원 정책이 시행되지 않았다면, 〈표 1〉의 숫자는 동원할 수 없었다고 생각한다. 또한, 같은 조사 희망자 수는 한국 전체에서 남자 359,494명, 여자 29,975명으로 강원도의 경우 확실하지 않다. 실질적으로는 앞의 이유로 회답하고 있지 않다.

이 숫자는 동원 초기이고 일본 국내로부터의 요구는 매년 높아져서 조선총독부가 그 후에도 '농촌 재편성' 정책을 주장하게 되었다. 농업 합리화로 채산이 맞지 않는 농가를 처분하겠다는 구상이었다. 영세 소

작농, 농가의 고용자(한국 농가에 고용된 사람이 일본보다 많았다)를 노동자로
동원하려는 목적도 있었다. 동원은 단지 동원만이 아닌, 남겨진 한국
농민의 생활 전체를 바꾸어 갔다. 남자 노동력 부족을 메우기 위해 여성
도 농사를 비롯하여 새로운 노동에 참여할 수밖에 없게 되었다.


## 10. 한국인 강제동원과 한국 사회

한국에서 일본으로의 노동력 동원과 여기에서는 언급하지 못한 한
국인의 만주 이주, 강원도를 포함한 한반도 북부의 공업화, 석탄·광산
개발 등의 한국 내 징용 동원, 같은 도내 노동동원, 징병, 군무원 동원
등, 한국 농민의 동원은 다방면에 걸쳐 있었다. 이런 가운데 한국 농민
에게 1939년 큰 가뭄에 이어 1942년부터 3년 연속 대흉작이 덮쳤다.[17]
한국 사회의 기본을 구성하던 농민 생활은 심각한 지경에 놓였다. 이런
가운데 전시 노동동원은 한국 농촌의 일꾼을 빼앗아, 한국 사회 전체에
심각한 상황이 전개됐다.

한국 농민에 대한 강경한 동원은 한국 민중과 일본의 한국 식민지
지배에도 큰 균열을 가져왔다.

여기서는 언급하지 못했지만 1944년부터 시작된 징병은, 실시 후
45,000명과 45년 45,000명이 징병 되었고, 징병 검사를 받은 사람들
은 징병을 피할 수 없어 대부분 사람이 선박병, 농경 대원, 군무원으로
병적 자원으로 동원됐다. 실제 군무원은 일본 국내, 남태평양 점령지

---

17 3년 연속 흉작과 총독부의 대응에 대해서는 졸저, 『일본의 식민지 지배와 조선 농민』
  (동성사, 2010)에서 전쟁 말기의 한국 사회 상황에 대해서 언급했다.

까지 동원되어, 군인이 된 사람보다 많은 희생자가 나왔다. 또한, 일본
인의 만주 이민이 문제가 되고 있는데, 한국인의 만주 이민도 한반도에
서 많은 수의 인원을 송출했다. 강원도를 포함한 한국 각 도에서 1937
년부터 제1차 한국 농민의 만주 이민은 합계 약 13만여 명, 1942년부터
의 제2차 만주 이민은 25만 명이 보내졌다. 이와는 별도로, 일본과 마
찬가지로 만주 개척민 지원자 훈련소의 본거지를 강원도에 두고 훈련
했고, 일본의 패전까지 약 2,000명이 동원되었다.

일본 패전이 임박해서는 각 도내에서 군사 시설 동원, 타도로의 동
원이 일상적으로 시행되었다.

이러한 동원에 한국 민중은 다양하게 저항했는데, 이에 대해서는 별
도의 기회로 미루고 싶다. 일본의 패전과 동시에 강원도에서도 도내
전역에서 독립을 축하하는 시위가 일어났고, 지역마다 자치 단체가 생
겨서 권력 이양이 시행되었다.[18]

한국인들 스스로의 힘으로 해방 후 새로운 한국이 태어나려고 하고
있었다.

---

18 일본 패전에 따른 강원도에서의 권력 이동은 각 기관의 한국인 직원을 중심으로 행해
졌다. 병원에서는 한국인 의사가, 학교에서는 한국인 교원이, 자치기관으로는 치안유
지법으로 체포·구속되었던 사람이 중심이 되어 자치체제가 일제히 만들어졌다. 당시
한국의 지식인 대부분은 해방 직전에 일본의 패전을 알고 준비하고 있었다. 많은 한국
인이 미국, 중국, 소비에트로부터의 단파방송을 들어서 일본의 패전을 알고 있었다.
전쟁기에 강행된 동원으로 한국 사회의 모순이 확대되고 한국인이 독립을 위한 준비를
하고 있었다. 다음 장을 참조하기 바란다.

# 제7장

# 강원도에서 해방 전후의 지방 권력이행과 노동동원

## 1. 서론

본 장에서는 전시 상황에서 한국의 민중이 조선총독부의 권력과 괴리되고, 식민지하에서 독자적으로 역량을 축적한 지방 인재가 지방 권력을 이행 받아 해방 후 한국 사회 형성에 크게 기여한 바를 규명하고자 한다. 일본의 식민지 정책과 괴리됐던 사실을 바탕으로 해방 후 한국 사회 건설의 실상이 있었다고 생각된다. 조선총독부 해체에 대해서는 다양하게 논의되고 있지만, 지방 행정의 구체적인 권력이행에 대해서는 한국과 일본에서 충분하게 검증되지 않고 있다. 한국의 역사에서 특히 식민지 지배 하에서 한국인 민중의 독자적인 발전 과정을 평가하고자 할 때, 어떻게 한국에서 살고 있던 사람들이 총독부 정책과 괴리되고 해방 직후에 권력을 장악했는지는 중요한 문제라고 생각한다.

여기서는 한국의 독립을 전제로 한 권력이행의 기간은, 총독부의 지방 기구가 해체되고 지방 권력을 한국 민중이 파악하기까지의 기간으로, 해방 후 길어도 1개월 사이에 발생한 일을 대상으로 한다. 즉, 연합

군이 상륙해 군정(軍政)이 시작되기 이전의 일이다.

그러나 이 문제를 해명하려면 다양한 자료, 개인의 일기, 행정기관의 기록, 증언 등이 필요하다. 또한, 권력이행에 중심적인 역할을 한 사람들이 생존해 있지 않는 경우가 많다고 생각된다. 한국 사회에서 이러한 자료나 증언을 얻는 것은 매우 어렵다고 여겨진다. 여기서 강원도를 사례로 다루는 것은 일본 식민지 지배하의 한국 농민 사회에 대한 소론을 정리[1]한 적이 있는데, 강원도는 평균 수명이 한국에서 가장 짧아 관심을 가지고 바라보던 지역이다. 이러한 이유에서 몇 가지 자료를 수집하고 적은 자료를 통해서 전시 하의 일본 정책과 한국 민중의 이반된 실태를 살펴보겠다. 해방 후 한국인에 의한 지방권리 이행에 대해서 구체적으로 검증해 보고자 한다.

## 2. 해방 직전 강원도의 개황

강원도는 한반도 중부에 위치한다. 논밭이 적고 산지가 대부분을 차지하고 있다. 재배 가능한 작물은 보리, 조, 메밀, 옥수수 등이 중심이다. 강원도 인구는 1944년 시점에서 남자 938,429명, 여자 90,232명, 합계 1,838,661명이다. 일본인은 남자 9,490명, 여자 9,547명, 합계 19,037명에 불과했다. 약 100분의 1 정도의 일본인이 지배 민족으로 존재했다. (숫자는 조선총독부 '인구조사 결과보고' 1944년 5월 1일 기준) 일본군 주둔지가 있었지만, 대부분의 군병력은 국경에 있고 이 당시에는

---

1 졸저, 『일본의 식민지 지배와 조선 농민』(동성사, 2010) 외.

장비도 부족했다. 강원도에서 일본인의 존재는 작은 점으로 존재하는
데 지나지 않았다.

지리적으로는 동해에 면해 있고, 명승지인 금강산으로 들어가는 관
문으로 철도도 부설되어 있었다. 어업은 정어리, 대구를 중심으로 풍
부했다. 건조한 명태(북어)가 특산품이었다. 전시 때에는 우라늄을 포
함한 광물 자원 개발이 활발했다. 농산물의 공출, 한국 내외로 노동동
원, 징병, 일본 황민화 정책 등이 다른 도와 마찬가지로 실시되었다.
이러한 것에 대해서는 별도로 논하기로 하고, 여기서는 패전 직전 일본
인마저도 느꼈던 패전의 조짐이라 할 수 있는 한국인과 괴리된 동향에
대해서 기술하고자 한다.

본 장에서는 먼저 강원도의 권력 이동의 실태를 일본인의 사료에서
밝히고, 다음으로 전시 하의 노동동원 정책의 실태에서 해방과 동시에
권력 이행을 시행하게 된 민중의 동향을 밝히고자 한다.

강원도는 북부지역이 38선 이북인데 소련군이 참전해 진주해오는 8월
15일까지 직접적인 영향이 있었다는 자료는 없다.

여기서 사용하는 제1 자료는 몇 개의 신문자료와 강원도에서 근무했
던 경찰 관료들을 중심으로 해방 후의 시대 경험을 회고해 정리한『강
원도 회고록』이다.[2] 제2 자료는 다양하게 남아 있는 강제동원 기록 등

---

2 금강회, 『강원도 회고록』(1974), 금강회, 『강원도 회고록 속편』(1977, 전쟁 전에 경찰
에 근무한 일본인 경찰관, 일본인 교사 등의 회상록. 금강회는 강원도 내에 한반도에서
가장 유명한 관광지인 금강산이 있는 것에서 붙였다고 생각된다. 이러한 회고록은 각
지의 일본인이 작성하고 있다. 간행물로는『수원(水原)』등 일본인에 의한 회보가 있
다. 앞으로 특별한 형식 없이 본 자료를 인용하겠다. 이러한 일본인, 특히 경찰관 기록
을 사용하는 것에 있어서는 당연히 신중을 기해야 할 것으로 생각된다. 본 자료는 미야
모토 마사아키(宮本正明) 씨가 제공해 주셨다. 감사의 말씀을 드린다.

이 주된 것이다.

또 강원도에서의 전시 하의 항일운동에 관해서는 광복회 강원도지부, 『강원도 항일 독립운동사 Ⅲ』, 조동걸, 『태백 항일사』(강원일보사) 등에 학생을 중심으로 한 기록은 있지만, 여기서 다루는 해방 전후의 권력 이동에 대해서는 기록이 없으므로 본 글에서는 다루지 않겠다.

앞의 기록, 『강원도 회고록』에서 일본 패전을 예견한 몇 개의 사례를 소개하겠다.

(1) 강원도에서 초등학교 교장으로 있던 마키 세이(万木淸)는 1944년 4월에 평강군 남면에 있는 지암(芝岩)국민학교와 가곡(佳谷)국민학교 교장을 겸직하고 있었다. 전등도 없는 곳으로 일본인은 그의 가족을 포함해 세 가족과 경찰관 한 명이 근무하는 산촌이었다. 이곳에 부임한 1945년 4월부터 패전까지를 다음과 같이 기술하고 있다.

1945년 4월 조용한 이곳 농촌 마을 상공에도 B29기가 비행기구름을 남기고 멀리 사라졌다. 이웃 평강에서는 기관총 총격을 받았다는 소문이 있었고 벼농사를 지었지만 쌀밥을 먹을 수 없었다. 식량이 부족했던 때는 "초근목피를 먹는다"고 들었는데 현실의 문제가 되었다. 아동이 결석하는 일도 많아졌다. 학교에 가고 싶어도 배가 고파서 걸을 수 없다는 말을 자주 들었다.

젊은이는 군대에, 노무자로 징용되어 갔지만 돌아오지 않았다. 적은 배급으로 생활은 고통스러워졌다. 마을 사람의 성화와 불만을 공공연하게 듣게 되었다. 5월 말 농장 경영을 하고 있던 두 가족(일본인-필자)이 재산을 처분하고 서둘러 일본으로 철수했다.

그는 8월이 되자 마당에서 재배하던 수박이 사라지고 닭도 도난당했

다고 이어서 기록하고, 불안한 나날을 보내다가 일본의 패전을 맞이하
게 되었다. 그는 지역의 '주석(主席)'인 한국인으로부터 위험하니까 철
수하라는 권유를 받고 한복을 입고 변장해서 친척이 사는 곳까지 도망
쳤다. 그가 교원이었기에 이러한 솔직한 감상을 쓸 수 있었을 것이다.

그리고 여기서도 예외 없이 한국인들은 해방 직후부터 해방을 축하
하는 징을 치고 있었다고 한다.

(2) 경찰관 다나카 이와쿠마(田中岩熊)는 일본 패전 직전에는 강원도
가 아닌 개성 경찰서에서 근무했다. 처음에는 강원도 내에 있는 경찰서
에 근무한 적이 있었기 때문에 위 기록에 '두 개의 추억'이라는 글을
쓰며 등장한다.

8월에 들어서 북쪽에서 군용기(도망기) 2대가 앞뒤로 나란히 관내에
불시착했다. 어느 아침 누군가 관사 문 앞 돌계단에, 마치 이곳을 읽으라
는 듯이 훌륭한 장정의 톨스토이 작품 위에 작은 돌을 올려놓은 채 두고
갔다. 자세하게 읽지는 않았지만, 지금 생각하면 아마도 러시아 원정을
나선 나폴레옹 군대가 황량한 설원에서 패주하는 상황을 기록하고 있는
부분이 아니었을까 생각한다. 왠지 꺼림칙한 형세가 느껴지는 그럴 때였
다. 제빙회사 사장, 식품 공장의 주인, 동양척식회사 알선으로[3] 이민 온
영농자 등이 찾아와, 한국인이 공장과 농지를 판매하라고 거듭해서 교섭
해 오는데, 어떻게 하면 좋을 지를 물었다. 나는 시국의 상황을 생각해
이참에 결심해서 매각하는 것이 어떤가라고 권했지만 누구도 결단을 내
리지 못하는 듯 했다. 고생 끝에 얻은 중요한 자산이라 쉽게 포기할 수

---

3 '동양척식회사 고용'이라는 것은 총독부가 설립한 동양척식회사가 일본인 소작 농민으
로 고용한 사람 가운데 업적이 좋은 사람을 자작농으로 독립시켰다. 이 경우는 이러한
사람을 가리킨다.

없었던 것도 이해가 가는 일이다. 이것을 봐도 일부 한국인들은 일본의 패전이 불가피하다는 것을 예측하고 있었던 것은 의심의 여지가 없었다.

라고 감상을 기록했다.

이외에도 미군 전투기의 공습이나 눈앞에서 일본 수송선이 격침된 일 등을 기록했다.

이 두 가지 증언에서 한국인과 일본인의 일본 패전에 대한 전조를 읽을 수 있다.

> (가) 일본인의 반응 중 하나는 농장을 가지고 있던 두 명의 일본인이 토지를 처분하고 귀국한 것이다. 패전을 앞두고 식민지 지배에 불안을 느껴 토지를 처분한 것이다. 이런 불안감은 주변 한국인들의 동향에 '고생해서' 손에 넣은 토지를 포기하도록 한 점이 주목된다. 또한, 한국에서 떠나려는 움직임은 농장 경영을 하던 사람뿐만이 아니라 일본인 교원들에게도 확산되고 있었다.[4]
>
> (나) 개성에서 한국인들이 일본의 패전을 간파하고 일본인이 경영하는 공장·농장 등을 사겠다고 일본인 경영자에게 거래를 제안한 사례를 많이 듣고 있었다는 것이다. 경찰관이 예상했듯이 한국인은 일본인의 퇴거를 예지하고 이러한 행동을 취한 것이다. 한국인은 해방에 대해 명확하게 전망하고 있었다.
>
> (다) 한국인이 가지고 있던 일본 패전에 대한 예지는 톨스토이의 '훌륭한 장정' 책에서 알 수 있듯이 단순한 패전에 대한 예지라기보다 사상적인 비유를 포함한 것이라 할 수 있다.

---

4 한국에서 패전 직전에 철수한 마키노 히로시(牧野弘志)가 제공한 『어머니 마츠코(松子)의 생애 – 흘러가는 구름에 저항하고』의 기록에 의한다. 교원이던 아버지는 1944년 11월 3일 한국에서 귀국했는데, 귀국한 이유는 한국인의 일본인에 대한 반감이 강해졌기 때문이다. 수기 기록.

일본 패전에 대해 한국인 쪽에서 명확히 예견하고 있었다. 포츠담선언이나 카이로선언 등을 유포하던 연합국과 소련의 단파방송을 수신해서 파악하고 있었다. 물론 조선총독부는 이러한 것을 단속의 대상으로 삼았지만 '불법수신'을 막을 수는 없었다. 강원도에서 일본 패전 정보를 알고 있었던 사례를 살펴보겠다.

일본인 경찰관 호시노 사이치(星野佐一)는 자신이 체포한 공산주의자 권리일(權利一)이 석방되고 나서 서로 친해졌다. 그 사람은 '이후 종전까지 친하게 교제했고, 일본의 전쟁이 불리하게 기울고 있던 사정 등을 자세하게 제공해 준 사람'이라고 했다.[5]

또한, 패전 직전은 아니지만, 앞에서 언급한 다나카 이와쿠마(田中岩熊)는 처음 부임한 강원도 울진경찰서에서 순사로 근무하면서 간수로도 근무했다. 동료인 한국인 간수와 교대할 때 한국인 간수가 정치범으로부터 다음과 같은 말을 들었다고 했다.

도시샤(同志社) 대학에 유학 중인 S가 '너는 일본 제국주의의 개 노릇을 언제까지 할 것인가. 한국은 가까운 시일에 반드시 해방되고 독립할 것이다. 일본 제국주의가 주는 연금을 받는 일 따위는 절대로 있을 수 없다. 잘 생각해라'라고 한 것을 그 한국인 간수가 들었다고 한다. S는 '관내 출신이고 일찍부터 공안 경찰에게 요시찰 인물이었다' 그런데 당시 '예비 검속'으로 유치되어 있었다. S에 대해서는 본명을 쓰지 않아 정확히 알 수 없지만, 해방 후에 북한(북조선)에서 인민위원회의 위원이 되었다고 적고 있다.[6]

---

5 앞의 회고록 상 197쪽. 호시노(星野)는 패전 때 강원도 최북부에 있는 회양 경찰서장.
6 앞의 회고록 상 93쪽에 의한다. S가 누구인지 확인할 수 없다.

이렇게 일본의 패전을 예지하고, 일본인의 인식과는 괴리된 한국인의 기록이 많이 있다. 특히 한국인 지식인들은 공통적으로 인식하고 있었다고 생각된다. 한국인 민중도 심각한 식량 부족, 노동동원, 징병 등으로 일본과 괴리된 감정이 널리 침투해 있었다. 한국인 민중 각 계층에게 괴리한 감정이 확산되었다고 할 수 있다. 또한, 극히 일부의 일본인은 한국인의 괴리된 행동에 대해서 정도의 차이는 있지만 인식하던 사람들도 있었다.

이것이 표면화된 것은 해방 직전과 직후 며칠간이었는데, 특히 강원도에서의 지방 권력의 이행을 중심으로 검증하겠다.

## 3. 괴리를 전제로 한 지방 권력의 이행

일본의 패전이 가까워지자 권력이행을 위한 준비 상황이 발생했다. 조선총독부 권력에 대해서는, 총독부 당국이 민족주의자 등에게 손을 써서 권력이행의 준비를 한 것이 확실하고 해방 후 지방 인민위원회의 설립에 일정한 역할을 한 사실도 잘 알려져 있다. 이것은 광범위한 한국인 사회와 일본인 사회와의 괴리된 현실과 한국인 사회에서 독자적인 행동을 취하려고 하는 기운이 있었기 때문이기도 하다. 이러한 권력이행은 총독부뿐만 아니라, 패전이 확실하게 되자 한국 각지에서 아주 빠른 시기에 인민위원회 등과 같은 권력 인수위들이 생겨나고 중앙과 같은 상황이 발생하고 있었다고 생각된다. 그렇기에 지방 권력을 담당했던 총독부 각 지방 기구의 권력이행 실태를 분명히 해야 한다.

여기서는 강원도 각지 상황을 아는 범위에서 소개하겠다. 우선 전제로 8월 9일 소련군의 참전과 동시에 한반도 북부에서 일본군이 철수하는 상황을 알고 있다는 것과 강원도 북부는 38선 이북이고 일본인이 피난하기 시작한 것 등 불안한 상황이었다는 것을 확인할 필요가 있다. 또한, 일본군은 이 지역에서 가장 빨리 철수하며 지방 권력을 유지하려는 어떤 역할도 수행하지 않았다. 일반 행정 기구도 역할을 다하지 않아 유일하게 지방 권력을 지탱한 것은 일부가 유지되고 있었던 경찰 기구였음을 확인하고자 한다. 그리고 각 지방의 정식 권력 인수는, 일본 경찰 권력이 남아 나중에 진주한 미군에게 인계한 경우도 있었다.

또한, 패전을 맞이한 일본인과 조선총독부는 모든 권력을 유지하려고 한 것이 아니라, 권력을 인민위원회 등으로 이행하는 것을 인정했다. 포츠담선언의 수락 그 자체였다. 한국의 독립을 인정한 것이다. 따라서 일본인의 귀국과 그 안전을 보장받는 것이 남겨진 행정 과제가 되었다.

### 1) 강원도청의 권력이행 – 민족주의·사회주의자와 사전협의

강원도의 도청소재지는 춘천이다. 이곳에서의 권력이행도 경찰 기구가 담당했다. 금강회의 회상 기록에 근거해 기술하고자 한다. 또한, 이 기록이 일본인 경찰관의 기록이며, 일본인 입장에서의 일방적인 기록이라는 것을 전제로 한 뒤 검토를 하고자 한다. 이것을 기록한 인물은 사토 하지메(佐藤一)라는 당시 춘천경찰서 고등위생 주임경부보였다. 그는 패전 전후의 일을 '종전의 추억'으로 정리했는데 패전 직후의 모습을 기록하고 있다. 한국인 두 명이 도움을 주었다고 한다. 관계된 부분을 인용한다.

이야기는 종전 전으로 거슬러 올라간다. 앞에 언급한 두 명의 한국인은,
춘천읍 이병한(李炳翰)
전 고등경찰 상의 요주의 인물 (내가 부임 후 해제)
춘천읍 지수선(池壽善, 지태선인가-역자)
시찰이 필요한 사람으로 치안유지법 위반 징역 4년 전과자

두 사람은 강원도 내에서 사상과 관계된 거물로 태평양전쟁 당시 예비
검속(위험한 사상가 등 공공의 안녕을 해칠 위험이 있다고 판단한 인물
을 구속)된 일도 있다. 태평양전쟁도 나날이 격렬해지고 전시 상황도 일
본에게 불리해져, 한국 민중도 차츰 동요하고 반일화 경향이 확산되고
있었다. 그래서 경찰로서 치안 공작의 한 수단으로, 앞에 기록한 바와
같이 한국인 사상 관계의 거물을 회유해 한국 민중의 동요를 방지하는
방책을 취하게 됐다. 한편 요주의인물, 요시찰 인물은 항시 고등 형사에
게 그들의 동향을 염탐하도록 하고 있었다.

라고 했다. 이러한 움직임은 총독부 대응에도 나타나 있고 자료는 발견
되지 않았지만, 내밀한 지시가 있었다고 생각된다. 사토 하지메는 치안
유지에 협력해주도록 경찰관으로서가 아니라 일본인의 한 사람으로서
의뢰하고 이병한에 대해서 '요주의 인물'을 해제했다. 이후 소련군이
참전하자 앞의 두 사람의 예비 검속이 결정되었다. 그는 서장과 의논해
이 지시에 따르지 않고 예비 검속을 실행하지 않았다. 고등과 차석으로
부터 관내의 각 경찰서에서는 예비 검거를 했는데 어째서 하지 않았는지
질책을 받았지만 질병으로 처리했다고 한다. 일주일 후 패전이 되자
모든 한국인은 구속이 해제되어 형무소에서 해방되었다. 그 후 이병한
은 강원도 무경부장(경찰부장), 지수선은 춘천 무경부장(경찰서장)이 되
고, 그들 밑에 한국인 자치 조직인 보안대(대장은 박정준(朴正俊). 미나가와

기사부로(皆川喜三郎)증언 하, 91쪽)가 생겼다고 했다. 이 기록이 정확하다면, 춘천에서의 권력이행은 일본의 경찰 권력으로부터 민중에게 신망이 있던 민족주의자 등에게 권력이 인계되는 한국 민중에게로의 계승이었다고 할 수 있다.

사토는 이 덕분에 춘천에 있던 일본인이 철수할 때 무사히 귀환할 수 있었다고 회고했다. 그러나 이 한국인들에 대해서는 『남로당 연구 자료집』(고려대학교, 1974) 등의 문헌에서는 발견할 수 없었다.

## 2) 강원도청 학무과의 권력이행 – 패전을 예감하고 준비한 사례

강원 도청에는 또 한명의 일본인 교원 출신인 노구치 분고로(野口文五郎)라는 학무과 직원이 있었다. 그는 춘천의 상황을 '춘천의 공기도 종전 1개월을 앞에 두고 어쩐지 이상한 분위기가 감돌고 있었다'라고 감상을 남기고 있다. 8월 15일 도청에서 일본 천황의 방송을 듣고 불안감을 가지고 학무과에 돌아갔다. 그곳에는 방송이 끝나기 전부터 준비한 것으로 생각되는 사태가 일어나고 있었다. '학무과로 돌아와 보니 어느새 책상 배열, 출근부, 신발 상자 등 일본인이 사용하던 물품들은 방 한쪽 구석에 치워져 있고 모든 주도권이 한국인의 손에 넘어가 있었다'고 했다. 이후 그는 일본인 직원의 명부 정리 등을 하면서 학무과의 일은 전혀 하지 않았다. 도청에서는 나날이 일본인이 추방되어 수가 적어지고 한국인이 많아졌다. 한국인 직원은 일본 패전을 사전에 알고 권력 이행을 준비하고 있었던 것이다. 도내의 각 학교에서도 일본인 교원은 서둘러 철수해 한국인이 많아지고 한국인 교원에게 교육 현장에서 인계가 이루어졌다고 생각한다.

### 3) 강원도립 춘천병원의 권력 이행

강원병원은 도립병원의 기능을 했는데, 이곳의 권한 이행에 대해 원장이던 일본인 나카오 이사오(中尾功)는 '전쟁 말기의 양상이 분명해지고 직원은 결원인 채 보충도 불가능'한 상태였다고 증언했다.

8월 16일 그가 출근 해보니 '병원 내의 공기가 완전히 달라져 있었다. 지금의 한국 국기가 정면에 게양되어 있었는데, 그것은 원장실에서 가지고 나온 일장기에 덧칠해 그린' 것이었다. 이 일로 화를 냈지만 다음날 17일부터 '완전히 양상이 바뀌어 일본인 직원은 사무와 진료에 간섭하는 것을 거부당했다. 소아과 의사(한국인 의사)인 모 군이 리더 자격으로' 그와 서로 의논했다고 한다. 소아과 의사는 '지극히 온화한 어투로 이제 한국은 독립했기 때문에 전승국의 자부심을 가지고 의료를 행하고 싶다. 일본인의 원조 일체를 받지 않겠다'고 해서 병원에 나가지 않았다. 그 후 다시 한번 오라고 해 병원에 갔고, 미군이 진주하기까지 머물러 있었다. 도립병원의 권한은 병원 내부의 한국인 의사에게 인계되고 다른 한국인 의사들에게 전수되었다. 도립 기관의 기능도 각처에 있던 한국인들에게 일제히 인계되었던 사례이다.

### 4) 강원도 내 군청의 권력 이행
#### – 횡성군 횡성에서 해방 후 자치위원회와의 교섭

횡성군에는 관내에 일개 소대의 병사와 무장 해제된 소대의 병사가 있었다. 횡성 경찰서도 패전과 동시에 기능을 상실하고 권력이 이행되었다고 생각된다. 거주하고 있던 일본인 백 수십 명의 보호가 문제가 되어 여러 차례에 나누어 일본으로 귀국을 시켰다고 한다. 횡성 경찰서장인 구라마타 기요노리(倉又淸憲)는 '당시 나는 한국인 자치위원회의 신농(神農) 위원장과 하룻밤 술을 함께 마시고 환담을 나누며 남아있는 일본인의 신변보호를 부탁했다'고 귀국이 무사히 이루어진 것에 대해 회상했다. 한국인 자치위원회(한국인의 자주 조직으로 명칭은 통일되어 있지 않았다)의 양해를 얻었다는 것이다. 일본의 패전 직후부터 권한이 자치위원회로 이행하여 기능을 한 것으로 보인다. 신농은 창씨개명이라 본명은 현재 불분명하다.

이 경우 군대가 남아있었고, 일체의 행정권 등을 요구하지 않아서 교섭을 양해했던 것 같다. 이미 행정권 유지 등은 생각할 수 없었고 교섭을 통해 일본인의 안전보호를 의뢰한 것이다.

### 5) 강원도 내 군청의 권력 이행 – 원주군 원주의 한국인에 대한 의뢰

다카키 가쿠이치(高木覺一) 원주 경찰서장은 8월 16일 아침 일찍, 관내 한국인 유력자, 관공서 간부, 청년단, 부녀회, 공산당 간부, 마을 부랑배, 마을 구장, 공직자, 한국인 교사 등의 '모임을 요청하고' 이 자리에서 다음과 같이 의뢰했다고 한다. 군수·읍장 지휘 하에 청년단이 치안을 유지할 것, 일본인에게 위해를 가하지 않을 것, 한국 국기를 게양해도 무방함(조선총독부는 게양할 수 없다고 지시했다고 한다), 무기는 미군에게 인수할 것 등을 제시했다고 한다. 다카키의 기록에서는 이러한 의뢰에 따라 한국인 청년단이 치안을 유지했다고 한다. 16일 이른 아침에 일본인 스스로 당시의 총독부 기구의 유력자 등에게 행정권을 이행한 것이다. 공산당 간부라는 것은 전날 석방된 요시찰 인물 등 사회 운동가였다고 추정된다.

그리고 일본인도 따로 모아서 모두가 무사히 일본으로 돌아가는 것 외에는 다른 방법이 없는 상황이므로 명령에 따라 행동할 것을 지시했다. 그에 의하면 이 명령으로 일본인은 전원 무사히 철수했다고 한다.

### 6) 강원도 내 군청의 권력 이행 – 평강군 평강의 보안대로의 권한 이행

도요타 세이(豊田誠) 평강(平康) 경찰서장은 패전의 추억을 써서, 패전 전에 한반도에서 유일하게 미군의 공습이 있었던 사실에 대해 기술했다. 크고 작은 7대의 비행기 공습으로 '다수의 사상자'가 발생해서 실제로 피해가 컸다고 언급했다. 그가 일본의 패전을 알았던 것은 8월 14일이고 그 이전인 1943년 여름 무렵부터 일본이 승리할 수 없다고 생각했다고 한다. 경찰서장으로서 다음과 같은 행동을 취했다.

> 전시 국면이 악화되고 특별 경계에 들어가자, 일찍부터 민족주의자, 사상주의자 등을 계획한 대로 예비 검속하고 있었습니다. 미군이 오키나와에 상륙하고 소련 참전으로 평강에서도 검거할 계획이 있었지만, 나는 독단으로 검거를 하지 않았습니다. 이것이 나중에 매우 좋은 결과로 작용했습니다.

라고 했다. '종전과 동시에 한국인 보안대가 생겨서' 보안대와의 교섭 경과를 기록했다. 보안대로의 권력 이행이었다. 평강 근교에 복계라는 곳에 육군의 자재 보관소가 있었는데 경비 중대가 패전과 동시에 도망가서 물자를 자유롭게 취할 수 있었다. 그는 보안대에게 총과 탄환을 건네고 물자가 균등하게 건네지도록 했다고 기술하고 있다. 보안대 대장은 평소 친분 관계에 있던 의사 하(河)(경성의학 전문학교 졸·도회의원)

였는데, 하(河)가 한국독립만세를 외치는 가두행진을 허가해 달라는 요청이 있어 허가했다.

한국인의 주장은 하(河)를 통해서 듣거나 전하도록 약속되어 있었다. 8월 17일 보안대로부터 서장 호출이 와서 회합하러 나갔더니 '청년, 사상가' 등 수백 명이 모여 있었다고 한다. '경찰권을 한국인에게 넘기라'는 것이었는데 '권한을 넘겨줄 것을 결심하고 약속했다.' 일개 서장이고 박 지사(미상-역자)의 명령을 받고 있기 때문에 지사의 승인을 받기 위해서 24시간 기다리도록 의뢰했다고 한다. 실질적으로 17일에 경찰권이 보안대에게 이행된 것이다.

## 7) 강원도 군청 등에서의 권력이행
### - 강릉군 강릉의 인민위원회·보안대로의 권력 이행

강릉은 강원도 제2의 도시이다. 여기서는 일본군과 군청 기구가 해방과 동시에 해체되었다. 앞의 사토 하지메(佐藤一)의 아우인 사토 로쿠로(佐藤六郎, 당시 강릉서 근무)의 증언에 의하면, 강릉 경찰서에서 '기타무라(北村) 서장 이하 전원이 해방과 동시에 보안대에게 체포되어 자신들이 근무하던 경찰서 감방에 유치되어 기타무라 서장을 제외한 전원이 매일 끌려가 구타 폭행을 당했다'고 한다. 이 경우는 조속히 결성한 자치 조직이 권력을 장악한 것이고, 경찰에게 인수받는 형태는 아니었다고 추정된다.

강릉은 강원도의 중요한 요충지였기 때문에 1945년 7월 강원도청의 임시 출장소(200명 규모)가 설치되고 경찰부장으로 마에노 류(前野隆)가 부임했다. 마에노는 8월 16일 모든 과원을 모아 경무과를 해산하고 과원에게 여비를 지급한 후 자신은 강릉서로 갔다고 한다. 그곳에서 오후 3시부터 안재호(安在浩)의 방송을 들었다. 방송에서는 건국준비위원회와 행정과 치안을 지키기 위한 한국인 보안대의 결성을 호소했다. 이것에 응해서 강릉에서도 군청 직원 중 친일파를 제외한 사람들이 건국준비위원회를 만들었다고 한다. 군장(郡長)은 자택에서 칩거했다.

그러나 경찰은 이때 계속 존재해 있었다. 17일에 건국준비위원회 사람들 200명 남짓이 경찰서에 찾아와 경찰권은 이양했지만, 무기는 건네지 않겠다는 방침으로 대응해 관철시켰다고 한다.

그에 의하면 그 후 일정 기간은 '경찰도 청사와 총기를 확보'하고 있었다고 한다. 이 증언을 보면 내용이 상세하고 앞에서 기록한 사토 로쿠로의 증언은 전문(傳聞)으로, 당시 많이 떠돌던 소문이었다고 생각된다. 다만 한국인 경찰관계자 중에서 민중에게 심하게 대했던 사람들은 민중으로부터 격렬하게 제재를 당했다.

여기서 다루고 있는 강원도 내의 해방에 따른 권력 이행은 다른 군과 읍에서도 마찬가지였다고 생각된다. 이행의 중심이 된 것은, 일본과 한국 민중과의 괴리의 상징으로, 식민지 시대에 치안유지법 위반자가 되었던 사람들이다. 그들이 인민위원회·보안대 등의 권력이행 인수의 중심이 되었고, 일본에 협력했던 한국인들은 도망칠 수밖에 없는 상황이 한국인 민중 내에 존재했던 것이다. 해방 후 한국인 인민위원회 측 사람들은 식민지 지배하에서 체포되고 수형생활을 하다가 석방된 사람들이었다. 8월 16일 전 지역에서 석방된 18,000명이라고 하는 정치범 등이 권력의 인수자가 되었고 한반도 민중에게 압도적인 지지를 받았다.

또한, 치안유지법 위반자뿐만 아니라, 일본의 패전을 단파 라디오 등에서 알고 해방 후를 준비했던 사람들도 많이 있어서 그들이 권력이행을 담당하게 되었다.

　이러한 행정기관과 경찰의 권한 이행 실태가 가리키는 것은 총독부 지배에 대한 광범위한 괴리가 총독부 지배하에서 진행된 것이다. 특히 강원도에서는 전시 노동동원, 징병이 엄격하게 실시되어 반발도 강해졌다. 강원도 내에서 해방 직후에 일어난 예를 한 가지 들어보겠다.

　김화 경찰서장인 이토 우메노스케(伊藤梅之助)는 관할인 근동면에서 일어난 일을 다음과 같이 기술하고 있다. '가족을 일본에 송출한 사람들이 불안에 사로잡혀 있었다. (한국인) 면장의 무리한 권유로 자식을 보낸 것이었다. "아들과 동생을 어떻게 할 것인가?"라고 걱정하는 주민 십여 명이 예기치 않게 면사무소에 몰려가 함께 난폭하게 행동하자 면장은 도망을 쳤다. 거기에 일본인 순사가 달려왔는데, 그가 표적이 되어 사망하기에 이르렀다. 한국인은 일본으로의 동원에 스스로 협력할 마음이 없었고 해방과 관련해서 어떤 설명도 없었던 것이다. 이 사건은 한국 민중의 강한 항의 의지의 표현이었다. 이러한 일본인 경찰관의 사례는 강원도에서는 하나이다. 그러나 일본의 정책에 협력한 한국인 경찰관이나 친일적인 사람들에게 강한 반감을 지니고 있었기 때문에 다양한 사건이 한국인 사회에서 발생하게 되었다. 이러한 특징에 대해서 정리하면 다음과 같이 말할 수 있을 것이다.

　　(가) 괴리 현상이 겉으로 드러난 것을 일본인이 인식한 것은 패전 직후부터였지만, 한국인 사회에서는 해방 전부터 일본의 패전을 예지하고 있었다. 일본 천황의 방송이 끝나고, 바로 강원도청 학무과에 돌아갔더니 일본인 직원의 짐이 정리되어 있었다고 하듯이 패전 이전부터 권력 이행이 준비되었던 것으로 나타나 있다. 이러한 사례는 민간 회사인 『조선식산은행 종전 시의 기록』에도 있다.[7]

(나) 8월 15일부터 16일에 대부분의 도·군·면에서 한국인 인민위원
회·보안대 등이 결성되고 권한 이행이 실시되었다. 그것은 독자
적으로 결성된 것이고 일본인과 괴리된 사회의 존재 없이는 생각
할 수 없다고 할 수 있다.

(다) 강원도에서 일본인과 무력 충돌은 확인할 수 없고, 권력 이행의
접수자는 대부분의 지역에서 식민지 지배에 저항했던 민족주의
자, 치안유지법 위반자 등을 중심으로 조직 되었다.

강원도에서도 다른 도와 마찬가지로 이러한 사실이 일본인 전 경찰
관이나 학무과 직원 등에 의해서 전해지고 있다. 강원도만의 상황으로
는 실증이 부족하지만, 한반도 내에서 전시 하의 각종 괴리 행동을 계
승한 국내 민중의 힘이 존재하고 있었기 때문이다. 한반도 지방 권력
이행은 민중의 괴리와 총독부 정책에 대한 비판이 기조가 되었다고 생
각한다. 해방 직전의 한국 민중이 놓인 상황을 아래에 기술하겠다.

한국민중에게 권력이행이 되도록 한 괴리 행동은 한국병합 이전부
터 광범위한 민중의 저항과 그 후의 민중운동 등으로 자리매김하지 않
으면 안 된다. 이 시기에 한국 민중에게 가장 불안감과 저항감을 가중
시킨 정책의 하나인 전시 동원, 특히 전시 노동동원에 대해서 수치적인
개요를 여기에 정리해 보겠다. 전시 노동동원이 구석구석의 민중에까
지 영향을 미쳐 조선총독부 정책과 민중의 괴리를 증폭시켰다. 이것이
해방 후 권력이행 요인의 하나가 되었다고 생각되기 때문에 강원도 전
시 노동동원에 대해서도 검증하고자 한다.

---

7  식은행우회(殖銀行友會), 『조선식산은행 종전 시의 기록』(식은행우회, 1978).

## 4. 한국인과의 괴리를 증폭시키고 권력이행의 요인이 된 강원도의 전시 노동동원

전시 노동동원은 한국사회와 민중에 커다란 부담과 희생을 강요하는 정책이었다. 국가 총동원법에 근거해서 체계적으로 각 도에 동원은 할당되고, 각 도는 할당을 달성하기 위해 경찰과 행정의 노무 담당 등이 경쟁적으로 민중을 동원했다. 여기서는 할당을 근거로 강원도에서 몇명 정도가 동원되었고 그것이 노동인구 비율에서 어느 정도인지를 병력동원을 포함해서 밝히고자 한다. 동원이 가장 확대된 1942년~1944년을 대상으로 한다.[8]

여기서는 한반도 내에서 조직적으로 동원된 한국인을 대상으로 하겠다. 크게 분류하면 ① 일본으로 동원 ② 일본에서는 그다지 주목되지 않지만, 한국 도내와 도외로의 동원 ③ 징병을 중심으로 한 병력 동원으로 나눌 수 있을 것이다. 그러나 이외에도 각 도에 할당했던 매년 2,000호에 달하는 만주 지역으로의 농민이민과 새롭게 점령지가 된 남태평양 지역으로의 노동자·농민 동원이 있지만, 여기서는 개요정도로 그치고 자세하게는 별도의 기회에 검증하고자 한다.

### 1) 일본으로의 강제 노동 동원·개요

국가총동원법에 의거한 일본으로의 동원이 한국인 대상으로 광범위하게 실시되었다. 인적 동원은 인구 증가가 현저했던 한반도 남부 지역

---

8 노동동원은 1939년부터 개시되어 일본 패전까지 계속했지만, 여기서는 동원 규모가 압도적으로 많은 시기를 다루었다. 연도는 회계연도이고 1945년은 불분명한 점이 많아 다루지 않는다.

이 주요 대상이었다. 총독부는 한반도 남부를 쌀 생산에 있어서 인구 과잉지역으로 평가해, 쌀 생산을 합리화하고 노동자가 부족한 일본으로 과잉 인력을 동원한다는 두 가지의 목적에서 인적 동원을 실시했다. 동원 할당은 1943년, 1944년에 급격하게 증가했다. 1944년의 계획은 39만 명에 달했다. 당연히 강제적인 동원도 이루어졌다. 이 가운데 강원도에서 동원한 도항자 수는 1942~1944년까지 49,417명에 달했는데 최소한으로 어림잡은 숫자이다.

1942년부터 일본으로 노동동원을 했다는 것은 일본에서 노동 계약 기간이 2년간이고 대부분의 사람들이 전쟁 말까지 일본에 있었던 것으로 보인다. 계약 기간은 연장을 강요받는 것이 일반적이었다. 이러한 의미에서는 1942년 이전부터의 동원수도 대상으로 삼지 않으면 안 되지만, 계약 기간대로 귀국한 경우도 있어 정확하지 않기 때문에 1942년부터로 했다.

강원도의 기간 연장 사례를 하나 들어 보겠다.

신문기사에 후쿠오카현 '가호군(嘉穂郡) 미쓰비시 광업소에서 재작년 3월 도착한 강원도 원주 파견부대 및 화천 파견부대의 길야순룡(吉野順龍)군 이하 73명은 오키나와 본섬을 둘러싼 가열찬 전쟁 국면에 기간 만료되자, 이런 중대한 시기에 귀환하는 것은 있을 수 없다고 하며 전원이 자발적으로 1년 연장을 하타□(幡□)근로과장에게 신청했다.(생략)' 고 신문기사에 미담으로 소개되었다. 기사 제목은 '다시 1년 힘내자 반도의 증탄 원병이여'이다.(아사히신문, 1945년 4월 14일자 조선판) 실질적으로 강제 동원 기간의 연장이었다고 생각한다. 이러한 수치를 포함시키면 실제 숫자는 더욱 많았다고 생각된다. 이 내용에 대해서는 본서 제6장을 참조하기 바란다.

## 2) 한반도 내 전시 노동동원

한반도에서도 일본과 동일하게 징용과 각종 산업체에 노동동원이 실시되었다. 특히 군수공장 지대였던 한반도 북부로의 동원이 많았다. 도외(道外)의 동원은 이러한 군수공장으로의 동원이다. 도내(道內) 동원은 강원도 내의 광산, 공장 등으로 동원된 경우도 있다. 급증한 항구 등의 공사도 있다. 비군수 산업에의 동원은 아니었다. 강원도 내의 동원 수는 42,039명, 도외 동원은 만 명에 달한다. 합계 52,039명이었다.

〈표 1〉 강원도에서 일본으로 노동동원

| 총 노동인구 | 1942년 | | 1943년 | | 1944년 |
|---|---|---|---|---|---|
| 남자<br>16세~40세 | 할당 계획수 | 도항수 | 할당 계획수 | 도항수<br>10월말 현재 | 예정수 |
| 319,645명 | 7,540 | 10,769 | 10,000 | 6,648 | 32,000 |
| | | | | 동원 도항수 합계 | 49,417 |

* 표의 숫자는 내무성 관리국 민생과 「노무관계 참고집」, 『일본 노동법제 및 정책 관계 잡건, 외지로의 적용 관계』 수록, 외무성 외교 자료관 소장에 의한다.
* 남자 노동 인구는 조선총독부 『인구조사 결과』 1944년 5월 1일에서 해당 연령자를 총계했다.
* 1942년은 계획수를 약 2,500명 상회하고 있다.
* 1943년은 10월 현재 숫자이고 후반 6개월 사이에 계획한 수치를 달성한 것으로 보인다. 그러나 집계에서는 이 도항수 만으로 했다.
* 1944년은 예정 수이지만 처음 계획은 29만 명이었고 그 후 10만 명이 추가로 계획되어 있었다. 각지에서 강제적인 동원이 실시되어 예정된 수를 채용했다. 이 숫자를 차용한 것은 한국총계이다. 1944년 한국인 노무자 이입 상황 조사표에서는 할당 수가 379,747명에 이르고, 실제 동원 수는 같은 해 12월까지 206,151명에 달했다. 연도(年度)로는 3개월을 남기고 있어 할당 수가 거의 달성되었다고 생각되기 때문에, 계획 수는 할당 수 그대로 했다.

〈표 2〉 강원도인의 한국 내 도내·도외 동원수

| 도내 수요 예상 수 | | | | | | 도외 공출 예상 수 | | |
|---|---|---|---|---|---|---|---|---|
| 공장 | 광산 | 토건 | 교통<br>운송 | 임업 | 계 | 타도 | 군요원 | 계 |
| 939 | 25,431 | 12,793 | 682 | 2,464 | 42,039 | 4,500 | 6,500 | 10,000 |

* 토건 노동자는 군 관계 공사가 포함된다.
* 군요원이란 한국 내 다른 도의 비행장 건설 등에 동원된 사람이다.
* 동원 기간은 3개월간이었다고 생각되지만, 다른 도로의 동원 등에서는 연기되는 경우가 많았다고 생각된다. 인원은 연간 동원 인원수이다.
* 실제 동원 수는 자료에서는 분명하지 않지만, 거의 계획한 인원이 동원되었다.
* 이 표에는 방적, 식료품, 소규모 토지 개량 공사 등은 포함되지 않고, 전시 중요산업으로 동원만을 다루고 있다.
* 1943년도의 도별의 도내, 도외 동원 수는 확실하지 않다.
* 본 표와는 별도로 임시적인 노동동원이 부과되었다. 1944년에는 8월 23일 지방장관에 대한 일본 천황의 '언급(御言葉)'이 있다고 해서 한반도 전체에서 한층 동원이 실시되었다. 각 도에서 독자적인 동원이 실시되었다. 이때 강원도 근로동원 실시조서는 다음의 항목 표와 같은 계획이었다.
* 〈표 1〉과 같은 자료에서 작성했지만, 도외 일본으로의 동원에 대해서는 〈표 1〉 자료와 같으므로 생략했다.

〈도표〉 강원도 근로동원 임시 시설 조서 (1944년 9월 이후)

| 구분 | 작업<br>일수 | 작업<br>연인원 | 작업 종류 |
|---|---|---|---|
| 도청 | 54 | 1,496 | 비행장 건설 작업·신탄(薪炭. 땔나무와 석탄-역자) 반출 작업 |
| 춘천 | 109 | 3,178 | 비행장 건설 작업·벼 베기·보리 파종·도로 자갈 깔기 |
| 인제 | 15 | 160 | 벼 베기·보리 파종·신사 조영 작업 |
| 양구 | 114 | 1,957 | 신탄 하산 작업·벼 베기 작업·건초 퇴비 증산 작업 |
| 회양 | 65 | 8,157 | 철도 침목 하산 작업·신사 부지 정지 작업 |
| 통천 | 46 | 806 | 송탄유 채취 작업·제방 건설 작업·건초 채취 |
| 고성 | 43 | 908 | 산포도 채취·제방 건설 작업·항만 건설 공사 |
| 양양 | 49 | 917 | 광산 광석 채취·군용 건초 채취·벼 베기·보리 파종 |
| 강릉 | 14 | 165 | 저수지 시설 작업·비행장 정리 작업 |

| 삼척 | 41 | 350 | 벼 베기 작업·신사 토지 정비·건초 채취 |
| 울진 | 455 | 472 | 철도 건설 작업·신사 토지 정비 작업·벼 베기 보리 파종 |
| 정선 | 6 | 2,463 | 벼 베기·보리 파종 작업 |
| 평창 | 44 | 2,716 | 제방 건축 공사·벼 베기·신사 토지 정비 |
| 영월 | 3 | 203 | 장작 하산 작업·신사 토지 정비 공사 |
| 원주 | 4 | 723 | 벼 베기 작업·장작 하산 작업 |
| 횡성 | 52 | 2,854 | 증산을 위한 제방 공사·신탄 운반 작업 |
| 홍천 | 62 | 4,430 | 신탄 반출 작업·신사 토지 정비 사업·자갈 채취 |
| 화천 | 3 | 195 | 건초 채취·신탄(薪炭) 반출 작업 |
| 김화 | 56 | 1,342 | 벼 베기·보리 파종·신사 토지 정비 작업·신탄(薪炭) 반출 작업 |
| 철원 | 194 | 409 | 신사 조영 작업·경원선 작업·수리 조합 공사 |
| 평강 | 7 | 268 | 벼 베기·신탄(薪炭) 운반 작업 |
| 이천 | 5 | 382 | 신탄(薪炭) 반출 작업 |
| 계 | 1,551 | 34,050 | |

* 출전은 「제국관제 잡건 외지 일반 부(部)」 1944년 7월~1945년 5월 외무성 외교 자료관 소장에 의한다.
* 동원 연인원은 34,050명에 이른다.
* 작업 종류는 일부 생략하고 용어를 알기 쉽게 했다.
* 작업 종류에서 중요시 되었던 생산관계 과제에 부응하는 내용으로 되어있다. 벼 베기, 보리 파종, 신탄(薪炭)은 산 속의 생산 현장에서 읍내까지 이동, 당면한 농작업으로 노동력이 부족했기 때문에 이러한 동원이 행해졌다. 신사 정비는 한 면에 한 신사(一面一社) 제도로 한국인에게 작업을 강요했다. 신사는 해방과 동시에 파괴되었다. 군용 건초 채취, 비행장 건설 등도 있다. 한국 농촌에서는 노동력 부족으로 이때뿐 만이 아니라 일 년 내내 동원되었다. 겨울 준비에 신탄이 많은 것은 도시에서의 온돌용 연료 부족과 일본인이 사용하는 숯 부족이 심각했기 때문이다.
* 구분은 도청·춘천 이외는 군 단위의 동원 수이다.

## 3) 한국인 징병과 군사적 동원

특별 지원병 제도는 1938년부터 매년 실시되어 처음에는 지원하는 사람이 적었다. 총독부가 각 도에 장려한 결과 다수의 수험자가 모였고 재일한국인도 수험하게 하여 합격자가 나왔다. 학도병은 도쿄 등 대학에 유학하던 사람을 대상으로 실시했다. 초기에는 지원자가 적었지만 친족 등에게 압력을 넣어 지원하게끔 되었다.

1942년에 발표된 징병 제도는 이후 2년 걸려서 준비했다. 갖은 방법으로 징병 검사에 동원하고 일본어를 못하는 사람까지 보충병, 농경대원, 선박병 등으로 양성했다. 징병 연령자는 대부분 병사나 군사적으로 동원이 되었다. 1944년과 1945년에 징병이 실시되어 배치되었다. 〈표 3〉의 3은 1944~1945년도를 합산한 수이다. 군사적 동원 수의 합계는 13,955명이다.

〈표 3〉 강원도에서 군으로 동원

| | |
|---|---|
| 1. 1943년도 조선특별지원병 | 382명 |
| 2. 1943년도 임시채용특별지원병 (학도병) | 106명 |
| 3. 한국 출신 구 육·해군 군인 군속 통계 | 13,467명 |
| 합계 | 13,955명 |

* 1의 특별지원병은 1938년부터 매년 모집했고, 1942년도 모집했기 때문에 실제 인원 수는 더 많다. 위의 숫자는 1943년의 조사이고, 매년 각 도가 지원자 수와 합격자 수를 서로 경쟁했다.
* 2의 학도병은 대학생을 지원시켰다. 지원하지 않았던 사람은 군수공장에 징용되었다. 병자 이외는 동원되었다.
* 한국인 징병은 1944년과 1945년에 실시되었다. 총원은 36만 명에 이른다고 생각되지만 확실하지 않다. 이 숫자는 1962년에 일본 후생성이 한일조약의 자료로 작성한 것으로 추정되는 자료에서 인용했다. 도표와 같은 계획이었다.
* 〈표 1〉과 같은 자료에서 작성했지만, 도 이외 일본으로의 동원에 대해서는 〈표 1〉의 자료와 같기 때문에 생략했다. 그 밖에 군사적 동원자로는 포로감시원, 소년전차병, 군수공장으로의 징용자가 있었지만 표에는 포함되지 않았다. 도별 수치는 명확하지 않다.

## 4) 강원도 내 가용(可動) 남자 노동력과 전시 동원자 수의 비율

〈표 1〉과 같이 강원도에서 16세~40세까지 남자 노동력은 319,645명 이다. 이에 대한 전시 노동동원 수가 어느 정도 비율이었는지 수치로 나타내면 〈표 4〉와 같다.

남자 가용 노동인구 총수 319,645명에 대한 전시 노동동원 105,411명 의 비율은 33%이다. 이것은 적게 어림잡은 동원 수이고 강원도 농촌에 서 3분의 1의 장년기의 사람이 동원되었다.

그러나 실제는 더 많은 사람이 도내 광산이나 공장 등 전시 산업에 동원되어 일하고 있었다. 〈표 5〉와 같다.

**〈표 4〉 강원도에서 전시 동원 총수**

| 일본으로 노동동원 | 49,417 | 1942~1944년분 한정 |
|---|---|---|
| 한국 내 도내외 동원 | 52,039 | 1944년분 한정 |
| 군사적 동원 | 13,955 | 1944~1945년분 한정 |
| 계 | 105,411 | |

**〈표 5〉 강원도 내 중요 공장 광산 사업장 노동자 수(1944년 7월 현재)**

| 공장<br>노동자 수 | 석탄산<br>노동자 수 | 광산<br>노동자 수 | 토건<br>노동자 수 | 운송<br>노동자 수 | 계 |
|---|---|---|---|---|---|
| 7,195 | 12,267 | 29,000 | 8,065 | 2,995 | 59,479 |

* 앞의 〈표 1〉. 내무성 관리국 민생과 작성 자료에 의한다.

## 5) 기존 공장·광산노동자 수

강원도는 산악 지대가 많아서 광산 등이 전시 하에서 급속하게 개발 된 곳도 있다. 석탄·광산의 자원조사도 실시됐다. 노동자 수에서 한반도 북부에 위치한 평안남도·평안북도에 이어 제3위의 위치를 차지하며 한반도에서 자원개발이 진행되었던 지역이다. 그래서 강원도 지역 사람들이 전시 하에 상근 노동자로 동원되었던 것이다.

〈표 5〉와 같이 59,479명이 전시에 동원되어 도내 상근 노동자로 일하고 있었다. 이것은 중요 공장노동자로 생활관련 사업장이나, 어업 노동자, 농업 노동자, 소규모 토목공사 노동자 등은 포함되지 않는다. 또한, 면·군 직원의 다수는 한국인이었고 경찰관도 전시 말기에는 한국인이 총수의 반수 이상이었다. 한국인 직원도 증가하고 있었다. 통제 하에 통합되어 있었지만 상업 종사자 등을 더하면 실질 취업 노동자는 더 많아진다고 할 수 있다. 이러한 사람들 숫자는 전시 동원노동자에 들어가지 않는다. 치안 유지를 맡은 경찰관 등은 전시 동원자와 다름이 없는 존재이다.

여기서는 전시 동원이라는 측면에서 〈표 4〉의 105,411명에 59,479명을 더한 숫자인 164,890명을 강원도의 전시 동원수로 다루고자 한다.

16세~40세 남자 가용 노동인구에 대한 비율에서 보면 42%의 사람들이 전시 동원자였던 것이 명백해진다.

가용 노동인구 총계에는 문제가 있다. 이 숫자에는 일본에 체류하던 사람이나 만주국에 있던 사람들과 중국에 있던 사람들이 포함된다. 이들 가운데 일본과 만주에 살던 사람 중에도 전시 동원 대상 노동자가 존재했다고 생각된다.

이들을 포함한 전쟁 말기 강원도 인구를 다시 한번 검증해 보겠다. 한국인은 호적 이동이 인정되지 않아 1944년 5월의 인구 조사에서는 한국 외에 거주하던 사람들도 포함되었기 때문이다.

## 6) 일본 거주 강원도 출신 인구

일본에는 한국 각 도에서 일하러 간 사람들이 있었고 주로 한반도 남부에서 도항한 사람이 많았다. 강원도는 한반도 중부에 위치하고 남부 각 도보다 인구가 적었다. 벼농사 지역은 적고 보리, 메밀, 감자 등을 혼식했다. 한랭지여서 생활환경도 다른 도보다 험난했다고 여겨진다. 이러한 조건 속에서 일본으로 도항하는 사람들이 있었다. 각 도별 재일한국인 숫자는 일본 내무성 경보국이 제작한 각 연도별 조사 자료가 있고, 자료에 따르면 1942년 말 일본에 거주한 강원도 출신자는 다음과 같다.[9]

남자 14,140명, 여자 7,626명, 합계 21,766명.

이 가운데 16세~40세까지 남자 가용 노동인구가 몇 명인지 숫자는 확실하지 않다. 40세 이상이 몇 명이고, 15세 이하의 아이가 몇 명인지 확실하지 않다. 도항자 중에 고령자가 적었던 것과 증가하던 아이도 적었던 것을 상정하면 최소한 강원도에서 이 연령의 노동자 수는 만 명은 되었다고 생각된다.

이처럼 일본으로 이동하는 시기에 또는 중국 동북부로 이동한 강원도 출신도 있었다.

## 7) 중국 동북지구 등으로 강원도인의 이동·동원

현 시점에서 중국 동북지구인 만주국과 일본에 대해 강제 인적 동원이 대량으로 실시됐다는 기록은 발견되지 않았다. 중국 동북지구에 한국인 이주자가 많았으나, 정확한 한국인 이주자 수나 출신 도별 통계

---

9 일본 내무성 경보국『사회운동의 상황』1942년 판에 의한다. 재일한국인 수는 강제동원 노동자는 포함하지 않다고 생각된다.

등이 확실하게 정리되지 않았다. 따라서 자료로 어느 정도 추정할 수 있는 범위에서 검증하고자 한다.

만주국으로는 농업 이민이라는 형태로 진행되었고 만주국 이외 중국에서는 한국인 농민에 의해서 '안전 마을(安全村)' 건설을 강력하게 추진했다. 일본인의 만주 이민에서 보이는 것과 같은 이민이 한국인 농민에게도 요구되었다. 한국 농민의 개척단을 형태별로 말하면 집단, 분산, 집합 세 가지 형태가 있고 1937년부터 지정된 읍·면에서 5년 계획으로 송출됐다. 5년간 제1차 개척단에는 한반도 전체에서 26,807가구가 보내졌다. 평균 5인 가족이었다고 하니 13만 명 정도에 이른다. 1942년 제2차 계획 수는 더욱 대규모가 되어 사람 수로 환산하면 대략 25만 명을 송출할 계획이었다. 그러나 한국 내의 노동력 부족으로 정해진 수를 달성하지 못했다고 여겨진다. 이러한 동원 속에서 1942년도 강원도에서 200가구가 선발되어 보내졌다. 전라남도가 430가구였으니 적은 편이었다. 1945년까지 매년 한반도 전체에서 2,000가구가 송출됐다. 이외에도 한국인 만주개척 청년의용대가 각 도에서 선발되고 매년 평균적으로 120~150명을 보냈다고 추정된다. 어쨌든 강원도 할당에 대한 통계는 명확하지 않다.

한국에서 개척자 송출의 중심적인 기관으로 강원도 평강군 고삽면에 조선총독부 '만주개척민 지원자 훈련소'가 설립되었다. 이러한 개척단, 개척청년의용대 등을 종합하면 강원도에서 적어도 16~40세까지 남자 가용 노동력자 2,000명 전후가 동원되었다.[10] 그 밖에 중국내에

---

10 한국인 개척단은 한 가족이 4~5명으로 부부와 아이 2~3명으로 구성되어 있었다. 할당된 읍·면의 소작인에서 선발되었다. 16세~40세까지의 남자는 한 집에 한 명 정도로 추정된다. 경과 개요는 졸저, 『전시 하 조선의 농민 생활지』(사회평론사, 1998)를 참고

대규모 '북중국(北支)' 안전촌 건설(예·노대(蘆台) 모범농장)과 남태평양 군도에 농업노동자로 동원된 사람도 있는데, 강원도에서 동원한 사람이 몇 명 있었는지에 대해서는 확실하지 않다. 또한, 개척 이외에 많은 농민·노동자가 중국 동북 지방에서 일하고 있어, 총수는 200만 명이 넘을 것으로 추정된다. 16세~40세까지 연령의 강원도 출신이 몇 명이었는지 확실하지 않다.

## 8) 강원도 남자 가용(可動) 노동자 이동 총수의 추정

〈표 1〉~〈표 4〉에 나타나듯이 한국 내외에 대한 전시 노동원 수와 〈표 5〉의 한국 내 중요 군수공장 등에서 일한 사람들 가운데 16세~40세까지의 강원도 노동 인구가 차지하는 비율은 42%에 이르던 것을 확인할 수 있었다. 거기에 중요 공장 이외의 기존 공장과 경찰관 등을 포함한 직원, 어업, 임업 노동자 등을 넣으면 남자 가용 노동력 비율이 더 높아질 것은 확실하다. 또 만주국·중국으로 이동을 고려하면 50% 이상 가용 노동력이 동원되었다고 추정된다. 대량 동원은 강원도 내 농촌에서의 동원이었다. 농촌은 극단적인 노동력 부족에 빠졌다.

또한, 농촌사회에 커다란 변화를 가져왔다. 앞에서도 보았듯이 강원도는 총독부 할당 수를 넘는 동원 수를 확보하고 있었다. 이러한 동원은 소작 농민뿐 아니라 소자작농 층까지도 대상으로 하고, 일손을 잃게된 한국인 농민에게는 막대한 희생이 초래되었다. 이러한 심각한 동원체제가 한국 내에 괴리·반발 요인으로 작용했고 이것이 권력 이행에

---

하기 바란다.

대한 한국 민중의 전면적인 지지로 이어진 것이다. 이것에 대해서는 더욱 실증적으로 밝혀야 하지만 여기에 몇 가지 사례를 드는 것으로, 한국의 해방 시기에 한국 민중이 해방 후 지방 권력을 장악하는 행동요인의 하나로 강제 동원에 대해 평가하고자 한다.

## 5. 강원도 강제 노동동원에 관한 동향과 한국인의 괴리

1939년부터 시작된 국가총동원법에 따른 일본으로의 노동동원은 일본 국내의 노동력 부족이 심각해짐에 따라 더욱 확대되었다. 강원도에서 일본으로의 노동동원에 관해서는 별도의 기회에 정리해서 논하겠지만, 여기서는 강제 동원이 미치는 해방 전후의 영향과 동원 실시 경과의 사례를 총독부 정책에 대한 민중의 괴리와 노동동원에 대한 항의 방법의 전형으로 보고 살펴보겠다.

강원도에서 동원 된 사람들의 기록 중, 앞에서 언급한 『강원도 회고록』에서 몇 가지 예를 들어보겠다.

패전 때 김화 경찰서장을 맡고 있던 이토 우메노스케(伊東梅之助)는 당시 강제동원에 대해서 다음과 같이 기록했다. 김화 경찰서 관하에 근동면이 있어, 전시 동원에 대해 '근동면은 전쟁 시작 이래 면장이하 전 직원이 참으로 상사의 명령에 충실하고 열의를 다해, 근로자 동원과 식량 공출, 그 외 전시 하의 면 행정에 발군의 성적을 올렸다. 특히 일본으로의 근로자 공출은 할당에 100% 성적을 올렸다. 그만큼 관계자의 설득을 반 강제적인 수단으로 강행했던 것으로 생각된다. 그때 일본의 패전 사실이 시골 근동면에도 시시각각 알려지고, 자식을 일본으로 보낸 부모 형제는 불안이 커졌다. 면장의 무리한 강압으로 자식을 일본으로 보낸 것이다. "아들과 동생을 어찌할 것인가." 예기지 않게 함께 걱정하는 주민 10여명이 모여 면사무소에 몰려갔다'고 되어 있다. 기록을 보면 동원은 '강제적인 수단으로 강행'되었기 때문에 친족들이 항의한 것이다. 탄광 등에서 희생자도 나왔고 한국인은 그런 소식을 알고 있어 어떻게든 하고 싶었던 것이다. 이러한 사람들의 분노가 해방 시 한반도에서 권력 이행의 배경에 있었다고 생각된다.

또한 다른 경찰관 다시로 마사후미(田代正文)는 강원도청이 있던 춘천에서 강제 동원 노동자를 배웅하는 가족들의 상황을 '역전에서 공출당하는 가족의 눈물어린 이별과 이어지는 통곡은 정말로 애달프고 오히려 비참한 상황을 만들어냈다'라고 회상했다. (앞의 『강원도 회고록』에 의한다) 이별의 배경에는 남겨진 가족에게도 강제 동원으로 인해 심각한 상황이 초래할 것을 가족도 알고 있었던 것이다.

이러한 강원도의 강제 노동은 철저하게 행해졌는데, 동원 범위가 아주 광범위했다는 것을 나타내는 증언이 있다.

한국에서 가난한 농민들은 깊은 산에 들어가 화전 농업을 하며 화전민으로 사는 경우가 많았는데, 일본 식민지하에서도 증가했다. 강원도는 한반도 북부처럼 화전 지구가 많았다. 깊은 산에 사는 화전민이 동원이 될 정도로 방문하는 사람도 적은 화전 마을에까지 노동동원의 손길이 뻗쳤다. 강원도 철원군 출신으로 1943년에 동원된 야마자키(山崎 창씨명. 본명 황)씨는 45세에 동원됐다고 한다. 그는 화전민이고 아내와 5명의 아이도 있었다고 한다. 13가구 정도의 화전촌에서 처음 동원된 것으로 화전촌의 중심인물이었던 그가 동원에 응하지 않을 수 없었을 것이다.[11] 한반도에서 가장 가난한 계층인 산 속 화전민까지도 동원된 것이다.

전시 노동동원이 광범위하여 전쟁 말기에는 저항감이 여느 때보다 강해져서 괴리의 폭이 커졌다. 이는 해방 후 권력이행이 한국 민중의 전면적인 동의하에 행해지게 된 요인의 하나라고 할 수 있다.

---

11 이흥섭(李興燮) 저, 『속 아버지가 건넌 바다』(해방신문사, 2015)에 의한다. '야마자키' 는 저자의 친구로 소개되고 있다. 또 한국 민중의 총독부 행정에 대한 괴리 행동에 대해서는 본서 '제9장 전쟁 말기 한국인 읍면 기능과 한국인 민중과의 괴리에 대해서' 를 참조하기 바란다.

# 제8장

# 강원도 소작·화전 농민
# 박경우(朴慶雨)·이성순(李成順) 부부의 증언

## 1. 서론

강원도는 식민지 하의 한국에서 가장 가난한 지역 중 한 곳으로 식민지 지배 상황을 고찰하는데 있어서 언급하지 않을 수 없는 지역이다.

본 장에서는 강원도의 특징을 잘 알 수 있는 화전민[1]에 관해서 청취한 기록을 정리하고자 한다. 강원도의 특색은 1940년 통계상 화전민 가구 수가 한국에서 가장 많은 9,759가구라는 것이다. 이것은 북부 산림지대의 각 도보다 많은 것이다.

---

1  화전민, 화전 농업을 말한다. 한반도에서는 산악지역을 중심으로 농업을 전개했다. 1926년 통계에서는 전 한국 화전민 총가구수는 34,316가구이다. 이 숫자는 조선총독부 식산국(殖産局), 『조선농업』(1932) 도표에 따른다. 한국에서의 연구는 현영학(玄永學), 「강원도 화전지역 연구」(고려대학교 교육대학원 석사학위논문, 1985)이 있다. 이 논문에서는 화전의 분포, 농작물, 주거 생활 등이 항목에 따라 연구되었다. 남겨진 주택도면과 1984년 현지조사 사진이 수록되어 있다. 1970년대 화전 정리에 대해서도 언급하고 있다. 본문에서 소개한 논문과 아울러서 검증할 필요가 있다.

주지하는 바와 같이 강원도는 그다지 높지 않은 산지가 많고 논도 있지만 농지는 적다. 『강원도보』에 의하면 강원도의 임야는 1936년 기준으로 83%를 차지하고 있다. 또 산림은 대부분이 국유지이지만 식민지하에서 식림 등을 실시한 기업과 개인에게 불하해 사유지화가 진행되었다. 한편 한반도 남부의 농민은 자작 농가가 감소하고 소작 농가의 증가와 동시에 농업 노동자나 중국 동북지방으로 이동하는 사람들도 증가했다. 식민지배하에서 마을을 떠나는 농가가 증가하고 일부 농가 사람들이 화전 농가가 되었다. 총독부는 화전을 규제했지만 시대에 따라 그 수가 증가했다. 강원도에서도 총독부의 방침에 따라 산림이 황폐한 이유를 들어 규제를 했다.[2] 그러나 규제의 효과는 없었고 화전민은 해방 이후에도 한동안 사라지지 않았다.

화전민에 대해서는 강만길(姜萬吉)의 『빈민생활사 연구』(1987)를 비롯해 많은 연구가 있다. 강원도 화전민에 대해서는 신민정(申旼靜)의 『20세기 한국에서 화전·화전민의 증가·소멸 과정에 관한 분석 – 강원도 사례를 중심으로』(도쿄대학 대학원, 농학생명과학연구과 박사학위논문, 2010)가 식민지 시대를 총괄한 논문이다. 화전민의 증감, 분포, 경제 상황 등에 관해서 검증하고 있다. 본 고에서는 이러한 성과를 바탕으로 화전민 경험자의 생활을 중심으로 인터뷰한 내용을 다룬 것이다. 주로 식생활

---

2 총독부의 화전민 규제는 일찍부터 실시되었고 강원도는 1912년 5월 28일자 훈령 20호에서 「화전 정리에 관한 훈령 발포 건」을 공포했다. 허가 없이 화전을 해서는 안 되며 수속절차를 할 것 등을 결정했다. 1914년 6월 13일 「화전에서 소각하는 행위에 관한 건」을 도 내부부장이 각 군수에게 통지했다. 본격적인 화전 폐지에 대해서는 1915년 6월 17일에 「화전 폐지 정리에 관한 건」이 있다. 매년 도내 화전 면적의 10분의 1 이상을 정리 폐지하는 등을 내용으로 한다. 그대로는 실행되지 않았지만, 화전농민에게는 큰 압력이 되었다. 강원도 편, 『신구대조(加除自在) 강원도 예규집 내무』(제국지방행정학회, 1924)에 의한다.

강원도 강릉 안반데기 및 홍천 바회마을에 재현한 화전민의 집(2020년 8월 20일 촬영. ⓒ황다경)

을 중심으로 이야기를 들었다. 조선 농민의 식생활은 평균 수명이나 건강과 깊은 관계가 있고 식민지 지배 하의 농민 상태를 상징적으로 나타내고 있기 때문이다.

현재 한국에는 화전민은 존재하지 않는다. 한국 내의 경제 개혁에 의해서 일찍이 화전민의 농지와 집 몇 채를 강원도 문화유산으로 보존하고 있을 뿐이다.

식민지 지배하의 상황을 확실히 하는 의미에서 농민, 그 중에서도 화전민의 생활, 특히 식생활에 관하여 알아볼 필요가 있다.

의식주에 대한 상황은 생명이나 건강, 농민의 이동 등 전시 하의 한국인 행동의 배경이 되었던 요인이기 때문이다. 질문 사항을 준비하고 이야기를 들었다. 토지 소유, 지주, 소작료, 민속 관행, 강제동원, 징병, 만주 이민 등에 대해서 이야기를 듣고 싶었다. 그러나 시간 관계상 앞으로의 과제로 둘 수밖에 없었다.

이 증언은 2017년 4월 3일, 강원도에 있는 부부의 자택을 방문해 이루어졌으며 청자는 이형랑(李熒娘)과 히구치(樋口)이다. 화자는 가명으로 하고, 해방 전 화전민의 식생활을 포함한 내용을 중심으로 했다. 해방 후 1956년경까지의 체험을 포함한 증언을 들었다. 이 시기는 식품의

용어에 지역 차가 있어서 정확하지 않은 경우가 있다.

이야기가 4시간 이상 이어져 모두 소개할 수 없으므로 요점을 정리해서 기술한다.

글 중에 (  ) 안의 내용은 필자가 보충해서 쓴 것이다.

> 화자: 남편 박경우(朴慶雨), 부인 이성순(李成順)
> 청자: 이형랑(李熒娘) · 히구치 유이치(樋口雄一)
> 장소: 강원도 원주에서 차로 30분 정도의 자택

## 2. 박경우 씨(1939년생)의 이야기

### 1) 해방 전후의 집과 생활

태어난 곳은 강원도 영월군 남면으로 충청북도 제천과 단양에 접한 지역이다. 집은 소작 농가였다. 가족은 9명, 집에는 소(牛)가 없었다. (소의 소유 여부는 농가 경제에서 큰 의미를 지닌다.)

화전도 일부하고 있었다. 해방 전에 초등학교에 입학해 4개월간 학교에 갔다. 1945년에 해방 되었다. 7세였다. 해방 후 학교는 한동안 쉬었고 1947년 9세에 다시 학교에 갔다. 한국 전쟁 때는 12세였다. 해방 전에 전기와 수도는 없었다. 또한, 해방 전에는 생산물 전부를 공출해 배급을 받았다. 당시는 매우 힘들어 어린 소나무 가지를 채취해 껍질을 벗겨 먹었다. 어린 소나무 가지를 두들겨 즙을 내고 이것에 다른 곡물 가루를 넣어서 경단처럼 만들어 먹었다.(이른 봄 어린 소나무 가지는 구황식물의 하나로 자주 이용되었다.)

남면의 집에서 '연당(淵堂)초등학교'까지는 거리가 멀었다. 1953년에 졸업했다. 해방 전후에는 화전과 소작을 동시에 했다.

해방 후에 쌀을 수확할 때는 쌀밥을 먹었다. 쌀은 귀중해서 보리와 섞어서 먹었다. 쌀은 주로 팔았다. 감자도 조금 재배해 먹었다.

아버지는 해방 전에는 농사용 소가 없었다. 소를 하루 빌리면 아버지가 하루 동안 소 주인집의 일을 해 주었다. 소를 빌린 경우는 1년 사용하고 1년에 쌀 한 가마니를 소 주인에게 지불했다. 또 2년간 송아지를 키우면 어미소를 맡을 수가 있었다.

## 2) 해방 전후의 식량 사정

해방 전에는 음식이 없어 배가 너무 고프면 쓰러졌다. 나도 5, 6세 때 경험했다. 고향에서는 산으로 가서 산나물(산에서 채취한 식용식물)을 채취했다. 잔대, 곤드레, 딱쥐기 등이다.

(몇 가지 구황식물에 대해서 물어보았다)

- 도토리는 산출되지 않아 만들어 먹지 못했다. 채취하지 못한 것이다.
- 둥글레를 채취해서 삶으면 농축돼 달아 진다. 이것을 많이 먹으면 탈이 난다.
- 아카시아 꽃을 조금 데쳐서 콩가루를 섞어 먹으면 맛이 있다. 지금 은 건강식으로 환영받고 있다.
- 찔레나무, 빨간 열매와 이른 봄 싹을 먹었다.
- 참반(참반디)
- 야생 밤나무는 없었다. 재배하는 나무가 있었지만 먹을 수가 없었다.
- 감은 이 지역에서는 추워서 자라지 못한다. 그래서 먹은 적이 없다. 지금도 자라지 않는다.

- 마 (자연 마). 참마는 식용으로 삼지 않았다.
- 칡뿌리를 캐 먹었다. 뿌리가 컸다. 두들기면 즙이 나온다.
- 산 머루는 그다지 많지 않았다.

## 식사

식사는 아침과 점심에 두 번 만들었다. 어릴 때 고기는 전혀 먹지 못했다. 예외로 8월 추석 명절 때 돼지고기를 먹었던 적이 있다. 우리 세대에서는 고기를 먹지 못해서 나처럼 키가 작다(150cm 이하처럼 보였다).

생선은 동해에서 가지고 온 소금에 절인 고등어(자반고등어)와 꽁치가 보리 한 말(8kg)정도 가격이었다. 여름에 보리 수확할 때 꽁치도 잡히는 시기라 이때 한 번 정도 먹는다. 자반고등어는 2월에 한 번 왔는데 먹은 기억은 없다.

## 당시의 집

온돌(바닥 난방), 부엌의 아궁이에서 굴뚝이 있는 곳까지 사이가 온돌방이다. 연기가 통하는 곳에 얇은 돌을 깔았다. 황토와 짚을 섞어서 사이에 넣어 안정시켜 구들장을 올렸다. 구들장은 직접 만들었다. 그 위에 기름종이를 깔았다. 연료는 솔잎이나 장작을 사용했다. 부엌의 취사용 화력을 이용한 난방으로 아침까지 따뜻하다.

지금은 난방용으로는 장작을 사용하지 않고 프로판가스나 석유를 사용하고 있다.

지붕은 짚이 있는 곳에서는 밀짚·볏짚을 사용했다. 볏짚이 없는 경우는 판자를 기와처럼 얇게 잘라서 기와처럼 겹쳤다. (209쪽 사진 참조)

## 당시 집의 약도

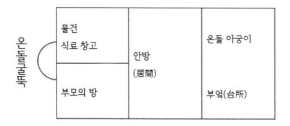

작성해준 간략한 약도와 배치도이다.

거실= 안방　台所= 부엌으로 표기되어 있다.

## 집을 짓다

직접 집을 지었다. 기둥으로 사용할 나무는 혼자 잘라 왔다. 벽은 황토와 짚을 섞어서 발랐다. 또 옥수수 줄기를 흙과 섞어서 사용하기도 했다.

## 의복

바지·저고리는 면을 재배하고, 실을 짜서 직접 만들었다. 옷은 산 적이 없다. 양복이 보급된 것은 한국 전쟁 이후이다. 의복을 만들 때 사용한 도구는 모두 버려서 지금은 없다. (한국에서는 초등학교에 향토자료 실이 있는 경우가 있어 많은 생활 용구가 보존되어 있다)

**시장** (많은 농민이 이용하고 농작물을 판매하고 교환했다)

지금도 이용하고 있다. 2일, 7일 정기적으로 열리는 오일장이 있다.

**의료**

병원은 군에 하나 있을까 하는 정도이다. 시골에서는 의사에게 진찰 받으러 가는 사람도 없었다. 한약방이 몇 개 마을에 하나 있을 정도이다. 조부가 82세, 조모가 91세로 돌아가실 때까지 병원이나 의사에게 찾아 간 적이 없었다. 한약은 비싸서 보통 사람은 먹을 수 없었다. 한국 전쟁이 끝나고 5, 6년 지나고 나서 병원이 생겼다. 형제가 5명이었는데 모두 집에서 태어났다. 시어머니가 몸조리를 도와준 일도 있다. 자신들도 아이가 3명이 있는데 스스로 출산을 해결했다.

### 3) 화전과 토지 소유에 대해서

화전은 산에 난 풀을 제거하고 토지를 정리해서 경작했다. 산은 소유자가 있어서 3년간은 무료이고 3년 후부터 소작료를 지불했다. 밭으로 만든 곳에 수수(옥수수), 좁쌀, 감자를 농사지었다. 장소에 따라 보리(큰보리), 콩(대두)도 농사지었다. 콩은 집에서 먹는 된장에 사용하고 지금도 만들고 있다. 밭에서 재배한 야채도 집에서 사용한다. 이동한 장소에 따라 작물도 다르다.

(농작물이라고는 할 수 없지만, 농촌의 공통적인 식용 식물로서 산나물(산채), 들나물(식용 야초)도 넓은 의미에서는 식용이다. 구황식물은 중요한 음식이었다. 이 집의 경우도 마찬가지이다.)

그 후 1950년 5월 무렵, 농지개혁으로 토지를 손에 넣어 농업을 했다. 농지 개혁 때는 일정 기간 돈을 지불하고 토지를 소유했다. 토지 주인은 영월 사람이었다. 농지개혁 후의 농지는 2,000평(한국 단위로는 약 15마지기·강원도에서는 1마지기 150평) 정도였다. 주로 쌀 150가마를 수확할 수 있었다.

밭은 1,000평이고, 작물은 보리, 밀, 이모작으로 콩과 팥을 지었다. 내가 중학교에 다녀서 학비가 필요해 그 땅을 팔았다.

이사해서 1961년~1963년까지 군대에 갔다. 제대하고 나서 화전민이 되었다. 이사한 곳의 논 옆에서 신청하지도 않고 화전을 하며 밭농사를 했다. 이즈음 박정희 정권이 들어서고 먹고 살 수 있을 정도가 되었다. 또 도둑들도 없어졌다.


### 4) 결혼

1966년에 결혼했다. 처는 화전민 출신이고 소 한 마리를 가져 왔다. (처에 관한 이야기는 아래에 게재한다) 아이가 3명 태어났다.

1972년에 아들이 태어나고 새로 주천면으로 왔다. 여기서는 쌀농사를 했다. 150가마를 수확하고, 그곳을 팔아서 부모님과 이곳으로 왔다.


## 3. 이성순 씨(1944년생)의 이야기

1966년에 결혼하기 전에 살았던 곳은 화전지역이었다. 화전에 관해서는 처가 잘 안다고 박경우 씨가 말했다.

이성순 씨에 출신지는 강원도 정선군 신동면.

밭이 많고 먹을 것이 없었다. 보리, 옥수수, 수수(수수경단), 호박범벅(익은 호박에 옥수수 가루를 넣은 식품).

옥수수를 너무 많이 먹으면 배가 아팠다.

 \* 강원도는 한국전쟁 전까지 옥수수를 주식처럼 사용했다. 여러 가지로 생각해서 먹거리로 활용했다. 옥수수와 감자, 메밀을 강원도 산간지방의 주요 식재료로 소개하는 문헌도 있다. 국립박물관『옥수수, 감자, 메밀』(2014)은 다양한 요리와 요리 방법을 도록으로 엮은 책이 있다. 옥수수는 잘 조리하지 않으면 소화가 되지 않는다고 되어있다.

### 1) 가내 노동

어린 시절부터 일을 했다.

6살 무렵 삼베를 짰고 일이 많았다.

속담에 '산속에 사는 부자는 일도 부자'라고 하는 말이 있다.


 \* 소작 농민의 아이는 일손으로 취급하던 것이 일반적이고 특히 여성은 학교에 보내지 않고 일손으로 취급했다. 따라서 여성 취학률이 매우 낮았다. 식민지배하에서 한국인은 의무교육제도가 적용되지 않았다.


학교에 갈 수 없었다. 집이 학교였다.

어릴 때는 병원이 있는 것도 몰랐다.

1966년에 결혼할 때까지 아픈 적이 없었다. 지금까지도 병원에 간 적이 없다.

식사 준비는 올케언니가 두 분이 있어서 자신은 하지 않았다. 어려서부터 재배했던 삼을 채취해서 옷을 만드는 일이 많았다.

삼을 많이 재배했다. 7월에 마을 사람이 함께 삼을 베어서 찌고 껍질을 벗기는 작업을 반복했다. 물을 많이 넣어 씻었다.

## 짚의 사용방법

단오절(음력 5월 5일)때 그네 널빤지에 줄을 매고 남녀 모두 사용했다. (높은 곳에 줄을 매달고 타는 한국 특유의 놀이)

음력 7월 15일 밭에서 음식을 해서 먹기 때문에 이때 앉을 돗자리를 짚으로 만들었다.

지붕에 사용하는 이엉을 꼬았다. (초가지붕이 안정되도록 이엉으로 얽어 놓는다) 이엉은 마을에서 만들었다.

소먹이(여물)는 짚을 삶아서 주었다. 그러나 부족했다. 여름에는 산에서 풀을 베어서 주었다. 소 목에 매는 고삐는 직접 만들었다. 가마니는 만들지 않고 샀다. 해방 전에는 짚도 샀던 것 같다.


## 2) 음식에 대하여

### 주식

· 옥수수를 많이 먹었다.

옥수수 먹는 방법

1. 절구로 찧는다.
2. 망에 거른다.
3. 다시 한번 체로 거른다.
4. 다시 한번 껍질과 먼지를 제거한다.
5. 찐다.

· 수수와 피와 옥수수를 섞어서 먹었다. 수수 2, 옥수수 8의 비율이었다.

· 조와 좁쌀을 섞어서 먹었다. 비율은 수수와 같다.

· 옥수수나 조만 먹는 경우도 있었다.

**부식**
· 김치
· 콩나물
· 메주를 만들었다(콩을 가루로 만든 것) + 고추를 넣는다 = 막장(된장)
  은 아니다. 지금 집에서 만들고 있다. 점심에 대접을 받았다.
· 산나물들
* 산나물은 산에 자생하는 식용식물의 총칭이다. 논·밭·들판 등의
  평지에서 채집할 수 있는 것을 멧나물이라고 한다. 그러나 이러한
  분류도 지역에 따라 다르다.

곤드레
박취나물
박쥐나물
개미취
곰취
나물
미나리
고무노리

* 배추, 무, 참외, 호박, 감자, 콩 등은 밭에서 수확할 수 있지만,
한국 농민의 부식으로 큰 역할을 했던 것은 야채이다. 한국에서는 봄
춘궁기에 식재료가 부족한 농가가 많아서 식재료를 보충하기 위해 산과
들로 나물을 뜯으러 간다. 2월부터 6월까지 기간이다. 여성이 중심이

되어 무리를 지어 간다. 채집한 들나물, 버섯, 나무 열매, 잎, 구근 등 철에 따라 많은 종류에 이른다. 도라지 등 현재에도 비싼 가격으로 판매되는 것도 있다.

여기서는 생각나는 종류의 일부를 발음대로 기록했다. 구황식물은 지역에 따라 부르는 방법이나 발음이 다르기 때문에 발음 그대로 했다. 제주도에는 특이한 이름이 붙여진 사례가 많다. 강원도도 독특한 이름을 확인할 수 있다.

식용 식물에 대해서는 우에키 호미키(植木秀幹), 「조선의 구황식물」(『조선휘보』 1919년 10월호) 외, 전쟁 시기에는 도요야마 다이지(豊山泰次 창씨명. 본명 김호식)『조선식물개론』(1945년, 경성, 생활과학사) 등 많이 있다.

강원도에서는 실제 식사의 주식이 쌀·보리가 아니라 옥수수나 감자 등이고 부식은 된장국과 김치뿐이었다. 구황식물인 야채와 버섯 등을 된장국에 넣었다. 야채 등은 건조시켜 보존하고 겨울에 된장국에 넣었다.

## 3) 양귀비를 재배한 일

양귀비 열매에서 액체를 채취하고 생아편을 생산했다. 마을 사람들이 많이 재배했다. 양귀비 열매를 쪼개면 씨가 나오고 맛있었다. 볶은 깨처럼 고소한 맛이 났다. 먹을 것이 없을 때는 씹어 먹은 적도 있다.

* 씨는 비누 등으로 사용하거나 이용 범위가 넓었지만 여기서는 식용으로 사용된 것으로 생각된다.

동네에서 재배하던 사람이 생아편을 팔았다. 열매에서 채취한 액체가 사탕처럼 되면 팔았다. 액체에 물을 넣어 묽게 해서 알갱이처럼 만들어 이것을 녹여 주사기로 맞는 것을 보았다.

이것을 단속해 많은 사람이 잡혀갔다. 해방 후 어린 시절의 이야기로 한국전쟁까지의 일이었다.

아편을 노리는 도둑이 많았다(전쟁 중 식민지 경찰 하에서는 생산 관리를 위한 단속이 엄격하게 시행되었다). 아편 생산은 아버지 세대에 재배를 시작해, 내가 성장했을 때는 양귀비를 재배하지 않았다.

* 양귀비에 관한 이야기가 인상 깊은 사건이라고 생각해서인지 이성순 씨 스스로 들려주었다. 한반도에서 양귀비 재배는 조선총독부 전매국이 관할하고 중일 전쟁이 확대되는 가운데 한반도 각지의 농가에 할당해 생산을 강요했다. 군(軍)에서 전매국에 요청한 것이라 생각된다. 중일 전쟁 발발 후에 1938년부터 전국의 농민에게 할당해 매년 생산이 확대됐다. 생산 지도는 전매국이 하고 생산품의 관리는 경찰이 담당했다. 당시 양귀비 재배는 채산이 맞지 않았지만, 생산 강화에 따라서 일본 패전 때까지는 생산을 강요당했다. 재배지는 바싹 마른 토지가 적당하기 때문에 화전지역 농민에게도 할당되었다. 1940년에는 4만 톤에 달하는 수확이 있었다고 되어있다. 또 1939년 강원도에서 아편 단속으로 101명이 검거되었다. 이 정책으로 해방 후까지 한국 민중에게 해악을 끼치는 결과를 초래했다.

1939년의 수치는 와타나베 레이노스케(渡辺禮之助)의 「아편고(阿片考)」(조선총독부, 『사법협회 잡지』 20권 8호 수록)에 의한다. 조선총독부가 농민에게 생산을 강요한 것에 대해서는

이 책 '제5장 조선총독부의 마약정책과 한국인 마약 환자'를 참고하

기 바란다.


## 4. 결론

현재 강원도에는 버스 교통편이 어디에든 통하고 있다. 도서관이나 향토요리 가게가 있고 시장 등을 봐도 풍요롭다. 이야기를 들려준 박씨의 집도 넓고 태양광 발전 등, 도시와 다름없는 시설이 정비되어 있다. 지붕은 기와이고 쌀 등도 풍부하게 보존되어, 점심을 대접받았는데 식생활이 풍요로웠다. 옛날 화전민 생활을 떠올릴 만한 것은 없다. 이것이 박정희 정권 하에서 실시한 새마을운동 이후의 일이라는 것이 인상적이었다.

몇 군데 화전민의 집이라고 보존하여 문화재로 취급하고 있는 옛 화전마을에 가 봐도 같은 인상이다. 그곳에서 본 밭은 산속이지만 손질이 잘 되어있었다. 집에는 소 외양간도 있고 지붕은 나무를 겹쳐서 만들었다. 지금은 사람이 살고 있지 않고 안내판만 세워져 있다.

집 안에는 들어갈 수 없었지만 상상했던 빈곤함은 느껴지지 않고 풍요로운 느낌이었다. 지금의 모습 속에서 식민지 시대의 화전민 생활상을 찾아내기 어려웠다. 2016년 조사를 위해 강원도에 갔다가 돌아오는 길에 태백의 버스정류소 근처 식당에서 된장찌개를 먹었다. 이곳도 다른 도시와 다르지 않다고 생각하고, 깍두기를 듬뿍 담은 반찬을 먹었다. 그런데 새빨간 깍두기 모양의 그것은 감자를 깍둑썰기해서 쪄서 만든 것이었다. 이것이 식민지 시대에 먹던 독특한 향토음식이었는지 미처 물어보지 못했다. 내 멋대로 식민지시대의 음식을 접한 것 같은 기분이 들었다.

일본인이 한국 사회를 알기 위해서는 식민지가 무엇인지, 그곳에서 살아간 사람들의 생활은 어떠했는지를 역사적인 배경을 포함해서 이해해야 한다고 생각한다. 이러한 작업은 여기에 기록한 몇 개의 사실을 연구하고 검증하는 인터뷰 같은 방법도 필요하다고 생각한다.

한국에는 식민지 시대를 기억하는 사람이 많이 생존해 있다. 이번처럼 이러한 청취 방법을 취하면서 새로운 역사적인 사실의 발굴이 필요한 것을 새삼 느꼈다. 이런 기회를 소개해주고 어려우면서도 번거로운 통역으로 수고를 해주신 이형랑(李燊娘) 선생님에게 진심으로 감사드린다. 또 문장에 관한 책임은 모두 히구치(樋口)에게 있다.

# 제9장

# 전쟁 말기 한국 읍면의 기능과
# 한국인 민중과의 괴리에 대하여

## 1. 서론

전쟁 말기 한국 사회는 식민지지배의 모순이 표출되던 시기로 한국 민중에게 태평양전쟁으로 인한 일본 제국주의의 갖가지 요구를 직접 떠넘겨 모순이 확대되던 시대이다. 이 글에서는 한국에서 제국주의 지배 말기의 한국에서 말단 행정기관인 읍면을 중심으로 한 행정과 민중의 관계와 그 실태를 밝히고자 한다. 특히 모순이 표면화된 1944년부터 1945년 8월까지의 현상을 중심으로 검토하겠다.

한국의 읍면은 조선총독부 행정 시책의 가장 말단조직이고 조선총독부의 구체적인 정책 실시 기관이었다. 전시 정책 실시의 성패는 읍면의 대처에 달려있었다. 읍면의 행정 실태와 읍면과 읍면민의 구체적인 상황, 특히 행정과 민중의 관계에서 양자가 괴리했는지 아닌지 밝히는 것으로 전쟁 말기 식민지지배의 양상을 검증하는데 도움이 되었으면 한다. 전쟁 말기의 읍면의 숫자는 대한제국 병합 후 정리에 의해 감소했다. 1944년 6월 기준으로 13도(道) 21부(府) 218군(郡) 2도(島) 122읍(邑) 2,203면(面)이다. 읍과 면이 한국 민중과 총독부 행정의 접점이었다.

이 시기의 읍면 연구에는 한국에서는 한긍희의 「일제하 전시체제기 지방행정 강화정책 – 읍면 행정을 중심으로」[1]가 있다.

일본에서는 읍면 행정과 직원에 대해서 논한 마쓰모토 다케노리(松本武祝)의 『조선농촌의 〈식민지 근대〉 경험』에 수록된 논문 등에서 읍면 직원의 동향과 민중과의 관계를 논하고 있다.[2]

또한, 이 시기의 자료는 한국 내에서 작성했을 방대한 공문서 자료 등이 발견되고 있지 않아 매우 한정적이다. 그러므로 여기서는 몇 개의 보도와 신문자료 등을 이용해 읍면 행정과 읍면민의 괴리 상황을 일부 밝히고자 한다.

우선 조선총독부 고관들이 가지고 있던 행정이나 읍면에 대한 현실 인식을 살펴보겠다.

## 2. 조선총독부의 행정 상황 인식

전시 하 조선총독부 훈시에서 반드시 다루어졌던 것이 '지방행정'의

1 한긍희, 「일제하 전시체제기 지방행정 강화정책 – 읍면 행정을 중심으로」(『국사관논총』 제88호, 2000년 3월)가 있다. 이 논문에서는 1943년 8월 「읍면행정 강화쇄신 요항」에 대해서 논하고 있다. 또 총독부 전체의 전시 행정 체제에 대해서는 안자코 유카(庵逧由香), 『조선총독부의 총동원체제 (1937~1945)년 형성 정책』(고려대학교 대학원 사학과 박사논문, 2006)이 있다.

2 마쓰모토 다케노리(松本武祝), 『조선농촌의 〈식민지 근대〉 경험』(사회평론사, 2005)의 제4장 「전시기 조선에서 지방 직원의 대일협력」, 제5장 「전시 체제하의 조선 농촌」이 면직원을 둘러싼 동향에 대해서 논하고 있다.

혁신 강화였다. 1943년 4월 6일 고이소 구니아키(小磯國昭) 총독이 도지
사 훈시에서 '읍면에서 서정(庶政) 운영의 여부는 윗사람의 뜻을 아랫사
람에게 전달(上意下達)하는 것과, 아랫사람의 사정(事情)이 윗사람에게
소통(下情上通)되는 것이 좋고 나쁨에 판가름 나는 것으로, 한반도 통치
에 지대한 영향을 초래하는 것은 말할 나위도 없는 바입니다. (중략)
행정 전반이 읍면 활동에 힘입은 바가 매우 중요하므로 서정의 강화쇄
신은 무릇 매우 급한 업무라고 생각합니다'[3]라며 읍면 사무의 강화와
직원 자질 향상 등을 꾀해야 한다고 말하고 있다. 읍면은 한국 민중
동원의 최전선이고 전시 하에 새롭게 부여된 과제도 많아 완수해야 할
역할이 커졌다고 지적하고 있다.

고이소 구니아키에 이어 1944년 8월에 취임한 아베 노부유키(阿部信
行) 총독도 같은 훈시를 했다. 아베총독은 지방행정 강화를 목적으로
1944년 11월 21일자 총독부 간부 직원의 인사이동과 총독부 기구를 확충
하기 위해 과를 신설했다. 이에 대해 신문보도[4]에서는 '지방행정을 강화'
라는 제목으로 '결전 지방행정의 쇄신강화를 한층 강력하게 추진함과
동시에 명랑활달한 행정이 하부에 침투되기를 기대한다'라고 보도했다.

이러한 총독부의 대응에는 전시 정책을 수행하는데 있어서 지방행
정의 자세가 성공과 실패를 결정짓는 열쇠의 하나라는 것을 분명하게
나타내고 있다고 할 수 있다. 지방행정의 '강화쇄신'이라고 하는 과제

---

3 고이소 구니아키(小磯國昭)도지사 회의 훈시요지 『조선총독부 관보』 1943년 4월 7일
  자에 의한다. 이러한 총독의 의향을 받아 「읍면행정 강화쇄신 중요사항」을 총독부 사정
  국에서 발표하고, 1943년 10월호 『조선행정』에 게재되어 있다. 이 중요사항의 실시 방법
  으로 인적기구의 정비 확충, 사무의 개선 쇄신, 읍면 재정의 강화 확립을 기술하고 있다.
4 「지방행정을 강화 총독부 대이동 발령」(『아사히신문 서부판』 남선판(南鮮版) 1944년
  11월 23일).

는 전시 동원 등의 새로운 과제와 함께 당시 지방행정이 많은 문제를 가지고 있었기 때문에 쇄신을 강조하지 않으면 안 되었다고 생각한다. 이 문제를 검증하기 위해서 먼저 읍면 행정이 담당하던 사무 내용에 대해 파악해 두지 않으면 안 된다.

## 3. 전시 하의 읍면 행정

전시 하에는 그때까지 없었던 애국반 등의 국민동원·한국내외 노동 동원·호적정비·징용 사무 등이 읍면 행정에 더해지고, 경제 통제·배 급 등 사무량도 증가했다. 이 시기의 구체적인 업무내용은 각 도에서 결정된 사무에 따라서 행했지만, 여기서는 자료 관계상, 1944년 4월 20일에 개정된 경상북도 읍면 처무 규정[5]에 따라서 살펴보겠다.

읍면에는 내무·호적 병사·농산 3개의 담당계를 두었다. 각 계의 사 무는 아래와 같다.

> (1) 내무계 (신사 사당·인사·전례의식·관인(官印) 보관관리·문서 수 수발송·문서 장부보관·선거의사록·예산·통계·국도읍면세 학교 비용 부과징수·사용료 수수료 이외 세외수입·공사 청부물건 매매 임차 노동력 공급계약·금전물품 출납보관 회계·결산·재산관리처 분·관내단속·신사와 절 종교제사·국민총력운동·국민총력 읍면 연맹·지방개량 사회사업·국민저축·광공업·물가 물자수급 조정· 기업정비 기업허가·자원조사 자원회수·임업·토목·노무조정·그

---

5 경상북도 훈령 18호 「읍면 처무규정」(경상북도, 『경상북도보』 1944년 4월 21일).

밖에 주관에 속하지 않는 사항에 관한 사무) 29항목에 관한 사무

(2) 호적 병사계 (호적·기류·제증명인감·매장 화장 인가·위생·범죄자 파산자·병사·군사원조 파산자·경계·청년훈련·청년특별훈련소·여자청년대 훈련소에 관한 사항) 11항목에 관한 사무

(3) 농산업계 (농업 상업 수산업 그 밖에 산업·식량 관리·토지개량·농촌지도 겸 중견인물 양성·자작농 창설 및 유지·소작·만주개척민·도량형·기상에 관한 사항) 9항목에 관한 사무

모두 49항목에 관한 사무를 하도록 되어 있다. 그러나 읍회의원에 관한 사무나 면협의회에 관한 사무, 읍면 농촌 대책위원회 사무, 1944년도에는 임시 인구 조사도 시행해, 이러한 사무 사항에 나타나지 않은 사무까지 더하면 더욱 큰 부담이 읍면에 더해졌다고 생각된다.

전시 하에는 이러한 사무가 원만하게 진행되었는지 검열이 실시되었다. 검열은 군수 혹은 군수가 명령한 관리가 연 1회 이상 시행하게 되었다. 여기서 경기도 '읍면 사무 지도 감독관 규정'[6]을 통해 검열의 실태와 목적을 살펴보겠다. 읍면 사무 지도 감독관 규정은 경기도 경우 각 사무 분담에 맞추어 상세하게 행해지게 되었다. 이 규정에 의거해 '지도감독'의 사무 내용의 실정을 밝고자 한다.

---

6  조선총독부 경기도 훈령, 제59호 「읍면 사무 지도감독 규정」(『경기도보』, 1944년 9월 22일자)에 의한다. 본래 경상북도 사무 분담과 호응하는 사무지도 감독 규정이 존재한다면 좋겠지만, 현재 발견되고 있지 않으므로 『경기도보』를 사용한다.

## 4. 읍면 사무지도 감독 규정에 나타난 읍면 사무의 문제

### 1) 읍면 사무지도 감독 규정의 개요

규정 자체는 간단하게 11개 조항으로 되어있다. 제1조 읍면 사무소의
신축, 제2조 표찰 게시, 제3조 사무 인계, 제4조 읍면 사무검열은 연
1회 이상 할 것, 제5조 검열 시 검열원의 태도, 제6조 군수가 지사에게
보고, 제7조 검열해야 할 사항, 제8조 공금횡령, 제9조 회계 사무 검열은
검열 날짜를 기입할 것, 제10조 검열을 받은 관리는 서면으로 군수에게
보고하고 개선을 요하는 것은 바로 지시할 것, 제11조 군수는 매년 검열
상황을 지사에게 보고할 것 등으로 규정되어 있다.[7] 제7조에 검열해야
할 사항이 상세하게 정해지고 서식도 정해져 있다. 이들 조항 가운데
이 시기의 읍면 행정의 자세를 상징적으로 나타내는 것이 제5조 검열원
의 태도에 대한 내용이라고 생각되기에 우선 제5조·제7조의 내용을 검
증한다.

### 2) 읍면 사무지도 감독 규정 제5조와 제7조의 특징

지도 감독 계획은 매년 4월말까지 사전에 도지사에게 보고해야 했
다. 지도·감독은 상세하게 정해져 있었는데 검사를 하는 태도에 대해
서도 제5조에서 지시하고 있다.

읍면 사무지도 감독규정 중에서도 특징적인 것은 지도·감독을 할
때 읍면에 대한 배려로 지도·감독을 상의하달, 또는 권위주의적·명령
적으로 하지 않도록 규정하고 있다. 제5조에는 특별히 '읍면 사무의 검

---

7  각 조항은 조문대로 하지 않고 필자가 간략하게 기록했다.

열에 즈음해서는 친절과 정중함을 제일로 하고 오류 또는 정리가 안
된 점이 있을 때는 반복 설명하고 지도에 힘쓴다'라고 했다. 즉 '친절정
중' '반복설명' 하는 것을 명령하고 있다.

감사를 하는 측에서 읍면민을 대하는 직원의 태도에 대한 검열을 강
하게 내세우고 있다. 예를 들면 사무처리 뿐만 아니라 읍면 직원의 태
도도 문제시했다. 읍면 사무지도 감독규정 제7조 읍면 사무 검열요항
제1항 '직원의 교양훈련 및 사무쇄신에 관한 사항'의 (8)에는 '민중의
처우 상황'이라는 사항이 있다.

（가）민원서류 처리의 적부
（나）구두 신고 장부 활용 건
（다）응접 태도의 적부

에 대해서도 검열 지도를 하도록 지시하고 있다. 여기에는 일반적인 문서
정리, 직원의 근무 상황과 다른 검열 내용이 포함되어 있다. 특히 직원의
민중에 대한 태도와 바른 자세를 검열 대상으로 하고 있다. 민중과의
괴리를 염려해서 주의하는 것을 목적으로 한 것이다. 이러한 관점은 제7
조에 읍면 사무검열 중요사항 전체에 걸쳐서 볼 수 있다. 이어서 읍면
사무검열 중요사항의 각 사항과 그 개념에 대해서 검토하고자 한다.

## 3) 읍면 사무검열 항목의 내용

읍면지도 감독규정은 모두 11개 조항으로 되어 있다. 이 규정은 1918
년 조선총독부 경기도 훈령 20호 면사무지도 감독규정을 폐지하고 새롭
게 훈령을 내린 것으로 읍면 사무에 있어서는 큰 개정이었다. 이 시기의

특징을 나타내는 새로운 사무검열 중요사항의 내용은 읍면 사무 지도감
독 규정 제7조에 나타나 있다. 제7조 읍면 사무 검열 중요사항 가운데
몇 개를 들어 논하겠다. 읍면 사무 검열 중요사항은 모두 12항으로 정리
되어 있다. 이 가운데 이 시기 읍면 사무에 부과된 민중동원 관계 중요사
항을 중심으로 검토하겠다. 제1항에 대해서는 먼저 언급했으므로 제2항
이하 전시 하의 중요사항에 대한 내용을 다루고자 한다.

읍면 사무 검열 중요사항 제2항은 '국민총력운동에 관한 사항'이다.

(1) 읍면연맹 및 부락연맹 정례회의 개최 및 운영 상황
　　(가) 정례회의 개최의 이행 상황 (나) 실천 철저 사항의 심의 책정
　　및 지도 상황 (다) 민원(下情上通) 사항의 처리상황
(2) 부락연맹 지도자 책임자 적부 및 지도 상황
(3) 중요 시책의 말단 전달 상황
(4) 신도(神祇)진흥의 지도 상황
　　(가) 경신(敬神)사상의 함양 상황 (나) 복무자(奉務者)의 활동 상황
　　(다) 신진(神賑)행사 방법
(5) 일본어 전해(全解) 운동의 상황
　　(가) 일본어보급 강습 및 강습회 실시 상황 (나) 강사 육성 상황
　　(다) 직장 및 각종 회합에서 일본어 상용 상황 (라) 학교의 협력
　　상황 (마) 장정(壯丁)의 일본어 실력 철저 향상을 위해 채택한 조치

　주지하듯이 국민총력운동은 한국 민중동원의 기초 조직으로 그 운
영의 성패는 동원 체제 자체에 영향을 주는 중요한 요소였다. 정례회의
개최나 주제에 대해서는 부·도에서 그 시기의 과제를 제시하고 실행할
것을 요구했다.[8] 그 때문에 애국반 단위로 상호 감시 기능을 이용해 과
제를 실시하도록 민중에게 압박했다.

제3항은 '저축장려 관한 사항'이다.

> (1) 개별 목표 할당의 적부 및 달성 상황
>     (가) 개별 목표 할당의 적부 (나) 목표 달성을 위해 채용한 시책
>     및 적부 (다) 직원의 저축 상황
> (2) 국민 저축조합의 지도 상황
> (3) 국채 채권의 소화 계획 적부 및 지도 상황
>     (가) 국채 채권 할당의 적부 (나) 국채 채권 소화 방법 및 적부
>     (다) 직원의 국채 채권의 소화 상황

총독부 당국은 한국에서 높은 인플레이션 진행을 막고, 동시에 전쟁 비용 조달을 위한 저축과 국채 채권화를 강력하게 추진했다. 한국 외부에 있는 노동자로부터의 송금에 공제 저금을 실시하고, 쌀 공출대금에서도 15%를 공제해서 예금하도록 했다. 임금에서도 공제했다. 이 때문에 그때까지 저조했던 한국인의 예금율이 급속하게 높아졌다. 특히 농촌의 공출대금 지불기관이었던 조선금융조합에서는 공출대금의 지불 시기에 예금율이 높아졌다. 저축장려 사항과 총독부의 정책을 일체화시켜 한국인들이 저축 체제를 피할 수 없도록 했다.[9]

---

8 『경기휘보』전시 하의 각 호에는 애국반 회람판에 지면이 있어 반장에게 때때로 동원 테마 등이 지시되었다. 일반 기사에서도 부의 과장이나 담당 등이 기사를 쓰고, 국책 구입, 징병, 예금 등 정책 취지를 철저하게 했다. 또 휘보는 대도시에서 간행되어 『대구어휘』, 『부산어휘』, 『평양어휘』 등을 확인할 수 있다.

9 졸저, 『일본의 식민지 지배와 조선 농민』(동성사, 2010) 제4장 「전시 하 조선 농민의 새로운 동향」 제2절 「전시 노동력 부족 하의 조선 내 암거래 임금과 인플레 진행」을 참조하기 바란다.

제4항은 '노무 동원에 관한 사항'이다.

> (1) 노무동원 계획수립 및 실시 상황
> (가) 동원 계획의 적부 (나) 동원자 선정 방법의 적부 (다) 모든 장부의 정비 상황
> (2) 노무 동원에 대한 민중 지도 계몽의 상황
> (3) 동원자 및 그 가족 구호 상황
> (가) 구호가 필요한 자에 대한 조사 상황 (나) 구호가 필요한 자에 대한 구호 상황[10]

검열 주요사항의 항목은 읍면 사무 분장(分掌)에 정해진 사무 분담에 대한 검열내용을 나타내고 있다. 이는 전시 노동동원의 선두에서 기능한 것이 읍면 행정이고 경찰과 함께 가장 중요한 역할을 했던 것을 말한다. 노동동원에 가장 말단을 담당하고 있던 것은 말할 필요도 없이 조선총독부의 하부 기관인 읍면이었던 것을 알 수 있다.

도와 노동동원의 관계를 나타내는 보존문서 항목 일람은 도보(道報)에 의해서 확인할 수 있지만, 이 시기의 읍면 문서 일람은 확인 할 수 없다. (1) - (다)에 있는 장부의 정비 상황이라는 사항에서 볼 때 많은 자료가 존재했을 것으로 생각되지만 구체적인 관련 자료의 존재는 확실하지 않다.[11]

---

10  1944년 9월 이후 전시 말기가 되어 동원노동자 보호제도 등이 정비되었지만 명목적인 존재에 지나지 않았다. 졸저, 「조선에 있어서 해방 전 1년사 – 전시 노동동원을 중심으로」(『재일조선인사 연구』 제41호, 2011년 10월)를 참고하기 바란다.

11  당시 읍면에서 어떠한 공문서를 작성·보존하고 있었는지에 대해서는 확실하지 않다. 앞에서 다루었던 읍면 처무 규정에 따른 형태로 문서가 작성되었다고 생각된다. 도 전체의 작성 문서 일람은 있으므로 도 단계에서의 노동동원 관계 문서 일람은 확인할

제5항은 '물자수급 조정에 관한 사항'이다.


   (1) 통제 물자의 배급 상황
     (가) 배급할당 기준의 적부 (나) 사사로운 배급의 유무 (다) 특별배
     급 처리의 적부 (라) 취급업자와의 관계
   (2) 금속 회수 상황
     (가) 회수 할당의 적부 (나) 회수 방법의 적부 (다) 회수 물건 처리의
     적부 (라) 관공서의 공출 상황 (마) 대체물 배급의 적부 (바) 회수물
     건 매각대금 지불상황


통제 물자의 대상은 총독부 관보에 제시하고 있지만, 생활물자나 농산물이 대부분 대상이고 통제 가격이 제시되었다. 그러나 암거래가 소비물자의 대부분을 차지하고 통제 가격으로는 살수 없었다. 배급은 도시와 농촌에서도 실시되어 배급이 없으면 생활할 수 없는 체제가 되었다. 사사로운 배급이나 특별 배급 등 여러 가지 문제가 발생하고 있었다.

금속공출도 철저하게 할당되어 행해졌다. 식기(유기), 알루미늄 제품, 철 등도 대상이 되어 대용품이 배포되었으므로 이러한 사항에 대한 검열도 필요했던 것이다.

제6항은 농업생산 책임제 실시 상황이지만 본고에서는 생략한다.

제7항은 식량대책에 관한 사항이다.

---

수 있지만, 문서 그 자체에 대해서는 일부 보존이 분명하지만 전체에 대해서는 밝혀지지 않았다. 또 현재 한국에서 군·읍면 관계 문서의 소장은 호적·토지 관계가 가장 많고, 북한에 대해서는 확실하지 않다.

   (1) 사전할당 및 공출할당과 공출상황
     (가) 사전할당의 적부 (나) 공출할당의 적부
     (다) 공출할당 기초자료의 적부 (라) 공출완수를 위해 채택한 시책
   (2) 식량 배급 사무의 처리상황
   (3) 소비 규제에 대한 시책상황
     (가) 농촌에 있어서 소비 규제를 위해 채택한 구체적인 시책
     (나) 대체 식량 증산을 위해 채택한 구체적인 시책
     (다) 농가 환원 식량의 배급 상황

   전시 하 한국 민중을 괴롭힌 것은 식량부족이었다. 1939년 대가뭄 이후 1940년, 1941년은 평년작이었지만 1942년도부터 쌀 생산은 1945년 8월까지는 흉작이었다. 매우 심각한 사태였지만, 1943년까지는 만주에서 잡곡을 유입하고 보리가 평년작이어서 대처했다. 그러나 1944년도는 보리도 흉작이어서 더욱 심각해졌다. 동시에 1941년 말 태평양전쟁의 시작은 군용미 수요증가 등으로 일본 국내를 포함해 쌀 부족이 심각해졌다. 한반도 내에서의 쌀 공출은 이전보다도 한층 강화되었다. 면사무소 직원·경찰·공출 감독자가 집집마다 수색하며 공출해 갔다. 흉작기의 사전할당은 집에서 사용할 쌀까지 공출하도록 강요하는 결과가 되었다. 또한, '농가 환원 식량'이라는 것은, 농가에서 쌀 이외의 보리, 고구마 등 잡곡도 공출했기 때문에 식량이 부족하게 되자 한번 공출한 식량을 다시 환원 식량으로 배급하던 실태를 나타낸다. 이른바 한국인 농가에게 재배급을 실시한 것이다. 총독부의 쌀 중심 농업정책이 비료, 농기구, 노동력 부족 등에 의해 파탄되어 일부를 밭작물로 전환해야 했던 상황이 생기게 된 배경이 있었고 이러한 사무가 읍면에 부과되었다.

   읍면 사무검열 중요사항 12항 중에 8항(광공업)·9항(읍면 경리)·10항

(부과금)·11항(읍면 출납)·12항(세금)의 각 항은 모두 중요한 문제를 반영
하고 있지만, 여기서는 거론하지 않겠다.

이상과 같이 읍면 사무지도 감독 규정을 고치고 읍면 사무검열 중
요사항으로 정한 것은 전시 하에 전 한국 민중을 동원한다는 과제가
있었다. 전시 국면이 불리해지면서 더욱 동원을 추진할 목적이 있었
던 것으로 보인다. 구체적으로 검열 중요사항을 검증해 그 의미를 살
펴보겠다.[12]

### 4) 읍면 사무검열 감독 규정과 읍면 사무검열 중요사항이 의미하는 것

규정과 중요사항에서 주목할 점, 첫째로 전시 말기의 읍면 사무 내
용과 상황을 구체적으로 밝히고 있는 점이다. 제2절에서 살펴본 경상
북도 면사무 내용에는 대략적인 항목은 알 수 있지만, 세세한 항목은
모르기 때문에 충분하지 않다. 지금까지의 검토에서 읍면에는 아주 많
은 사무를 담당하고 있었지만, 이 시기에 강화된 일본화 교육과 의무교
육의 실시를 앞둔 학사 및 징병실시 시기와 겹친 병사 관련 사무에 대
해서는 관련 사항이 적다. 이것은 관계된 학교나 경찰 등에서 사무를
담당하고 있었기 때문이라고 생각된다. 어쨌든 자료에서 이 시기의 행
정 사무량이 큰 폭으로 증가한 것을 확인할 수 있다.

둘째는 행정 과제를 민중에게 요구하는 정책에 대해서 반드시 그 적
부를 묻고 있는 점이다. 읍면 당국에서 행정정책을 실시한 것에 대한

---

12 검열 결과에 대해서 관리는 검열사항에 대한 그 전말을 서면으로 보고하게 되어 있다.
또 '개선을 요하는 사항은 바로 지시해야 한다'라고 조문에 명기하고 있다. 조문에는
보고문서 양식이 첨가되어있다. 그러나 이러한 보고서의 원래 자료는 현재 발견되고
있지 않다.

적부는 적당했다는 것이 당연한데, 적부를 묻는 것은 그때까지의 행정에는 볼 수 없었던 검열 자세라고 하겠다. 전시 행정에 대해서 적부를 묻는 것으로 민중의 반응을 탐색하고자 하는 행정 입장의 표현이었다고 평가할 수 있다.

셋째는 도, 군 등에서 지시된 행정 과제에 대해서 어떠한 시책을 취했는가에 대해 검열을 하고 답변을 요구하는 점이다. 답변을 실시 상황이라는 말로 표현해, 정책 실시 과정의 보고를 요구한 것이라고 볼 수 있다. 특히 시책에 대해서 개선점이 있다면 검열계의 관리가 즉시 개선 지시를 내리지 않으면 안 되었다.

넷째는 민중동원에 대해서 모든 사항에 걸쳐서 민중과의 접점을 중시하고 있다는 것이다. 이러한 민중에 대한 배려는 그때까지의 지주와 지역 유력자들 동원지시만으로는 민중을 전시 동원할 수 없고 개개의 모든 읍면민 동원이 과제가 되었기 때문일 것이다. 읍면민이 납득할 수 있는 형태의 동원이어야만 했다. 예를 들어 예금은 공출하는 모든 농민이 공출 대금의 15%가 공제 예금되는 것을 용인하지 않으면 안 되었다. 물론 공제 예금은 일률적이고 강제적인 것이고 거절이 불가능했지만, 납득시켜야 하는 작업이 필요했던 것이다.

다섯째는 전 항목에 공통적인 것이지만 읍면민 모두에게 전시 동원은 지상명령이고 협력을 이끌어내야 된다는 사정을 반영하고 있었다. 협력·동원요청에는 몇 개의 개선점을 제시하고 타협하는 자세를 보이지 않으면 안 될 만큼 동원정책 자체가 압박을 받고 있었다고 평가할 수 있다.

읍면 지도와 검열 중요사항에서 정책이 어느 정도 민중의 실상과 괴리되어 있는데, 받아들여지고 있는가에 대한 관심에서 작성된 것을 알 수 있다. 그러면 읍면장들은 읍면 행정에 대해서 어떠한 문제를 과제로 생각하고 있었던 것일까.


## 5. 읍면장들이 본 읍면행정의 문제점

읍면장들의 읍면의 상황 인식을 알 수 있는 자료는 적지만 여기서는 읍면장 좌담회 기록에서 몇 개의 예를 들겠다.[13] 좌담회에 출석한 면장은 모두 취임한지 얼마 안 된 사람들이고 조선총독부 관료 등을 퇴임한 유력한 신입 면장들이다. 총독부에서 읍면 강화를 위해 특별히 선발한 사람들이다.[14] 우선 좌담회 기록 중에서 '시책의 하부 전달에 대해서'로 정리된 것이 면 직원에 대한 발언으로, 이 문제를 중심으로 살펴보고자 한다.

---

13 「좌담회 올바른 면 행정 – 수장인 면장에게 듣는다.」(『조선 행정』 1943년 8·9월 합병호) 회의에 출석한 것은 총독부에서 읍면 행정 강화를 위해 직접 의뢰받은 참여관 등, 전 총독부 간부가 면장이 된 '거물 면장'이 중심이다. 총독부에서는 사정국장, 지방과장이 출석하고 있다. 출석한 면장은 우량면 면장이다. 이른바 대정 익찬회 성격의 좌담회로 한계가 있는 것을 전제로 몇 개의 현황 인식에 대해서 다루겠다. 또, 좌담회 기록이 게재된 후의 『조선 행정』 1943년 10월호에는 사정국이 「읍면 행정 쇄신강화 중요 사항」을 발표했다. 중요 사항에서는 사정국이 각 도지사 앞으로 1943년 8월 24일자로 통첩한 '읍면 행정 강화 쇄신에 관한 건'이 첨부되어 있는 문서이다.
14 면장의 직무능력 향상에 대해서는 그 필요성이 인식되고, 총독부는 1943년 1월 6일자로 「읍면장의 자질향상에 관한 건」을 통첩하고 군 안에서 우수한 사람을 면장으로 할 것, 면장의 처우 개선, 우수한 면장은 군수로 발탁할 것, 군 안의 면10%를 자질향상 대상으로 할 것 등을 지시하고 있다. 이후 부면장 제도를 도입하는 등의 면 행정을 강화했다.

## 1) 읍면 직원의 자질에 대하여

기쿠야마 도키노리(菊山時権) 경기도 시흥군 동면장은 다음과 같이 지적하고 있다.

> 오늘날 면 직원 학력은 대부분 초등학교를 졸업한 정도이고, 우리 면은 직원 19명 가운데 중학교를 졸업한 사람은 한 사람도 없습니다. 을종 실업학교 2년 혹은 3년을 졸업한 사람이 최고 학력입니다. 게다가 연령이 30세에 가까운 사람이 많습니다. 회사나 조합에도 적당한 일자리가 없기 때문에 면 직원이라도 하려는 사람이 대부분을 차지하고 있습니다. (중략) 내가 부임해서 직원의 이동 상황을 보니 올해만 19명 중 5명이 바뀌었습니다. (중략) 1년이나 2년 정도 면 사무의 견습 기간을 마치고는 나갑니다.

직원은 대부분 다른 지역 출신이라고 지적하고 있다. 실질적으로 면의 직원 인사는 군(郡)이 정하고 있다는 것, 면의 의사가 반영되지 않는다는 것, 결과적으로 이렇게 다양하게 채용하다보니 직장에 정착하지 못하고, 면사무소 일도 열심히 하지 않는다는 것을 구체적으로 설명하고 있다. '면 직원인데 면의 실정을 몰라 일이 되지 않는다'라는 지적도 있다. 통계 보고가 얼마나 부정확하고, 면의 실정과 보고가 얼마나 다른가에 대해서도 취임하고 나서 파악한 구체적인 사례를 들어가며, 면 직원이 '실태에 대해서 언급하지 않고 적당히 처리하고 있다'고 까지 발언한다. 정확하지 않기 때문에 쓸데없이 농민에게 부담이 가는 일을 하고 있다.

시바무라 소은(芝村鍾殷) 강원도 홍천군 홍천면장은 '아무래도 면 직원은 학교 교육을 받은 자가 적어' 상부에서 기안을 해서 명령을 내리지만, '그 명령을 제대로 이해하고 판단을 내리지 못한다. 그래서 일에 무리가 생기고 매우 안 좋은 결과를 초래한다'고 하고 있다. '최근 경험한 것을 예를 들어 말하자면, 공출도 상부에서 제시한 숫자를 각자의 경작 면적에 적용하는데, 어떤 사람은 자신의 식량을 빼고 조금은 여유 있는 공출이 가능한데, 또 어떤 사람은 거의 전부를 내야하는 결과가 됩니다. 이것은 소소한 일이지만 같은 면적이라도 수확상태에 따라 다릅니다. (중략) 그러한 공문을 그대로 통지하면 무리가 생겨 결과가 나쁩니다'라고 면의 작업 실정을 말하고 있다.

도쿠야마 요시히코(德山善彦) 충청남도 공주군 우성면장은 기쿠야마(菊山)·시바무라(芝村)면장의 이야기를 듣고 '시정 방침이 면 서기에 미치지 않습니다. 이것은 지금 설명하신 대로입니다. 현재 식량 정책에 대해서도 어떤 사정으로 이러한 정책을 집행하는지, 오히려 의아해 하는 면 직원도 있는 상황입니다. 그런 까닭에 면민은 어떤 사정에서 공출하는지 더욱 모르는 상황입니다'라고 면 직원뿐만 아니라 면의 민중도 심각해진 공출에 대해서 이해하지 못했다고 말했다. 그는 면 직원을 지도하는 입장에 있는 군 직원에게도 '군 직원이 지도하러 돌아다닐 때에 이유를 잘 설명해 주면 알겠지만, 그저 하라고만 하는 경우가 많습니다'라고 했다. 이런 사례로 면장으로서 보리 베기와 모심는 시기가 겹쳐서 마을 사람이 모두 논밭에서 일하고 있을 낮에 지시하지 말고 밤에 방문하라고 직원에게 말을 해도 이것을 무시합니다. 또한, 군 직원은 '모내기를 하는 곳에 가서 보리 베기를 해라, 보리 베기를 하는 곳에 가서는 모내기를 하라는 것은 그만두기 바란다'라고 했다. 면장인 자신이 '당신들이 가서 한 사람을 부르면 모두가 쉰다'라고 군 직원에게 말했다고 한다. 게다가 군에서 면 직원을 때때로 호출해 일하는 데 방해가 된다고 지적하고 있다. 면장의 경우도 15일 동안에 7일이나 호출이 있었다는 등 구체적인 의견을 말했다.

히로야스 가네테쓰(広安鐘哲) 경기도 양주군 미금면장은 앞의 3명의 면장의 이야기를 듣고 면의 일이 바쁘기 때문에 면 직원을 증원해 주길 바란다고 주장했다. '공문이 산처럼 쌓입니다. 게다가 전부 답변하지 않으면 안 됩니다' 이래서는 '진정으로 해야 할 일'을 할 수 없다고 말했다. 진정으로 해야 할 일이라는 것은 '예를 들면, 면민을 모아 들어보면 대동아 전쟁의 진상을 거의 모릅니다. 그것을 설명하기 위해서는 인원이 필요하기 때문에 면 직원을 증원해 주기를 절실하게 바랍니다'라고 했다. 또 군의 농민회를 해산하고 그 기능을 면에 이전할 것, 구장(마을 책임자)의 급료를 우대할 것. 군 내부에서 소통을 잘해서 군에서 오는 조사 요구 등이 같은 날에 겹치지 않도록 할 것 등을 요구하고 있다.

또한, 이 시기에는 항공기 연료로 활용할 수 있다고 해서 송탄유(松炭油, 일본에서는 송근유라고 해서 대량으로 생산이 장려됐다)의 생산 운동이 지상 명령으로 실시되었는데, 이것을 농민의 풀베기가 끝난 뒤로 해주길 바란다고 했다. 농민들은 송탄유 생산을 해야 할지, 풀베기를 해야 할지, '너무나 바빠서 어느 쪽을 해야 좋을지 모르겠습니다'라고 한다고 했다. 그는 면 직원의 문제뿐만 아니라, 군이나 도 행정의 시행에 협의가 충분하지 않아서 농민(면민)이 곤란을 겪고 있다고 말한다.

이상과 같은 면 직원의 문제를 정리하면 다음 5가지이다.

① 면 직원이 직무에 정통할 정도로 정착되지 못한 경우가 있다.
② 면 직원이면서 면의 실정을 몰라, 결과적으로 통계 등이 부정확하게 된다.
③ 면 직원은 대량의 사무 보고 등을 처리해야만 하고, 낮에 보고에

필요한 조사를 하고 밤에 보고서를 쓰는 상황이다. 따라서 면 직원을 증원할 필요가 있다.

④ 공출을 농지의 조건 등 실정을 고려하지 않고 지시대로 균일하게 할당하고 있다.

⑤ 시정 방침이 면서기에 미치고 있지 않을 뿐만 아니라 면 직원이 접하는 면의 민중은 전쟁의 진상 등을 몰라 각종 동원에 어려움이 많다고 한다.

## 2) 면민에 대한 시책에 대하여

시정에 대한 면 직원의 이해가 부족하고 정책을 기계적으로 처리하는 등, 면민에 대한 형식적인 행정을 실시해 면민에게 납득시키지 못하는 것이 모범적인 우수 면에서도 지적되었다. 이 문제 해결을 위해 면 직원 증원 체제를 통한 강화를 바라고 있다.

그렇다면 면장들은 면민을 동원하는 정책 방법을 면 직원 체제의 정비만으로 해결 할 수 있다고 생각했을까. 체계적이지 않았지만 해결을 위해 몇 가지의 이야기를 하고 있다.

앞의 히로야스 가네테츠 면장은 엄격하게 할당된 송탄유 채취의 상황을 언급한 뒤, 쌀·보리의 공출에 대해서 다음과 같이 이야기한다.

보리 공출 때에는 자신의 식량이 있든 없든 냅니다. 벼 공출 때에도 또 그렇게 냅니다. 이렇게 그때마다 해쳐나가는 방법으로는 농민의 증산 계획이 잘 달성될지 걱정입니다. 그래서 제가 전부터 생각했습니다만, 농민은 보리를 먹지 않으면 안 됩니다. 논(水田)은 300평(一反步)에서 한 섬(一石) 거두는 것을 어지간해서 한 섬 여섯, 일곱 말(斗)로 생산하기는 어렵습니다. 보리는 100% 정도로 늘려 거두는 것이 현 상태에서는 쉽게

됩니다. 그렇게 수확을 늘려 농민이 충분히 먹도록 하지 않으면 증산은
어렵습니다.

농민에 대한 가혹한 공출의 실태를 말하고, 농민의 식량난과 노동
의욕은 관계가 있으므로 농민에게 식량을 공급하는 것으로 생산에 동
원하고 생산을 늘리는 시책을 제안하고 있다. 쌀이 우선이라는 총독부
의 정책보다 당면한 농민의 주식인 보리 생산 증강이 중요하다고 인식
을 하고 있다. 연속된 쌀의 흉작, 생산 의욕의 감퇴 등을 직접 목격하는
면장의 자연스런 발언일 것이다.

좌담회에는 총독부 사정국장인 신가이 하지메(新貝肇)와 지방과장인
와타나베 고로(渡辺昻郎)가 출석했는데, 그들은 면장이 전쟁비용 조달
등의 증세에 대해서 어떠한 생각을 가지고 있는지, 그것에 대해서 면민
이 어떤 대응을 보이는지에 관심을 기울였다. 와타나베는 '면민 쪽도
상당히 부담이 크겠지요. 세금은 많아지고 여러 가지 기부금도 있고
(중략) 여러분이 보시기에 과연 어떻습니까? 면민 쪽에서 부담을 감당
할 수 있으리라 생각합니까?'라고 물었다. 이것에 대해서 앞의 도쿠야
마 면장은 '개별세 이외의 부담이 무겁네요. 경방단(警防団), 지원병 후
원회, 이런 것이 여섯 종류나 있어서' 부담이 크다고 말했다. 기쿠야마
면장은 부담할 능력이 상당히 있다고 말해 의견이 일치하지 않았다.

논의에서는 어떻게 부담을 합리화할 수 있을지 이야기했지만 결론
은 나오지 않았다.

이러한 논의 외에 행정의 간소화, 면의 하부 기구인 이장의 위치,
면에 농민회를 두는 안건, 면이 교육 행정을 담당하게 되는 경우 면의
교육능력 등에 대해서 논의했다. 사정국장 신가이는 좌담회를 정리하

는 형태로, 행정 실정의 예로서 '실제로 나도 최근 애국반에서 돌린 회람판을 보고 느꼈습니다. 마침 거기에 금속 특별 회수인가 무언가 하는 것이 실려 있었습니다. 그것을 보고 놀란 것이 총독부에서 보낸 통첩과 한 글자 한 구절도 다르지 않았습니다. 본부에서 지사에게 보낸 통첩 그대로가 온 것입니다. 이러한 상태에서는 어지간해서 민중에게까지 철저하게 전달하는 것은 곤란할 거라 생각합니다'고 했다. 신가이 자신이 형식주의, 상의하달(上意下達) 모양새를 한탄하고 있다. 총독부 행정이 전체적으로 형식주의에 빠져, 민중과 접하는 읍면 행정도 민중과 괴리를 가져오고 있다고 인정하고 있다.

총독부 행정·읍면 행정과 민중의 관계를 행정 담당자가 어떻게 보고 있는지에 대해서 검증했지만, 행정 대응에 대한 일반적인 평가는 어떠한 것이었는지, 이러한 문제에 대한 공문서가 아주 적기 때문에 다음 절에서는 신문 자료로 개요를 살펴보겠다. 물론 신문도 강력한 통제 하에서 사실만을 전하지 않는 등 한계가 있는 것을 전제로 검증하고자 한다.


## 6. 신문보도에 나타난 행정문제

1944년 12월 30일, 아베 조선총독은 연말을 맞이해, 고등관들을 모아놓고 훈시를 했다. 총독 취임 후를 돌아보고, 부끄럽기 그지없는 일이 많다고 하며 다음과 같이 말했다. '관리의 기강이 느슨해진 사례나 민간, 회사, 단체 등에서 간부가 사욕을 채우는 행위 등 지도자로서 면목 없는 일이 적지 않다. (중략) 분명히 현재의 사태와 합치하지 못하는 것이 있다는 것을 말하지 않을 수 없다.'[15]라고 하고 한반도 전체에 전시 하의 긴급 사태에 적합하지 않은 행동이 많다고 했다. 전쟁의 현 단계나 총독부의 정책과 '합치'하지 않는 사태가 발생하고 있다고 지적 하고 있는 것이다.

오노 스에오(大野季夫) 경상남도 지사는 1944년 11월 27일에 부과장 회의를 개최해서 다음과 같이 훈시했다.

> 증산이나 수송은 물론이고 직원 및 당자사로서 마음가짐에 아직 안일 하고 형식적인 경향이 엿보입니다. 예를 들어 수송에 있어서 트럭운전수 같은 마음가짐으로 자유경쟁시대의 영역을 벗어나지 못한 것은 아닐까 하고 생각됩니다. 부산의 수도 급수시간의 문제도 그렇고(부산에서는 급 수 제한이 실시되어 부민 생활에 영향을 주고 있다–필자) 또 송탄유의 생산이건, 보리 파종이건 (중략) 요즘 관리는 말할 것도 없고 전 도민이 철저하게 사고방식을 바꾸어야 합니다. 보리 파종도 과연 보고대로 진척 되고 있는지 어떤지, 각 부서에서는 지금부터 모든 부분에 걸쳐서 임시 사찰을 행하든가, 적당한 방법에 의해 결전 행정의 완수를 기할 필요가 있습니다. (중략) 요컨대 관청 자체가 우선 철저하게 사고의 전환에 힘쓰 고, 솔선수범하지 않으면 안 됩니다.[16]

관리에게 당사자로서의 마음가짐이 갖춰지지 않았다는 점을 지적하 고 있다. 또 1944년도 쌀 흉작에 이어서 보리작황이 식량 문제의 과제 가 되었지만, 보고대로 되는지 지사 자신이 보고를 의심스러운 눈으로

---

15 「승리를 위해 반성하라. 노력의 부족」(『아사히 신문 서부판』 조선판 1944년 12월 31일).
16 「아직 사고의 전환이 부족하다. 결전 행정을 오노 경남지사 강조」(『아사히 신문 서부 판』 남선판(南鮮版), 1944년 11월 30일)

보고 있다. 이것을 근거로 몇 번이나 사찰의 강화와 관청 자체가 바뀌기를 요구할 수밖에 없는 상황이었던 것이 확실하다. 이처럼 총독이나 지사가 인식하고 있듯이 정책이 침투되지 못하고 형식적으로만 끝났던 상황은 한반도 전체에 퍼지고 말단으로 갈수록 심각해졌다.

한국 사회의 실태도 부정행위가 많아지고 회사와 관리가 결탁한 부정이 횡행했다. 그것은 상급 관청에서 애국반에 이르기까지 문제가 되었다. 이러한 보도는 규제되었지만, 일부 보도된 사례를 들어보겠다. 1945년 2월 검찰 당국에 적발된 큰 회사, 직원, 마을자치회 간부 등의 사건에서 직원에 관해서는 다음과 같이 보도하고 있다.

서울에서는 '노무징용에 관한 경성부청 관하의 관공서에서 노무담당의 관리와 부의 당국자 사이에서 빚어진 부정행위를 당국이 적발했는데, 이 문제도 현재 중요시 되는 노무 공급의 운용상에 얽힌 미상의 사건으로, 그 발생에 관련된 사정과 이후에 문제 방지의 대책을 강구하지 않으면 안 된다'고 되어있다. 구체적인 인명이나 상세한 내용은 발표되지 않았다. 이것에 대해서 후루이치(古市) 경성부윤은 '(전략) 여러 가지 유혹을 떨치지 못하고 결국 과오를 저지른 듯합니다. (중략) 일반인 중에서도 나쁜 기풍이 있어 입으로는 징용의 의의를 설명하면서 한 개인으로서는 자신에게 부여된 징용을 어떻게 피할 수 있을까 하여 나쁜 행동을 취하는 사람이 없는 것도 아닙니다'라고 했다.[17] 일반에게

---

17 『아사히신문 서부판』중선판(中鮮版), 1944년 2월 8일. 이 사건에 대해서는 검사정 담화, 경찰부장 담화가 게재되어 있고, 일벌백계적인 보도였다고 생각된다. 신문보도와 동시에 검찰 당국이 정리한 『조선검찰요보』제9호에는 「전라남도 도청 직원 등의 부정사건」을 게재하며 '이런 종류의 범죄가 여전히 근절되지 못하고 오히려 갑자기 증가하는 경향이 있다. 그리고 그들 직원 가운데 심한 것은 이러한 종류의 알선수재가 하나의 부수입으로 당연한 것으로 여기는 잘못된 관념을 가지고, 그런 관념이 지금에

이러한 행위가 널리 존재하고 있음을 알 수 있다.

문제는 상급 관청에 한정되지 않았다, 하부 애국반 활동까지 '형식주의' '부정'이 퍼져있었다. 국민총력연맹의 중요한 중간 기관으로 결성되었던 국민총력평양연맹에서도 회의가 형식주의로 흐르는 경향이었다. 구체적으로는 1945년 3월에 개최되었던 국민총력평양연맹의 정례 이사회에는 정원 60명 가운데 출석은 '불과 10여명'이고 '매월 행사'이지만, 이사의 출석률이 나쁜 것으로 나타나 있다.[18]

이러한 것은 전쟁 말기의 한국 사회에서는 일반적인 것이고 부(府)의 하부 조직인 마을 자치회(町會)도 충분히 기능하고 있지 않았다.

부산에서의 마을 자치회는,

> 명랑과감(明朗敢鬪)을 결전 필승의 열쇠로, 항구 도시인 부민(府民)에게 대호령(大号令)을 내리는 국민총력부산부연맹은 금년의 총력운동 전개 정책으로 기존의 상의하달을 말단 기구에까지 침투시켜 형식적으로만 실행하지 않고, 어디까지나 부민 전반이 공동 실천을 하도록 마을자치회 기능에 감사를 실시하고 각 애국반의 활발한 운동을 촉진한다. 그중에는 연맹의 홍보지(広報)를 받으면서도 말단 기구까지 철저하게 실행하지 않는 마을 자치회도 있고, 심한 곳은 결전이 요청하는 국민저축을 행하지 않는 마을자치회도 있었다. 이것은 마을자치회 회장의 불성실에 의한 것으로 부산연맹에서는 이러한 마을자치회에 대해서는 단호한 조치를 취함과 동시에 마을자치회 회장을 경질해, 명실공이 명랑과감한 대부산 건설에 나아가게 되었다.

---

는 사회적 통념으로 일반에 만연하고 있는 것으로 생각된다'라고 했다.

18 「이대로 괜찮은가」, 『아사히신문 서부판』 남선판, 1945년 3월 27일.

라고 보도하고 있다.[19] 이것은 1945년 1월의 기사인데, 그때까지 이러
한 사태가 방치되던 것으로 보인다. 부산연맹의 홍보지에는 그달의 과
제나 다양한 호소가 이어져 인플레 방지와 전쟁비용 조달을 위해서 국
민저축은 큰 과제였음에도 불구하고 이것과 무관한 사람들이 있었다는
것을 나타낸다.

또 마을자치회 회장 수준이 아니라 일반 한국인 가정에서도 여러 가
지 형태의 통지에 걸맞지 않은 행동을 볼 수 있었다. 전시 하의 한국인
에게 가장 심각했던 것은 식량문제였고 생명을 유지하는 것이 곤란한
상태에 있었다. 특히 배급에 의지하는 생활인 경우, 물자부족에서 암
거래에 의지한 생활이 되었다. 이것에 대해 단속 당국에서도 어느 정도
묵인하고 있었지만 전시 말기에는 가족 인원을 늘려서 배급을 받는 방
법이 도시 민중 사이에 퍼져갔다. '유령인구' 문제이다

1944년 8월 서울 경성부에서는 '각종 가정물자의 배급 원천이 된 미
곡구입 장부에 있는 유령인구의 박멸을 도모하기 위해 협의를 했다' 각
구를 2반으로 나누어 5일간에 걸쳐 실시했다. '악질적인 사람은 검찰
당국과 공조한 후 엄중하게 처벌했다'고 한다. 이 문제에 대해서 센다
센페이(千田專平) 경성부 총무부장은 '이적행위인 유령인구가 서울 내에
15만 명이나 존재하고 있다. 1세대에 평균 0.5명씩 있는 셈인데, 1억
전원이 전투에 배치된 가을 전선을 흩뜨리고 후방 일반인의 식생활을
교란하는 행위는 결코 용서할 수 없다. 이러한 행위자에 대해서는 철저
하게 조사한 후 적절한 조치를 강구할 작정이다'라고 하고 있다.[20]

---

19 「불성실한 마을회장을 엄격히 단속하여 바로잡음. 마을 자치회 기능을 감독」, 『아사히
신문 서부판』 남선판, 1945년 1월 29일.
20 「경성의 유령퇴치 악질은 엄중처벌」(『아사히신문 서부판』 중선판, 1944년 8월 13일).

이러한 사태는 서울만이 아니라 전라남도 광주나 같은 도내 전체에 부정 수급이 퍼져 있었다.

1944년 9월에 단속이 실시되고 '바르지 못한 자가 나온 애국반은 전원 배급을 감함'이라는 제목의 기사 전체를 보면 다음과 같다.

> 9월부터 전라남도에서는 식재료 배급 증가를 단행함과 동시에 미곡을 먹는 유령인구, 이중배급, 부정유출 등 부정한 식량의 흐름을 일거에 제거하기로 결정했다. 경찰의 단속과 부읍면 당국이 감시망을 강화하고 애국반을 단위로 책임제를 실시해, 반원 중에서 부정 배급을 받은 자가 나온 경우는 반원 이하 전 반원의 배급 물자량을 줄인다. 또 20일 이상 여행 또는 출장으로 부재인 경우는 수속절차가 필요하고 이행하지 않은 자도 부정 수급자로 처분된다. 가장 먼저 단속 대상이 된 것은 광주부 내 중심지인 어느 마을 자치회로, 애국반장이 한 반원의 부정 수급을 묵인해 실제는 한 명의 가족을 18명으로 조작해서 계속적으로 여러 배급물자를 구입했다. 17명의 유령이 매일 양곡을 먹고 배급품을 구입했던 사실을 발각해 현재 광주 경찰서에서 검거해 조사 중이다.[21]

광주에서 단속한 전체 결과는 확실하지 않지만 광범위한 부정이 있었다. 8, 9월에 서울과 광주에서 동시에 이러한 단속을 실시한 것은 1944년도가 쌀이 흉작이었고 3년 연속해서 흉작으로 식량부족이 더욱 심각해질 것이기 때문에, 식량 대책의 하나로 전국에서 단속이 실시된 것으로 보인다. 서울의 경우는 당국도 15만 명이나 있다고 할 정도로 이전부터 인지하고 있었다고 하겠다. 당국은 너무나 적은 배급량에 이

---

21 「부정한 자가 나온 애국반은 전원 배급을 줄임. 전남의 유령 퇴치」(『아사히신문 서부판』 남선판, 1944년 9월 6일).

적 행위적인 유령인구의 존재를 묵인하고 있었지만, 식량 부족 상황에서 이러한 '쌀 절약'을 생각한 것이다. 애국반 배급 체제 속에서 암거래 물자·암거래 임금이 어느 정도 공인되었던 것처럼 민중에게도 알려져 있었던 것은 아닐까 생각된다. 애국반이나 민중의 입장에서 보면 쌀 절약 시책에 충실하게 따르게 되면 연명하기 어렵다는 것을 인식하고 시책에 따르지 않았다고 생각된다. 서울·광주 경우도 단속의 결과는 보도되지 않았다. 조선총독부의 정책을 그대로 받아들이지 않는 민중의 모습이 암거래 문제로 부각되었다고 할 수 있다.

도시의 애국반에는 행정과 시책이 일반 민중에게 침투되지 않았을 뿐만 아니라, 오히려 정책과의 괴리가 커진 상황이었다. 조선총독부가 대응책을 강구하고 민중동원을 강화해야 하는 사태가 된 것이다. 하나의 수단으로 처우개선을 내세우고 실시했는데, 여기서 최전선에 있었던 읍면장의 처우개선책을 다루어 보겠다.

## 7. 읍면의 처우 개선과 직원 양성·훈련

읍면장에 대한 처우개선은 민중동원을 강화하고 민중과의 괴리를 막기 위해 실시되었다고 하겠다. 첫째는 그때까지 행해져 온 면장들에 대한 표창이고 두 번째는 판임관(判任官)부터 주임관(奏任官)으로의 특별대우 개선이었다. 동시에 읍면장에 대한 훈련과 새로운 직원도 양성했다.

면장들에 대한 표창은 예를 들면 『경기도보』에 '직원 및 성실과 친절 권장(篤行選奬)'을 공시하고, 읍면장·부읍장·구장 등을 대상으로, 표창자의 업적을 소개하고 행정이 요청하는 사업에 어떻게 노력했는가에 대해서 말하고 있다. 많은 사례가 있지만, 경기도의 경우는 1944년 2월 11일 일본 건국기념일에 발표했다.[22] 이때는 4명이 표창을 받았다. 안성 군 이죽면장의 경우는 수년간 면민을 위해 정진하고 행정 사무뿐만 아니라 교육, 농업 생산, 애국반의 공동 작업, 신사 참배, 일본어 상용의 추진 등을 노력했다고 해서 다른 3명과 함께 '나전 벼룻집(螺鈿硯箱)'을 선물로 받았다. 다른 기회에도 이러한 표창은 있었는데, 이 시기에 행한 읍면장에 대한 처우개선은 대규모였다.

1944년 10월에 조선총독부 지방관 관제가 개정되었다. 읍면장은 그 때까지 100명까지 주임관이 될 수가 있었지만, 이 개정에 의해서 '읍면 장 2,325명 중 3분의 1이 주임관 대우가 되어 11월에 발령받게 되었다'고 하고 '말단 행정의 약진에 이바지하는 점이 클 것이다'라고 보도했다.[23] 실제로는 각 도에서 발령받았다. 경상남도에서는 '종래 10명이었던 주 임관 대우가 74명으로 증원되었다. 이것으로 도내 읍장은 전부 주임관 대우로 승격하고 면장 승격에 대해서 그달 20일까지 예정수의 90%가 상급 기관에 보고 절차를 밟아'[24]서 예정대로 실시했다고 생각되고, 주임 관 대우의 읍·면장이 대거 출현했다고 볼 수 있다. 이 기사가 정확한지 어떤지는 불분명하지만 읍장의 대부분은 주임관이 되었던 것으로 보인 다. 많은 한국인 주임관의 임명은 큰 효과가 있다고 생각하여 실시했던 것이다. 당시 일본인의 가치관에서 대단한 처우개선이었지만 한국인이 이것을 어떻게 받아들였는지 확실한 자료는 없다. 이것은 1944년 12월 한국인 처우개선에 관한 발표에 선행하는 형태로 실시되었는데, 1945년

---

22 「잡지란(彙報) 지방행정」(『경기도보』 호외, 1944년 2월 23일).
23 「계림주기」(『아사히신문 서부판』 중선판, 1944년 10월 29일).
24 「경남 주대읍면장 증원」(『아사히신문 서부판』 남선판, 1944년 11월 16일).

이 되자 4월 1일자로 한국인 관리의 승급이 발표되었다.

　작년 4월 이래 일본인 관리에게만 급료의 60%를 더 지급했던 것을 한국인 관리의 일부에게도 지급했다. 고등관 전부, 제1 소속관청 과장 그 외 특정 관서의 장에 한해 적용했지만, 이번 개선으로 판임관 및 같은 대우를 받는 자 전부에게도 동일한 급여를 주어 봉급에서 한국과 일본의 차별은 사실상 철폐되었다. 새롭게 적용을 받는 인원은 전 한국을 통틀어 약 2만 명을 예상한다.

라고 보도했다.[25]

이러한 획기적이라고 할 수 있는 읍면직원에 대한 처우의 변화는 막대한 재정 지출을 동반하는 것으로 조선총독부로서는 난관을 타개하기 위한 조치였다고 생각된다. 물론 심한 인플레이션으로 관리의 급여가 낮은 수준이었던 점도 고려되었지만, 그뿐만이 아니라 한국인 민중 동원에 앞장섰던 읍면장, 구장들을 주임관·판임관으로 한다는 명예와 실질 임금의 증가라는 조치로 이어나갈 수밖에 없는 압력이 배경에 있었다고 할 수 있다.

조선총독부는 이처럼 처우개선을 실시했지만, 그러한 시책만으로는 충분하지 않다고 생각하고 있었다. 조선총독부는 징병 전인 청년과 농촌 여성 등 다양한 계층의 사람들에 대한 훈련을 실시하고 읍면장들에게도 이러한 훈련을 실시했다. 평안남도에서는 1944년 8월 28일부터 10일간에 걸쳐서 읍면장을 모아 평양·서기산(瑞氣山)의 재무협회 연수원에서 훈련을 실시했다. '제1선에서 진두에 선 읍면장에게 국책 본래

---

의 뜻을 투철히 하고, 결전 의욕의 고양을 꾀할 목적으로 28일부터 9월
1일까지 5일간 50명, 또 3일부터 7일까지 5일간 50여명, 합계 100명에
대해 실시한다'고 했다.

같은 시기에 경상남도에서는 처음으로 읍면장의 훈련회를 실시하
여, 일본 예법·제사를 통해서 일본 신민의 혼을 체득하도록 했다. 참
가자는 한국인뿐이었고 64세의 면장도 참가했다. 훈련회를 계속하겠
다고 국민총력 도연맹에서는 대단히 의욕에 차있었다는 기록도 있다.
다른 도에서도 같은 훈련을 했다고 여겨진다. 읍면장에게도 전시체재
에 협력시키기 위한 교육을 실시해야만 했던 것이다.[26]

읍면장에 대한 훈련과 동시에 새롭게 채용된 읍면 직원도 행정 직원
으로서 교육이 실시되었던 것이다. 한반도에서 조직적인 읍면 직원 교
육으로서 처음 시도한 것으로 보인다. 합리적인 행정 교육을 시작해
효율을 높이고 민중 대응에 대해서도 학습하도록 한 것이다. 신입 직원
에 대한 교육은 경기도에서 시도되었다.

1944년 5월 5일자 경기도령 25호에 경기도 읍면 직원양성소 규정이
고시되었다. 이 목적을 읍면 관리양성소는 '읍면 직원이 될 만한 사람
에게 필요한 학과 및 실무교육을 실시함과 동시에 실로 충성의 뜻을
가진 일본 신민으로서의 자질을 훈련하는 것을 목적으로 한다'라고 했
다. 학과는 훈육, 시사 해설, 공민료, 일본어, 수학, 통계, 지방제도 대
의, 각종 행정법규, 각종 행정실무였다. 기간은 6개월에 정원 65명, 입
소는 군수의 추천을 받은 자, 급여는 지급하지만 지사가 정한 읍면에

---

26 평안남도 사례는 「면장들 훈련」(『아사히신문 서부판』 남북선판(西北鮮版) 1944년 8월
　12일). 경상남도 사례는 「황민혼(皇民魂)을 체득 경남 읍면장 훈련회의 성과」(같은 책
　남선판, 1944년 9월 1일).

3년간 근무할 것 등이 규정되었다.[27] 전시 하에 반년 동안 면직원으로 훈련을 받은 후에 직원이 된다는 새로운 제도였다.

이러한 제도와 훈령이 없으면 행정 운영은 불가능했음에도 불구하고 실시하지 않았었다. 그것은 조선총독부 시책에서 그때까지 민중 통제가 그만큼 필요하지 않았기 때문이다. 농민·도시 주민 등에 대한 징병, 의무교육제, 물자 동원, 공출 등 총동원 태세 속에서 필요하게 되어, 새삼 실시하지 않을 수 없었던 것이다. 읍면 제도의 기본부터 재정비한다는 의미도 있었던 것으로 보인다. 이 제도의 실시 현황이나 다른 도에서의 실시 등에 대해서는 자료적으로 뒷받침할 수 없다.

이와 같이 읍면에 대한 다양하면서도 그때까지 없었던 시책이 채택되었는데, 읍면민에게 정책을 납득시킬 정도로 효과가 있었는지를 검토하기 위해 읍면민에게 가장 심각한 식량 문제, 그중에서도 공출을 다루어보겠다.[28]


## 8. 쌀 공출과 읍면민의 분쟁

1944년 가을, 쌀 수확기가 되어 흉작이 확실해졌지만 그럼에도 불구하고 군용이나 일본 국내로의 반출 등으로 쌀 수요가 증가했다. 조선총독부는 농민에게는 보리, 잡곡, 만주에서 들어온 잡곡 등으로 식량을 공급하려고 했지만, 너무 불충분해 암거래가 횡행하고 농촌에서도 배

---

27 『경기도보』 호외, 1944년 5월 5일자.

28 전시 하 공출에 대해서는 1942년 전후 상황이지만 졸저, 『전시 하 조선 농민 생활지』(사회평론사, 1998)를 참고하기 바란다.

급이 실시되었다. 총독부 당국으로서는 농민으로부터 온전하게 쌀을 공출시키는 것이 커다란 과제가 되었다. 따라서 공출 체제의 정비가 공출 성패의 열쇠가 되었다.

이러한 상황을 배경으로,

> 전투력 증강의 기반인 결전 양곡의 공출완수를 위해 경기도에서는 부군 (府郡)과 읍면에 각각 정신대를 편성했다. 부군에서는 군수를 대장으로 부군 권업과장 및 도의 유력자 2명을 부대장으로, 읍면에서는 읍면장을 대장으로, 경찰관 주석을 부대장으로, 부락에서는 구장 또는 부락연맹이 사장을 대장으로, 부락 유력자를 부대장으로, 관민 일체의 정신대를 조직하고 공출 할당 확보, 강습회 개최, 공출 촉진에 관한 모든 계획의 수립, 양곡의 이동 방지 및 도정 통제의 억제, 물건을 감추고 소지하는 것 방지, 건조, 탈곡 조정의 지도, 부락 공동 출하의 완수 지도를 도모하게 되었다.

고 한다.[29] 정신대라고 하는 군 조직 같은 공출 조직을 만들어 공출시켰는데, 개별 집들을 돌며 공출시킨 것은 면 직원이나 공출 감독자들이다. 특히 경찰관이 입회해서 실시했다. 농민들도 가능한 한 집에서 사용할 쌀을 확보하려고 했지만, 대부분은 발각되어 처벌받았다. 이러한 방법이 매년 행해지고 더욱 엄격한 강제 공출이 실시되어 많은 문제를 일으켰다. 자료에서 확인할 수 있는 사례는 적지만, 직접 읍면 당국과 면민이 심각하게 대치한 경우도 있었다.

그 사례로 황해도 서흥군 율리면에서 1944년 12월 17일에 공출을 둘러싼 군면 직원과 애국반장, 그 반에 속해 있는 마을 사람과의 대립

---

29 「양곡 공출에 정신대 편성」(『아시히 신문 서부판』 남선판, 1944년 11월 25일).

폭행 사건을 소개한다. 이는 『조선검찰요보』[30]에 소개되어 있어서 이것에 근거해서 주요 내용을 기술한다.

사건에 앞서 부면장은 12월 15일에 열린 군면 직원인 공출 감독자 모임에서 1944년도 공출 성적이 좋지 않아서 '이번은 마을 사람 전부에 대해 자택을 수색하고 잡곡은 종자라도 공출시키고 만일 불손한 자가 있어 저항할 때에는 강제 수단을 사용해서라도 공출에 완벽을 기하도록' 하라고 지시했다.

12월 17일 군면 직원이 공출 독려를 위해 마을 내에서 검색을 하던 중 '마을 사람 중에 양곡을 은닉하거나 공출을 주저하는 등의 소행이 있어서, 군면 직원이 김산묵(金山黙) 외 9명(그중 여자 2명)의 마을 사람을 막대기 또는 주먹으로 구타했기 때문에, 마을 사람들이 분개했다.' 소식을 들은 애국반장들은 군면 직원이 '이런 행위를 하지 못하도록 반성을 촉구할 것을 논의하고', 마을 사람들에게 반장 집에 모이도록 지시하고 달구지꾼인 농민을 선두로 마을 내에 숙박하던 2명의 기사(기술관리)를 구타하고 다른 집에 있던 면서기, 또 다른 집에 있었던 배급조합 서기를 구타했다고 한다. 또한, '마을 사람 약 40명은 율리면 사무소에 몰려가 부면장에게 너는 배불리 먹으면서 우리 농민들은 굶어죽일 작정이냐고 따져 물으며' 부면장을 구타해 전치 1개월의 상해를 입혔다고 한다. 이 결과 11명이 경찰에 연행되어 조사를 받고 있다고 보고되었다. 검거자는 율리면의 4명의 애국반장, 달구지꾼 1명, 농민 1명, 피해자는 군 직원 2명, 배급조합원 1명, 면서기 6명, 부면장 1명이다. 군면

---

30 「양곡 공출에 연루한 애국반장 등의 여당 폭행」(고등법원 검사국, 『조선검찰요보』 1945년 1월호).

직원과 농민 측이 대립한 사건으로 쌍방 모두 한국인이었다.

이 사건은 공출이라는 정책실시에서 행정 측의 폭력 행위가 일상적으로 행해졌다는 것을 나타낸다. 이것을 보고한 검찰관은 그 원인을 요즘 공출을 둘러싼 불상사가 많아졌다고 하고, 이 사건은 '농민의 시국 관념이 부족한 것에 기인하지만, 공출을 열심히 한 나머지 지도적 지위에 있는 자가 적절한 방법을 세우지 않고 쓸데없이 강제력을 발휘한 이른바 지나친 행위 역시 적지 않다. 현재 상황은 식량 문제 조정에 있어서 중대한 난관'이라고 할 수 있다.

이 사건의 경우에는 우연히 경찰관이 없었던 것 같지만, 대부분 독려할 때는 경찰관이 입회해 농민에게 압력을 가했다. 대부분 상황에서 저항할 수 없었지만, 이 사건은 독려하는 측도 항의하던 측도 모두 한국인으로 일본인은 마침 없었고, 일상생활에 사용할 식량이나 필요한 잡곡의 종자까지 공출시키려고 했을 뿐 아니라, 여성에게까지 폭력 행위를 행사한 것 등에 대한 항의로 일어난 것이다. 다른 마을과 연대하는 등으로 광범위하게 확대되지는 않았지만, 애국반장이 중심이 되어 실력행사로 보복하고 면의 정책에 저항했다. 농민은 생산한 쌀을 모두 공출당하고, 그날 먹을거리도 궁한 상황이었기 때문에 조직적으로 저항했다. (배급조합 서기가 독려반에 동행한 것은 이 때문이라고 생각된다) 쌀 대신에 배급받은 식량이 보리면 좋은 편이었고, 조·피·옥수수·콩을 짜고 남은 찌꺼기 등으로 배급량도 매우 적게 책정되어서, 저항은 당연했다.

이 사건을 통해 드러난 것은 면민들에게 면 당국에 대한 신뢰가 없었고, 오히려 대치하던 자세였다. 또한, 관계된 지역농민 대부분이 면사무소로 항의하러 가는데 동참하는 집단적인 행동이었다. 조선총독부의 시책 실현의 최전선에 위치한 국민총력조선연맹의 애국반장이 선두에 서서 행동하고 있다. 이 사건에 한해서 봐도 면당국과 애국반장을 포함한 민중과의 대립과 괴리는 커지고 있었다고 생각한다.

이상과 같은 행동은 율리면 뿐만 아니라 한반도 전체에 존재해 조금이라도 저항하면 검거하고 폭행을 당했다. 또한, 이러한 저항에 군민 전체가 동참해 행동했다는 자료는 발견할 수 없다. 그 이유로는 공출 독려가 일정을 바꾸어 지역마다 이루어졌기 때문이라고 볼 수 있다. 또한, 공출을 둘러싼 민중의 크고 작은 행동이 많았다고 생각되지만, 신문지상에 보도된 것은 없고, 정보가 전달되지 않아 확산되지 않은 점도 들 수 있다.

민중이 면 행정에 저항하는 사태는 공출에 한정되지 않았을 것이다. 식량 배급량이 적고, 공출 대금에서 공제 저금을, 송금에서 공제 저금을 한 것에 대한 저항도 볼 수 있다. 게다가 한국 내외에 대한 노동동원은 면이 할당해서 동원자를 지정했기 때문에, 이러한 면의 업무에도 저항이 있었다. 징병실시에 저항한 사례도 볼 수 있다. 한국 사회의 물자 부족이 통제를 강화해 심각해진 것도 저항을 불러일으킨 요인이었다.

## 9. 결론

1944년부터 1945년 8월에 걸친 일 년간 한국에서 노동 동원자 수의 현저한 증가, 징병, 공출강화와 흉작, 통제강화 등에 의해서 현저하게 모순이 커졌다고 할 수 있다. 본 장에서 다루었던 읍면 직원과 읍면 민중의 괴리도 심각해졌다.

이것에 대해서는 조선 총독이나 고관들의 지방행정의 쇄신이 필요하다는 발언과 그러한 인식에 전형적으로 드러나 있다고 할 수 있다.
읍면 행정은 막대한 사무량이 있었지만 직원은 매우 적고, 총독부의
통지 그대로 상명하달을 반복하는 실정이었다. 총독부는 이러한 상태
를 쇄신하기 위해 '읍면 지도 감독 규정'에 볼 수 있듯이 읍면의 지도에
는 '친절과 정중' 그리고 '반복 설명'을 요구했다.

읍면의 사무검열은 '읍면 사무지도 감독 규정'에 포함된 '읍면 사무
검열 중요사항'에 근거해서 실행하도록 했다. 총독부가 읍면 직원에게
요구했던 것은 행정 시책 하나하나에 대해서 민중에 대한 시책이 '적
부'인지 아닌지의 판단이었다. 저축 장려의 적부나 저축 목표의 적부,
노동 동원에 즈음한 '동원자 선정의 적부'까지 모든 사무 사항에 대해
서 읍면민의 반응을 검열이라는 방법으로 묻고 있었다. 배급에 대해서
는 '사사로운 배급의 유무'와 공출에 대한 '공출할당의 적부' 등 행정의
모든 것에 걸쳐 있었다.

이것은 시책의 성패를 묻는다기보다 제1로는 읍면민의 반응을 볼 목
적이고 일면에는 그만큼 읍면민의 반응을 두려워했기 때문이라고 할
수 있다. 제2에는 실제로 반발이 있고, 그것이 어느 정도인지 판단하기
위해 필요했다고 생각된다. 제3은 검열 요항에 보이는 시책의 적부의
물음 그 자체가 읍면민과의 괴리를 나타낸다고 할 수 있다. 괴리가 각
각의 항목에서 어느 정도였던가는 검열 결과에 관한 자료가 없어 확실
하지 않지만, 읍면민과 읍면 행정의 괴리에 대한 의구심이 모든 시책에
걸쳐서 있었던 것은 확인할 수 있다.

읍면 행정의 책임자인 면장들의 인식은 직원 부족뿐 만이 아니라,
면의 직원이면서 면의 실정을 모르는 직원이 있거나 직원교육이 충분
하지 않은 채 지시가 상명하달식으로 전달되었다. 군에서 보내온 시책

실행을 기계적으로 할당하는 것이 많은 읍면 직원의 실정이었을 것이다. 이러한 것에서 당연히 읍면민과의 괴리는 증폭되었을 것이다. '태평양전쟁의 의미를 면민이 모른다'고 하는 상황이었고, 그 속에서 시행하는 정책은 강제를 동반하게 되었다.

또한, 신문 보도에도 규제가 많았지만, 행정과의 괴리를 나타내는 보도를 많이 볼 수 있다. 전형적으로 배급량을 늘리기 위해 실제보다 가족 수를 늘리는 유령인구가 존재했고, 서울에서는 15만 명이나 되었다고 한다. 이것은 다른 도시와 농촌에서도 확인할 수 있는 것에서 애국반장을 포함한 광범위한 부정이 공공연히 행해졌던 것을 알 수 있다. 여기서는 언급하지 않았지만, 암거래로 생산지에서 물건을 사는 것도 공공연했고 암거래 임금도 급등한 것이 잘 알려져 있다.

이것 때문에 행정 당국은 새롭게 판임관에서 주임관으로 승격, 급여 개선 등 처우 개선을 행하고, 읍면장 훈련이나 신입 면직원 양성에 착수했지만, 실시는 1944년 말 이후의 일로, 이것으로 읍면 민중과의 괴리를 해소했다고는 생각할 수 없다.

전시 말기에는 모순이 확대하고 때로는 읍면 직원과 읍면 민중이 첨예하게 대립해서 폭력으로 대치하는 일도 있었다. 확인할 수 있는 바로는 앞에서 보았듯이 율리면에서의 실상을 들 수가 있다. 율리면과 같은 규모가 아니어도 공출을 둘러싼 다툼은 일상적으로 있었고 대부분은 경찰관의 위압과 폭력적인 억압에 의해 억눌려 있었다. 단순한 괴리에서 대립·저항의 요소를 포함한 사회적 상황도 생겨났다. 해방 1년 전을 중심으로 총독부 당국과 민중 집단의 괴리의 폭이 확대되고 있었다고 생각된다.

총독부 행정과 한국 민중의 괴리는 일본 황민화 정책 하에도 한국인의 세계에서 확대되고 있었다는 것을 나타내고, 그것은 한국 민중의 의병 전쟁과 3·1운동을 통해 보존되었던 것이 명백해졌다.

또한, 일본의 정책과 민중과의 괴리에 대한 검토는 읍면 행정만으로는 불충분한 것은 말할 것도 없다. 읍면 직원 자신이 총독부 정책과의 괴리, 또 일본어 보급률의 문제, 한국인에 대한 교육, 한국인 사회의 관행 무시, 인플레이션의 진행, 암거래 행위·암거래 임금의 일반화 등을 종합적으로 검증할 필요가 있다. 여기서는 읍면 직원과 읍면민의 관계를 한정해서 검토했지만, 개별 정책 의무와 읍면민의 괴리의 문제에 대해서 더욱 생각해 볼 필요가 있다. 이는 이후의 과제로 하겠다.

　이 책은 일본 식민지 지배하의 강원도에 대해서 쓴 것이다. 일본에서 강원도가 어디에 있는지를 아는 사람은 매우 적다. 대한민국 동해안에 위치하고 북한(북조선)과 접해 있는 강원도는 일부 지역이 지금의 북한에 포함되어 있다. 철원은 한국전쟁 때 38도선을 둘러싸고 수차례 격전지였던 것으로 유명하다. 동계올림픽이 개최된 강릉은 강원도에서 두 번째로 큰 도시이다. 지금은 서울에서 고속철도 KTX를 타면 1시간 30분 정도의 거리이고 여름에는 해안을 따라 관광지가 형성되어 있다.

　여기서 식민지 지배하의 강원도 상황을 자료로 다룬 것은 이 책을 이해하기 위해 당시 일부 상황을 소개할 필요가 있다고 생각했기 때문이다.

　[자료 1]은 강원도에 거주하는 한국인과 일본인 인구수 및 직업에 대한 자료이다. 여기서 주목한 부분은 2개가 있다. 하나는 인구수에서 일본인은 13,641명인데 비해 한국인은 100배 이상인 1,514,908명에 달했다. 일본인이 이 지역에서 100배 이상의 한국인을 지배한 것이다. 이것은 직업 구성을 보면 확실하다. 일본인은 공무자유업, 즉 경찰관·직원·교원 등이 압도적으로 많고 한국인 대부분은 농림업이다. 이러한 구성을 바탕으로 식민지 지배하의 사회가 존재했던 것이다. 도시에서 대부분의 경우 일본인 거주지역이 형성되어 있었고 한국인과는 교류가

적었다. 일본인은 별도의 세계를 구축해 살았던 것이다.

[자료 2]는 당시 실시했던 농산어촌 진흥 운동을 강화하고 철저히 하기 위한 훈시이다. 지사 문서가 아니라 내무부장 훈시를 소개한 것은 당시 도내 상황을 구체적으로 보여주고 있기 때문이다.

이 책에서도 다루어야 했지만, 가뭄과 홍수는 한국에서 농민 생활에 심각한 영향을 주었다. 근대 한국 농민의 이동은 자연재해가 영향을 주었던 것이 분명하고 1939년 대가뭄은 일본이나 중국 동부지방으로 많은 사람들을 정책적으로 이동하게 했다.

일본 식민지 지배 속에서 자연재해에 대한 기반정비가 이루어지지 않아 농민은 그때마다 피해를 입었던 것이다. 본 자료의 사례는 한 예에 지나지 않는다. 이러한 재해는 한반도 모든 곳에서 발생했다. 자연재해는 전시 하에도 일어나서 총독부는 자료를 편집하다가 단념한 일이 있다.

또한, 조선총독부는 농업 정책의 기본을 쌀 생산에 집중하고 모든 경지에 벼를 심도록 했다. 밭으로 적합하고 수리시설이 없는 곳에도 벼를 심게 하는 정책을 취했다. 수리시설이 없는 곳에서도 벼 재배를 권장했기 때문에 비가 내릴 때는 괜찮지만, 내리지 않을 때는 곧바로 흉작이 들었다. 이러한 밭을 천수답(天水畓)이라고 하고, 전 경지의 50%였다고 한다. 한편 농민의 주식은 보리·조·메밀 등이므로 밭에서 재배하고, 쌀은 전시 하에는 전량이 공출되었다. 농민 생활의 기조 아래 실시되었다. 한국 농민에게 자연재해가 심각하게 영향을 끼친 것이나 대량 농민 이동의 배경에는 이러한 부분도 있었다.

## 자료 1. 강원도 내 한국인과 일본인의 인구, 직업 구성 비교

(『강원도보』 제481호 부록, 1936년 5월 16일)

| 일본인 현재 거주 가구 직업별표 | | | | | | | | 1935년 12월말 기준 | | |
|---|---|---|---|---|---|---|---|---|---|---|
| 직업별 | 가구 수 | | 인구 | | | | | | | |
| | 주거 | 세대 | 취업자 | | 기타 업무를 하는 자 | | 무직자 | | 계 | | |
| | | | 남 | 여 | 남 | 여 | 남 | 여 | 남 | 여 | 계 |
| 농림 및 목축업 | 218 | 240 | 263 | 165 | 18 | 19 | 207 | 244 | 488 | 428 | 916 |
| 어업 및 제당업 | 99 | 13 | 137 | 46 | 46 | 24 | 82 | 114 | 265 | 184 | 449 |
| 공업 | 233 | 335 | 358 | 46 | 76 | 51 | 188 | 352 | 622 | 449 | 1,071 |
| 상업 및 교통업 | 558 | 630 | 676 | 386 | 154 | 176 | 525 | 799 | 1,355 | 1,361 | 2,716 |
| 공무 및 자유업 | 1,817 | 2,203 | 2,217 | 352 | 111 | 171 | 1,631 | 2,876 | 3,959 | 3,399 | 7,358 |
| 기타 직업 | 181 | 275 | 292 | 125 | 57 | 55 | 169 | 321 | 518 | 501 | 1,019 |
| 무직 및 직업을 신고하지 않은 자 | 20 | 32 | — | — | — | — | — | — | 56 | 56 | 112 |
| 총계 | 3,126 | 3,828 | — | — | — | — | — | — | 7,263 | 6,378 | 13,641 |

| 한국인 현재 거주 가구 직업별표 | | | | | | | | 1935년 12월 말일 현재 | | |
|---|---|---|---|---|---|---|---|---|---|---|
| 직업별 | 가구 수 | | 인구 | | | | | | | |
| | 주거 | 세대 | 취업자 | | 기타 업무를 하는 자 | | 무직자 | | 계 | | |
| | | | 남 | 여 | 남 | 여 | 남 | 여 | 남 | 여 | 계 |
| 농림 및 목축업 | 224,046 | 232,866 | 357,221 | 280,025 | 38,897 | 33,994 | 271,320 | 313,229 | 667,438 | 627,248 | 1,294,686 |
| 어업 및 제당업 | 4,893 | 5,758 | 7,775 | 4,282 | 1,885 | 1,105 | 6,807 | 8,117 | 16,447 | 14,504 | 30,951 |
| 공업 | 4,114 | 5,309 | 7,910 | 3,033 | 1,337 | 1,277 | 5,069 | 7,216 | 14,316 | 11,526 | 25,842 |
| 상업 및 교통업 | 11,032 | 14,236 | 16,291 | 8,899 | 3,581 | 2,659 | 15,203 | 21,169 | 35,075 | 32,727 | 67,802 |
| 공무 및 자유업 | 4,326 | 6,157 | 6,452 | 1,720 | 1,255 | 1,630 | 6,200 | 9,991 | 13,907 | 13,341 | 27,248 |
| 기타 유업자 | 8,777 | 13,689 | 15,272 | 7,738 | 2,265 | 1,693 | 13,022 | 19,154 | 30,559 | 28,585 | 59,144 |
| 무직 및 직업을 신고하지 않은 자 | 1,624 | 2,510 | — | — | — | — | — | — | 4,688 | 4,547 | 9,235 |
| 총계 | 258,812 | 280,525 | — | — | — | — | — | — | 782,430 | 732,478 | 1,514,908 |

## 자료 2. 강원도 내무부장 훈시에서 본 농민 상황

(『강원도보』 호외, 1936년 8월 23일)

농산어촌진흥운동의 강화 철저에 관한 건 통첩

도 통첩 제12호 1936년 8월 23일

　　강원도 내무부장

　　강원도 경찰부장

　　각 군수

　　각 경찰서장

　　각 금융조합이사

　농산어촌진흥에 대한 각각의 제반 시설이 대부분 정비가 되어 훌륭한 모습을 갖춘 것은 각 관계기관이 총동원돼서 부단한 노력을 기울이고 효과를 높이기 위해 정진한 결과입니다. 농가 갱생계획을 수립한 개개 농가는 물론, 계획을 수립하지 않은 일반 농가도 더할 나위 없는 좋은 풍속에 길들여져 가까운 장래에 강원도 농촌의 면목을 일신할 수 있는 상태에 이르게 된 것은 정말로 기쁘기 그지없습니다.

　그러나 본 운동 실행 과정에서 일어나는 여러 가지의 난관을 보면 기존에 올린 성과를 하루아침에 잃어버릴 것 같은 현상이 연이어 일어나 정말로 우려되는 바입니다. 1934년에 고지대 일원에 걸쳐 냉해 흉작이 있었습니다. 게다가 금년도 계속해서 일원에 급습한 보리 흉작 때문에 농가의 식량 부족이 급격하게 증가했습니다. 게다가 논벼 모내기철에 가뭄이 지속된 결과 수확도 상당 부분 감소될 것이고, 철저히 대응하고 방책을 강구하지 않으면 궁핍을 면할 수 없는 상황에 있습니다. 물론 제일선에서 지도하는 각 기관에서 그러한 재해가 발생할 때마다 열의를 가지고 스스로의 힘으로 극복하는 방도를 강구해 조금의 실수도 없이 노력한다고 사료됩니다. 도에서도 이러한 현상을 근본적으로 해결하기 위해 항구적인 대책을 수립하는 중에 있으니 양쪽 서로 어울려 농가 갱생에 조금의 빈틈이 없도록 정책을 모색 중입니다. 그런데 또 다시 도 남부에 8월 10일, 11일 이틀에 걸쳐, 미증유의 대홍수가 발생해 영월, 원주, 횡성, 평창, 정선 5개 군에 밝혀진 피해 상황을 보니 인명 사상 114명, 행방불명 46명, 가옥 유실 전괴 1,729호, 논 유실 매몰 3,461정보, 논 전부를 매몰 유실한 그 참상은 말로 다 표현할 수 없습니다. 그래서 이들 이재민에 대해서는 우선 응급구제의 방책을 강구해 급한 대로 당면한 어려움을 구호하고 있지만 이재민이 엄청난 수에 이르러 완전한 구제를 할 수 없는 상태로 겨우 생계를 유지할 수 있는 상황입니다. 더욱이 이재민 대부분이 결실을 목전에 둔 경작물 대부분을 잃어버려 내년 6월까지 생계 보조에 있어 노임 지급 등의 방법으로 가급적 관에서 잘 처리해 자력 부흥에 조력을 보내야 하는 상황입니다. 이에 지금 각 관계 기관에서 각각 구제 방책 수립에 현명한 노력을 기울이고 있습니다만, 중요한 것은 농가 개개인의 마음속에 흐르는 자주독립의 기백이 필요하고 이것을 진작 배양하는데 특별히 신경을 쓰지 않을 수 없습니다.

이상과 같이 이러한 운동 실행 중에 최근 3년간 발생한 거대한 어려움은 모두 운동의 원래의 취지에서 보면 존귀한 하늘의 시련으로, 자칫 느슨해지려는 형세에 대한 일대 경종에 다름이 없습니다. 이러한 난관을 극복하고 본 운동을 통해 얻은 혁혁한 성과를 유지해 나가 예정한 계획을 바탕으로 제반 시설을 완성시켜 이른바 전화위복의 계기로 삼을 확신을 가지는 것이 중요합니다. 이를 위해 종전보다 더욱더 제일선의 각 관계기관이 연락을 한층 긴밀하게 취하면서 재난을 당한 개개의 농가 지도는 물론, 피해가 없는 농가에 대해서도 이재민의 곤궁함을 상세히 설명해 항상 재해에 대응할 준비를 하도록 하는 마음가짐을 가지고, 자주 자립의 본뜻을 달성하도록 조치하는 것이 필요합니다. 이미 각각의 방책을 강구하고 있다고 생각합니다만, 더욱 각 관계 기관과 연락을 밀접하게 함과 동시에 부하 직원을 독려하고 스스로 경계하고 스스로 힘써 농촌 갱생의 대방침을 달성하도록 조치하길 부탁합니다.

\* 본 자료 중에 있는 수해에 대해서는 강원도『1936년 풍수해 기록』(1938)이 있다.

# 후기

　이 책에서는 식민지 지배하의 한국인, 특히 인구의 90% 이상을 차지하던 농민이 어떠한 생활을 했는지를, 오늘날 한국 북부의 강원도를 대상으로 밝히고자 했다. 이유는 단순하다. 해방기에 200만 명의 한국인이 일본에 살고 있었다, 그리고 만주에도 근대가 되고 나서 200만 명이 넘는 한국인이 살고, 중국 각지에도 100만 명 전후가 살고 있었다. 해방 즈음 한국인 인구가 2,500만 명 정도였으므로 인구의 5분의 1이 근대 이후 국외에서 살고 있었던 것이다. 일시적으로 한반도 밖으로 나갔다 귀국한 사람도 많다. 모두 자신이 가고 싶어서 외국으로 간 것은 아니다. 주로 식민지지배 시기의 짧은 기간에 일어난 일이다. 이러한 이유를 밝히기 위해서 한국내의 농민의 생활 상황을 알아볼 필요가 있다고 생각했다. 또한, 끊임없이 묻고 있는 '식민지 지배'라는 것은 구체적으로 무엇인가를 그곳에 살고 있던 농민의 생활에서 알아보려고 했다. 두 번째는 식민지 지배가 일본·일본인과 어떠한 관계에 있었는지 알아볼 필요가 있다고 생각했기 때문이다. 식민지 지배를 논하는 경우, 한반도 전체를 대상으로 하는 경우가 많지만, 한 지역을 특정해서 보는 것이 지배의 본질에 접근할 수 있지 않을까 생각해 강원도 지역을 주목하기 시작했다. 몇 개의 테마로 강원도에 관한 것을 생각하고 이 책에서 정리했다.

가능한 한 많은 문헌과 사료를 접했다. 그러나 식민지하의 농민 생활을 가장 많이 그려내고 있는 것은 제8장의 소작·화전민인 박씨와 이씨 부부의 증언일 것이다. 반성의 마음으로 돌이켜보면 직접 접한 피해자의 증언이 식민지 지배의 실태를 가장 명확하게 그려내고 있다.

그동안 많은 사람들에게 신세를 졌다. 특히 강원도 사람들은 친절했다. 말도 모르는 일본인을 태워서 산속 깊은 곳까지 데려다준 나이 든 택시 기사님, 박물관에서 향토 음식을 먹고 싶다고 했더니 골목 식당으로 안내해 준 박물관 관장님, 도서관에서 향토 자료를 10여 권이나 내어주신 사서 선생님, 마을을 방문해서 자료의 소재를 물었더니 마을 지도를 주신 직원 등 셀 수 없을 만큼 많은 분께 신세를 졌다. 한국의 민족문제연구소, 한일민족문제학회의 분들께도 가르침을 받았다. 강원도와 한국 사람들이 좋아졌다. 아직 가 본적이 없는 지역도 있고 앞으로도 방문하고 싶다.

일본에서도 재일조선인운동사연구회, 해협 동인과 임전혜씨, 자료 제공에서부터 강원도 현지조사에 동행해주신 이형랑(李熒娘) 선생님, 일본 각지의 한국 관계자료 소장기관을 소개해주시고 함께 해주신 기무라 겐지(木村健二)씨, 김호, 나가사와 히데(長沢秀), 미야모토 데루마사(宮本明正), 다츠타 고지(龍田光司)씨 등 셀 수 없을 정도 많은 분들이 도움을 주셨다. 다양한 의견을 듣고 싶다고 생각해 히토츠바시(一橋)대학교 가토 게이키(加藤圭木) 씨의 세미나에도 참여해 강릉 출신 학생에게 배운 적도 있다. 또한, 고려박물관 아리랑문화센터, 한인역사자료관, 일본 주오(中央)대학교 정책문화 종합연구소 등에서도 배움을 얻었다.

이 책의 간행을 허락해 주신 사회평론사의 마쓰다 겐지(松田健二), 신효일씨께도 많은 신세를 지게 되어 감사의 인사를 올린다.

이 책에서 수록한 논문의 초출은 아래와 같다.


제1장 「식민지 말기의 조선 농민과 식(食) – 강원도 농민을 사례로」
　　　『역사학 연구』 2010년, 6월호.

제2장 「강원도에서의 한국병합 반대 운동 – 1907~1913년」
　　　『해협』 29호, 2018년.

제3장 「1930년대의 강원도 구정리의 농민 생활에 대해서」
　　　새로운 원고.

제4장 「1930년대 강원도 의료상황과 조선 농민」
　　　『해협』 27호, 2016년.

제5장 「조선총독부의 마약정책과 조선인 마약 환자」
　　　『주오(中央)대학교 정책문화 연구소 연보』 20호, 2017년.

제6장 「강원도에서 일본으로의 강제 노동동원」
　　　『주오(中央)대학교 정책문화 연구소 연보』, 2019년.

제7장 「강원도의 패전 직전과 직후의 권력이행과 노동동원」
　　　(원제·조선에 있어서 해방 전후 지방 권력의 이행과 노동동원 – 강원도
　　　를 사례로)

제8장 「강원도 소작·화전 농민 박경우·이성순 부부의 증언」
　　　『해협』 28호, 2017년.

제9장 「전쟁 말기 조선 읍면의 기능과 조선인 민중과 괴리에 대해서」
　　　마쓰다 도시히코(松田利彦)·진정원(陳姃湲) 편, 『지역사회에서
　　　보는 제국 일본과 식민지』 사문각, 2013년.


　　　　　　　　2020년 1월 5일　　　　히구치 유이치(樋口雄一)

## 옮긴이 후기

　히구치 씨는 일본에서 오랜 기간 재일한국인 연구자들과 연구 활동을 함께 하시고 계시는 분입니다. 흔쾌히 번역을 허락해 주신 호의에 감사드리며, 본 저서가 강원도를 다룬 내용인 것을 알고 추천해 주신 일본 간사이학원대학의 이은자 선생님에게도 감사의 말씀을 전하고 싶습니다. 강원도 농촌 연구는 식민지시대를 포함해, 강원대학교의 전운성 명예교수와 그분의 제자인 신민경 박사의 연구가 있는 것으로 알고 있습니다. 히구치 씨는 저서에서 국내 연구를 많이 활용하고 있는데 국내 연구자들에게도 이 역서가 좋은 자극제로 작용했으면 좋겠습니다. 앞으로 한일 양국의 연구 활동에 진척이 있기를 기대합니다.

　책을 읽으면서 저서의 내용이 강원도인의 자아를 다루고 있다고 생각해 번역을 시도하게 됐습니다. 일본에서 강원도를 중점적으로 다루는 저작물이 많지 않아 반가운 마음이 들었습니다. 저서에서 비중 있게 다루고 있는 강원도 화전민의 내용을 접하면서 일찍이 식민지시대에 화전민의 삶에 주목한 김사량(金史良)의 글이 자연스럽게 연상이 됐습니다. 김사량은 재일한국인 문학의 시발점이라고 할 수 있는 인물로 한국인으로서는 최초로 1940년에 아쿠타가와상 후보가 되기도 한 작가입니다. 김사량과 강원도의 인연은 조선총독부 관리였던 형이 홍천

군수로 부임하자 그 인연으로 여러 차례 강원도를 방문했으며 조선일
보 기자로 활동하면서 당시 홍천 시내의 풍속과 가리산 인근의 화전민
생활상을 기행문 형식으로 묘사한 글을 남겼습니다. 그가 체험한 강원
도 화전민의 삶은 지금도 홍천군 두촌면 바회마을을 중심으로 축제 형
식이나마 명맥이 이어지고 있습니다.

　당시 강원도 산민(山民)의 식생활에 대해서 밀 알갱이는 읍내에 내다
팔고 집에서는 껍질과 옥수수를 반죽해 식사로 한다고 김사량은 언급
하고 있습니다. 그리고 그 껍질을 호박과 함께 삶아서 죽과 떡으로도
만들고 묵도 만들어 먹으면서 때로는 밀주를 빚는다고도 했습니다. 강
원도 산간지역에서 감자와 옥수수밖에 산출되지 않았기 때문일 것입니
다. 그리고, 주재소나 면사무소에서는 보리를 값싼 만주산 조로 교환
해 주어 그것을 양식으로 삼는다고도 했습니다. 아이들은 산 열매를
구하러 다녔고 산 복숭아를 강원도 사람들은 그대로 먹지만 타지인에
게는 먹기 좋게 삶아서 대접하는 모습도 함께 언급하고 있습니다. 전체
적으로 강원도 산간지역의 사람들이 식량도 변변치 못하고 위생 상태
도 좋지 못한 데다 가옥 구조도 좋지 않아 건강하지 못하다는 기록을
남기고 있습니다. 김사량이 바라본 강원도의 모습과 히구치 씨가 저서
에서 다룬 강원도인의 식생활에 중첩되는 내용이 많아 놀랐습니다. 강
원도인의 식생활을 구체적인 통계 수치로 형상화하는 작업에는 자료
부족을 포함해 상당한 어려움이 있었을 것으로 추정됩니다. 제 기억으
로도 1970년대 초반 강원도 산간지역의 학교에서는 옥수수빵을 급식
으로 제공하던 일이 있을 정도로 여의치 않은 시절이 있었습니다. 본
저서를 통해서 강원도인의 식생활의 토대가 자연스럽게 확인된 점은

대단히 흥미로운 지적이라고 생각합니다.

한편, 김사량은 『풀숲 깊숙이(草深し)』(1940년 6월 발표)에서 강원도 산촌에서의 백의(白衣) 단속과 화전민, 백백교(白白敎) 등을 소재를 다루고 있는데 외부 관찰자 시점에서 강원도를 바라보고 대상화한 소설로 시대적 환경의 제약이 느껴지는 작품이기도 합니다. 히구치 씨의 논저는 문학 작품은 아니지만 식민지시대를 관통하는 한국인의 자아에 주목하는 지향성이 김사량의 소설보다 강하게 느껴지는 글로 그의 시대적 한계를 저자가 극복하고자 하는 것이 아닌가 하는 인상을 받을 정도였습니다. 특히, 본서에서는 궁지에 몰린 한국 농민들이 화전민으로 전락하고 국외로 이산하는 과정과 함께 해방기 강원도 내의 권력 이동 상황에 대해서도 다루고 있는데 시대적 수난기에 이산하는 한국 농민의 모습은 문학에서도 자주 등장하는 소재이지만 실증을 기반으로 하는 본 저서의 서술 내용은 설득력이 있습니다. 그리고 본서의 강점은 포괄적인 접근 방법을 통해 더욱더 실체적인 진실에 접근하고자 하는 저자의 진지함이 새로운 자료와 함께 강한 메시지로 독자에게 전달된다는 것입니다. 한국 근현대사의 거대한 흐름 속에서 지역민의 생활공간을 중점적으로 다루는 시점을 제시한 새로운 글이라고 생각합니다.

항상 어려움이 따르는 작업에 동참해 주시는 박정임, 김정희, 원연희 선생님에게 감사의 말씀을 드리며 조용히 옆에서 도와주는 김진욱 군과 이영찬 군에게도 감사를 드립니다. 번역상의 오류나 여타의 문제는 전적으로 황소연에게 책임이 있음을 밝힙니다.

# 찾아보기

【ㄱ】

가곡(佳谷)국민학교 178
가토 가나에 32
가평수비대 46
간도 127, 128
갑오농민전쟁 41
강릉경찰서 59
강릉공립농업학교 69, 92
강릉군립병원 82
강만길 208
강서군 37
강원도 13, 14, 16, 17, 19-22, 28, 29,
　31-36, 38, 40, 41, 43, 44, 47-52, 54,
　56-59, 61-63, 65, 67-71, 80, 81, 86,
　92, 94-97, 99, 101-104, 106, 108,
　109, 112-114, 117, 120, 121, 137,
　138, 149, 150, 152-157, 159-164,
　170-179, 181-184, 189-196, 199-
　205, 207-210, 215, 219-221, 238,
　261, 265, 267, 269, 270
강원도 경찰본부 59
『강원도 농업통계』 70, 71

『강원도 농업통계 조사』 70
강원 도립 춘천의원 105
『강원도보』 20, 21, 118, 208, 263, 265
『강원도 위생 요람』 20, 95, 97, 105,
　117, 118, 138
『강원도 위생 일반』 95
강원도 위생 통계 96
『강원도지』 40-42
『강원도 항일 독립운동사Ⅲ』 178
강원도 헌병대 41, 56
『강원도 회고록』 155, 177, 178, 204, 205
『강원도 회고록 속편』 177
강제동원 119, 131, 150-152, 154, 155,
　157-160, 164, 165, 167, 168, 172,
　173, 177, 201, 204, 209
강환식 64
개척청년의용대 202
건국준비위원회 190
경기도 26, 32, 47, 120, 121, 137, 138,
　140, 227, 229, 238, 240, 250, 252
경기도 모르핀 중독자 치료소 140
『경기도보』 227, 249, 250, 253

『경기도 위생 요람』 138

『경기휘보』 231

『경무휘보』 42

『경북 위생의 개요』 139

경상남도 37, 134, 152, 165, 244, 250, 252

경상북도 152, 226, 235

『경상북도보』 158, 226

『경성의학전문학교 기요(紀要)』 33

『경성 트로이카』 62

고성 130

고성헌병분대 60

고쇼 다다시 151

고이소 구니아키 225

고종황제 41, 42

곤드레 211, 218

공중의 96, 108, 109, 111, 112

『관계(官界) 인생행로 회고의 일단』 157

구라마타 기요노리 187

구라하시 마사나오 128

구보 기요지 126, 143

구정리 67, 68, 73-75, 77, 79, 81, 86, 87, 91

구황식물 211, 219

국민총력조선연맹 168, 256

군무원 149, 155, 162, 164, 173

『군세일반』 68, 73

군수공장 195, 203

권력이행 175, 176, 182, 183, 185, 189, 190, 192, 193, 206

권리일 181

권영태 64

권인갑 64

금강회 183

기쿠야마 도키노리 238

기쿠치 도리지 144

기타탄유바리(北炭夕張) 광업소 167

길야순룡 194

김경일 62

김산묵 255

김상문 64

김성경찰서 59

김치영 48

김해 130

김해농장 134

김호식 37, 219

김화헌병분대 59

【ㄴ】

나가타 긴야 119

나카오 이사오 186

『남로당 연구자료집』 185

남태평양 점령지 173

노경운 147

노구치 분고로 185

노동동원 39, 149-152, 154, 156, 159, 161, 168-170, 173, 175, 177, 182, 191-195, 199, 204-206, 226, 232, 257

『노무 관계 법령집』 165
『노무 관계 참고문서』 153
『노무 자원조사 관계 서류』 170
노무징용 245
논뒷그루 131, 133
농경 대원 149, 173, 198
농민 13, 15, 16, 20, 22, 26, 28, 31, 32,
　35, 36-39, 42-44, 46, 49, 50, 56, 65,
　67-70, 82, 86, 87, 91-96, 104, 116,
　117, 120, 129, 131, 133, 134, 136,
　140, 141, 149, 151, 159, 168, 193,
　202, 203, 205, 208, 209, 220, 236,
　238, 240, 242, 253-256, 262, 269,
　270
농민운동 40
농민전쟁 41
농지개혁 214
농촌 재편성 172

**【ㄷ】**
다나카 이와쿠마 179, 181
다시로 마사후미 155, 156, 205
『다이헤이호 사건(太平丸事件) 진상조사
　보고서 11』 162
다이헤이호(太平丸) 침몰 사건 162
다카이 도시오 22, 26
다카키 가쿠이치 187
다케우치 야스토 161
단파방송 181
대구 131

『대구어휘』 231
대련 127
대전 131
대정익찬회 168
대한제국 43, 44, 47, 48, 57, 223
대한제국군 43, 44, 53
대항작물 132, 134
도별생명표 17-19
『도세요람』 68
도시샤(同志社) 대학 181
도요시마 시게타케 131
도요야마 다이지 37, 219
도요타 세이 188
도쿄 의학전문학교 109
도쿠야마 요시히코 239
독립운동 43, 62, 65
독립전쟁 40-42, 57, 62
동양척식회사 129-137, 141, 179
동학군 47
동학농민운동 42
동학 농민전쟁 41
동학전쟁 46

**【ㅁ】**
마쓰모토 다케노리 224
마약 96, 119-129, 131, 137-148, 220
마약정책 119, 220
마약중독 126, 138, 146
『마약 중독자와 통곡하다』 147
마에노 류 189

마지마 유타카 147
마키노 히로시 180
마키 세이 178
만주개척 청년의용대 202
명성황후 44
모르핀 123-125, 140, 143, 144
모르핀 중독자 122, 140
모토요시 히로시(元吉宏) 62
목포 127, 131
미쓰노부 미유키 126, 143
미야모토 마사아키 155, 177
미야케 시카노스케 62, 63
미즈시마 하루오 17, 18, 36, 98
미키 이마지 145
민긍호 43-45, 48
민족주의 183
민중 14, 39, 43, 44, 55-59, 94, 109,
   110, 114, 119, 126, 127, 138, 158,
   169, 173-177, 182, 184, 185, 190-
   193, 204, 206, 220, 223-225, 229,
   230, 234-236, 239, 243, 247, 249,
   251-253, 257-260
민중동원 230, 236, 249
밀양 130

【ㅂ】
바회마을 209, 274
박경식 151, 166
박경우 207, 210
박병수 64

박선명 46, 47
『반도인 노무자에 관한 조사보고』 166
밭벼 132
배영기 36
배영설 26
『병합기념, 조선의 경무 기관』 58, 60
보충병 198
봉기군 49, 50, 52-54, 56-61
부산 131, 153, 244, 246
『부산어휘』 231
『빈민생활사 연구』 208

【ㅅ】
사리원 131-133
사무검열 228-230, 234, 235, 258
『사법협회 잡지』 220
『사진기록 강릉 100년』 74, 93
사토 로쿠로 189, 190
사토 하지메 183, 184, 189
『사회운동의 상황』 201
삭녕군 47
산파 104, 108, 109, 111, 114, 118
삼척헌병분대 60
38선 177, 183
상비충 135
생명표 17, 18
『생활상태 조사』 70, 71
『생활상태 조사 3 강릉군』 67-69, 71
서선(西鮮) 농장 135
서울 32, 43, 47, 48, 61, 131, 245, 247-

249, 259, 261
선박병 149, 173, 198
선유 44
선유서 44
『성대소아과잡지(城大小兒科雜誌)』 23, 26
세브란스 연합 의학전문학교 108
센다 센페이 247
『속 아버지가 건넌 바다』 206
송탄유 240, 241, 244
수산 130
『수원』 177
시료환자 107, 117
시바무라 소은 238
시위대 43
『식민지 조선의 경찰과 민중 세계 1894~1919』 58
『식민지 조선의 쌀과 일본』 151
신가이 하지메 242
신계 농장 131
『신구대조(加除自在) 강원도 예규집 내무』 208
신민정 208
신창우 58
심상붕 63

【ㅇ】
아베 노부유키 225
『아사히신문 서부판』 245-248, 250-252

아카시 모토지로 58
아편 96, 119, 120, 130, 137, 140, 220
안반데기 209
안자코 유카 224
안재호 190
안전 마을 202
야마다 쇼지 151
야마다 히로시 131
야마자키 205, 206
양귀비 119-123, 128, 129, 131-137, 141, 219, 220
양양헌병분대 60
『어머니 마츠코(松子)의 생애』 180
『업무 관계 잡서류』 120, 130
여자정신대령(女子挺身隊令) 171
연기우 47
연당(淵堂)초등학교 211
영원 37
영월헌병분대 60
오노 스에오 244
오사카의 다케다 109
오정묵 48
오카다 게이스케 121
『옥수수, 감자, 메밀』 94, 216
와카야마 128
와타나베 고로 242
와타나베 레이노스케 220
『요람』 109, 110, 115
우가키 가즈시게 121
우에키 호미키 219

울진경찰서 181
울진헌병분대 60
원주진위대 43
원주헌병분대 60
『위원회 활동 결과보고』 160
유령인구 247-249, 259
유인석 46
유태석 46
유학자 43, 44, 46, 47, 49, 50, 65, 80
윤치민 147
윤학배 48
의료 위생 104, 111
『의문보감』 110
의병 전쟁 41, 42, 80, 260
의생 82, 96, 110
이가 홍순 163
이강년 47
이노우에 마나부 62
이병한 184
이성순 207, 210, 215, 220
『20세기 한국에서 화전·화전민의 증가·소멸 과정에 관한 분석』 208
이와모토 요시유키 61
이재유 62
『이재유(李載裕)와 그 시대』 62
이토 우메노스케 191, 204
이토 우메유키 155
이토 히로부미 42
이형랑 118, 151, 209, 210, 222, 270
이홍섭 206

익산 131
『인구조사 결과』 195
인정식 22
인찬옥 48
『1934년도 마약 중독자 구호 연보』 146
『1936년 풍수해 기록』 267
『일본 노동법제 및 정책 관계 잡건, 외지로의 적용 관계』 154, 195
『일본 위생 법규 관계 잡건 외지 관계』 121, 123
『일본 위생 법규 외지 관계』 143
일본군 43-47, 49, 50, 53, 54, 56, 57, 62, 176, 183, 189
『일본의 식민지 지배와 조선 농민』 13, 67, 173, 176, 231
『일제하 농촌사회와 농민운동』 40
일진회 57
임원진경찰서 59

## 【ㅈ】

잔대 211
장흥섭 64
『재일조선인사 연구』 232
재일한국인 13, 142-145, 147, 148, 151, 198, 201
전라남도 21, 28, 29, 32, 202, 248
전매국 121, 123, 125, 129-132, 134, 136, 220
『전북의 위생』 139
『전시 조선인 강제 노동 조사 자료』

161

『전시 하 조선인 노무 동원 기초 자료
집』 165, 170

『전시 하 조선의 농민 생활지』 13, 18,
67, 98, 136, 151, 170, 202

『전쟁과 일본 아편사 ― 아편 왕 니탄초
오토조(二反長音藏)의 생애』 128

정본국 64

『제2 탄광 협화 숙소(砿協和寮) 담당자
연구회 기록』 167

젠쇼 에이스케 67-70

조동걸 93, 178

『조선 각종 학교 일람』 81

『조선검찰요보』 245, 255

조선공산당 62, 63, 65

『조선농업』 207

『조선농업 경영지대의 연구』 23

『조선농촌의 〈식민지 근대〉 경험』 224

『조선농회보(朝鮮農會報)』 92

조선마약단속령 121, 122

『조선 문제 자료 총서』 166

『조선 사회사업』 98

『조선식물개론』 219

『조선식산은행 종전 시의 기록』 191

『조선 위생 요람』 95

『조선음식개론』 37, 38

「조선의 구황식물」 219

『조선의 농민』 16

『조선의 농촌위생』 37

『조선의학회잡지』 17, 18, 36, 143

『조선인 강제 연행 기록』 151

『조선인 범죄의 특수 문제』 145

『조선인 전시 노동동원』 151

『조선전매사』 119-122

『조선 주민의 생명표』 17

조선총독부 16, 67, 80, 91, 97, 103,
119, 121-123, 125, 127, 129, 130,
147, 150, 151, 157, 165, 169, 170,
172, 175, 181-183, 192, 202, 220,
223, 224, 229, 232, 237, 249-251,
253, 256, 262

『조선총독부 관보』 225

『조선총독부 조사 월보』 22

『조선총독부의 총동원체제 (1937~1945)
년 형성 정책』 224

『조선총독부 통계 연보』 97

『조선폭도토벌지』 41, 45, 53

『조선 행정』 237

조성기 147

종두 111

주민식 22, 24, 26, 28, 29, 33

줄모 74

지경도 51

지수선 184

지암(芝岩)국민학교 178

지홍민 47, 52

진위대 43

징병 149, 155, 156, 173, 177, 182, 191,
193, 197, 198, 209, 251, 253, 257

찔레나무 211

## 【ㅊ】

철원경찰서 164
철원헌병분대 59
『총독부 통계 연보』 95
최봉수 64
최선계 63, 64
최영달 65
최영석 47, 51
최천유 46
최희영 17
춘천경찰서 59, 156, 183
춘천헌병대 41-43
춘천헌병대본부 42, 59
춘천헌병분대 59
충청남도 152, 239
충청북도 47, 121, 152, 210

## 【ㅋ】

『코리아 연구』 104
코카인 124, 125, 140, 143

## 【ㅌ】

『태백저항사』 93
『태백 항일사』 178
태평양전쟁 38, 184, 223, 234, 259
『토지 관리 및 식산』 130
통천경찰서 59

## 【ㅍ】

평강경찰서 60

평강군 48, 178, 188, 202
평균수명 16-20, 36
평균 신장 37
평안남도 37, 200, 251
평안도 48
평안북도 121, 200
『평양어휘』 231
평양 의학전문학교 108
평창경찰서 59
표충비 44

## 【ㅎ】

하라구치 료사쿠 69
하라후지 슈에 17, 18
하타케야마 164
한갑복 52
한국병합 40-42, 52, 57-59, 61, 81,
    120, 121, 192
한국 총인구 38
한긍회 224
한봉현 64
함경북도 21, 121
함운학 64
헤로인 123, 125, 140
헤이그평화회의 42
현영학 207
협화회 148
호소야 우이치 157, 162, 164, 165
호시노 사이치 181
화전 205, 208, 210, 211, 214, 215

화전민  13, 70, 92, 117, 152, 205, 207–
    209, 215, 221, 270, 273–275
황민화 정책  177, 259
황상익  104
회양헌병분대  60
히구치 유이치  40, 67, 151, 165, 170,

209, 210, 222
히로나카 스스무  98
히로야스 가네테쓰  240, 241
히로카와 고자부로  33
히사마 겐이치  23

## 저자

### 히구치 유이치(樋口雄一)

1940년생.
전 고려박물관 관장, 일본 주오(中央)대학 정책문화종합연구소 객원연구원.

**저서** 『협화회–전시하 조선인 통제조직 연구』, 『전시하 조선 농민생활지』, 『김천해–재일
　　　조선인 사회 운동가의 생애』(사회평론사)『일본의 조선·한국인』, 『일본의 식민지지
　　　배와 조선농민』(동성사), 『전시하 조선민중과 징병』(총화사) 외.
**공저** 『조선인 전시 노동동원』, 『동아시아 근현대통사 5』(이와나미서점), 『동아시아의 지
　　　식인 4』(유지사), 『'한국병합' 100년과 일본의 역사학』(청목서점) 외.
**자료집** 『협화회 관계자료집 1~5』, 『전시하 조선민중의 생활 1~4』, 『전시 하 조선인 노무동
　　　원 기초 자료집 1~5』(녹음서방) 외.

## 옮긴이

### 황소연
강원대학교 인문대학 일본학전공 교수.

### 박정임
강원대학교 일본학 전공 박사 수료. 전 강원대학교 강사.

### 김정희
강원대학교 일본학 전공 박사. 강원대학교 강사.

### 원연희
강원대학교 일본학 전공 박사 수료.

### 일동학연구회 공역서
『(신문판) 조선』(2017), 『(단행본) 조선』(2016), 『모란등롱(牡丹燈籠)』(2014), 『요츠야 괴담
(四谷怪談』(2013).

# 식민지 지배하의 한국 농민
## 강원도의 사례에서

2020년 12월 30일 초판 1쇄 펴냄

**저　자** 히구치 유이치
**역　자** 황소연·박정임·김정희·원연희
**펴낸이** 김흥국
**펴낸곳** 도서출판 보고사

**책임편집** 이순민
**표지디자인** 손정자

**등록** 1990년 12월 13일 제6-0429호
**주소** 경기도 파주시 회동길 337-15 2층
**전화** 031-955-9797(대표)
　　　02-922-5120~1(편집), 02-922-2246(영업)
**팩스** 02-922-6990
**메일** kanapub3@naver.com / bogosabooks@naver.com
http://www.bogosabooks.co.kr

ISBN 979-11-6587-127-7　93900
ⓒ 황소연·박정임·김정희·원연희, 2020

정가 18,000원